作者
劉宜慶

先生之風

——西南聯大教授群像

前言

聯大風流何處尋？

　　70年前，昆明，國立長沙臨時大學更名為國立西南聯合大學。1938年6月8日，國立西南聯合大學關防（銅質）到校，7月1日正式啟用。這所由北京大學、清華大學、南開大學組成的大學，浴戰火而生，儘管日寇的飛機屢次轟炸，它巍然屹立，在昆明一住就是8年。

　　西南聯大雖然消逝了，但創造的輝煌，銘刻在歷史的紀念碑上。拍攝《西南聯大啟示錄》的張曼菱說，在物質形態上聯大正在消逝，但是聯大體現的中國大學精神，不會因為物質的損毀而消逝，將時刻昭示世人。

　　經濟學泰斗、曾在西南聯合大學任經濟系教授和系主任的陳岱孫先生在《國立西南聯合大學校史》的前言中這樣寫道：「西南聯大在其存在的九年中，不只是在形式上弦歌不輟，而且是在極端艱苦條件下，為國家培養出一代國內外知名學者和眾多建國需要的優秀人才。西南聯大，這所其實體雖然今日已不復存在的大學，其名字所以能載入史冊，其事蹟所以值得人們紀念者，實緣於此。」

西南聯大的學術水平是世界一流的，這裏大師雲集，擁有多位「學術第一人」——

陳寅恪，中國懂得世界文字最多的人；吳澤霖，上世紀40年代提出「中國人口已經相對過剩」的第一人；金岳霖，把「形式邏輯」引進中國的第一人；吳宓，中國開創比較文學的第一人；錢端升，中國政治學的奠基人；葉篤，中國氣象學、大氣科學的奠基人；馮景蘭，中國礦床學的奠基人；華羅庚，美國科學院120年來的第一位中國籍院士；楊石先，中國研製農藥的第一人；湯用彤，世界上能開三大哲學傳統（中、印、歐）課程的第一人。

「聯大的屋頂是矮的。」從茅舍裏走出的2522位聯大畢業生，都是國家的棟樑。他們當中包括：諾貝爾物理學獎獲得者楊振寧、李政道；獲得國家最高科學技術獎的黃昆、劉東生、葉篤正；為國家做出傑出貢獻的「兩彈一星功勳獎章」獲得者郭永懷、陳芳允、屠守鍔、王希季、鄧稼先、朱光亞等；新中國成立後聯大學生中評為兩院院士的共86人。聯大8年先後有1129名學生參加抗戰，為國效力。

這正如西南聯大外語系1942級的杜運燮（九葉派詩人之一）寫的一首詩〈西南聯大贊〉：

> 敵人只能霸佔紅樓，作行刑室，
> 可無法阻止在大觀樓旁培養
> 埋葬軍國主義的鬥士和建國棟樑。
>
> 校園邊的成排由加利樹，善於薰陶，
> 用挺直向上的脊樑為師生們鼓勁。
> 缺乏必要書籍，講課，憑記憶默寫詩文，
> 總不忘吃的是草，擠出高營養的牛奶。

著名學者，培養出更著名的學者，

著名作家，培養出多風格的作家。

只有九年存在，育才率卻世所罕有。

抗戰大後方的昆明，生活十分艱難。生活在「飯甑凝塵腹半虛」，「既典征裘又典書」困境中的教師，仍然守護中國大學的尊嚴，一身正氣，為人師表，自敬其業，誨人不倦，當年聯大外文系教授馮至先生指出西南聯大，「絕大多數教職員都是安貧守賤，辛辛苦苦地從事本位工作」。安貧守賤，再加上樂道——這個「道」就是思想自由，學術自由，勇於探索，敢於批判，「違千夫之諾諾，作一士之諤諤」；既有中華情結，又抱世界胸懷，或者正如吳宓先生所一再強調的「Plain living and high thinking」（生活樸素，思想高超。原句是英國浪漫主義大詩人華茲華斯的名言），這也都是西南聯大的精神。

西南聯大的成功，一方面是共赴國難、同仇敵愾激發出的凝聚力和愛國主義精神，另一方面融合了三校的特色。北京大學「思想自由，相容並包」的辦學方針，清華大學「通才教育」、「教授治校」的治學理念，南開大學把解決中國現實問題、研究社會實際作為教育的目標。「同無妨異，異不害同，五色交輝，相得益彰」。組成西南聯大的北大、清華、南開三校，特點不同，共有的是良好的傳統，這就是陳寅恪所說的「自由之精神」和「獨立之思想」。而聯大留下思想和精神資源，是一筆寶貴的遺產，需要後人挖掘。

聯大風流何處尋？緬懷已成絕響的聯大風流和風骨，銘記聯大創造的奇蹟和輝煌，自不待言。但僅有這些是不夠的。西南聯合大學的大學自治、教授治校、學術自由、思想獨立，這些寶貴的精神資源為何失傳？是在怎樣的歷史境遇下如廣陵散般人終曲散？西南聯合大學的教授和學子，在那樣艱難的條件下，是一種什麼樣

的精神力量支撐？在歷史的動盪中，他們遭遇了什麼樣的詭異命運？在時代分岔的道路上，他們如何選擇？他們的命運和歸宿是怎樣的結局？是歷史的必然還是歷史的誤會？顯然，這一系列問題，不只是停留在西南聯大時期，糾結在歷史與現實之間，這些事關當下的拷問，我無法給出全部答案。我所做的，只是滲透自己的思考和省察。這本書試圖打開通向西南聯大的一條隱秘的通道，從他們的生活細節來觀察他們的精神境界和內心世界。我選擇的少數聯大教授，已經被遺忘在歷史的角落，書寫即拯救，鉤沉湮滅的歷史碎片，進入今人的視野，對抗社會集體失憶。

聯大師生的風流，就像魏晉風度一樣，令後人景仰。這風流在我看來，包含了不黨不官、人格獨立、敢於批判的錚錚風骨；弦歌不絕、為人師表、一身正氣的決決風範；沉潛專注、甘於奉獻、光風霽月的謙謙風度。西南聯大是一個群星閃耀的時代，那些特立獨行、放浪形骸、個性卓異之士，才華與激情四射，譜寫了一個不老的傳奇。

先來看風骨。知識份子如何保持獨立？金岳霖28歲的時候說過的一段話，「與其做官，不如開剃頭店，與其在部裏拍馬，不如在水果攤子上唱歌。」金岳霖先生認為知識份子能成為「獨立進款」的人，所謂「獨立進款」，簡單說就是要靠自己的本事吃飯。不依附於任何黨派，才能真正做到學術自由。不做政府的官員，才能做公共知識份子，承擔起批判的責任。聯大教授群體，多是自由主義知識份子，他們愛惜自己的羽毛，一生堅持不黨不官。

聯大歷史系教授吳晗寫了一本關於朱元璋的書：《由僧缽到皇權》。因為當時朱元璋起義時軍隊紮了紅頭巾，所以就叫紅巾軍，簡稱紅軍。國民黨審查的時候說書寫的很好，可以出版，但是要改一個字，不要叫紅軍，叫農民軍。吳晗家貧，妻子又害肺病，吃飯

只能買農民晚上賣剩的菜。而這本書只要能出版，吳晗就可以拿很高的稿費，但是吳晗表示：寧可不出，他也不改。

聯大航空系主任莊前鼎（後任航空工程研究所所長）從未動搖堅持在科教戰線上，爭取抗戰勝利的決心，儘管重慶國民政府曾再三商量調聘，甚至以「委座促駕」來電催請，他以「敬謝不敏」覆電堅辭。他常說：「我這輩子不做官，也不善於做官，我要以畢生精力踏踏實實地做些有益於國家、造福於人民的實際工作。

1947年，曾在聯大機械系任教的劉仙洲教授訪美回國路過南京時，國民政府教育部長朱家驊擬設宴邀請，請他再次出任北洋大學校長。他拒不赴宴，連夜離開南京，北上北平，於清華大學任教。後來，教育部雖公開宣佈這一任命，並一再致電敦促劉仙洲赴任，但他都置之不理。

再來看風範。聯大有一條不成文的規定，凡最基礎的課程（包括專業課程的緒論），都須由最有名望的教授執教。因為這些課程由名教授深入淺出地講授，能把學生帶入廣闊的天地中。於是，李繼侗教「普通植物學」，吳有訓教「普通物理學」，王力主講「語言學概論」，袁復禮講「普通地質學」。也許正是這樣的遠見卓識，聯大名師出高徒，西南聯大誕生了許多著名的師生，比如吳大猷與楊振寧、葉企孫與李政道、金岳霖與王浩、楊振聲與吳宏聰、聞一多與季鎮淮、朱自清與王瑤、沈從文與汪曾祺等。

聯人教授並不因為和學生接下深厚的友情，而放鬆對他們的要求，好多教授以嚴屬而著稱。有志研究電機工程的學生大一微積分和大一物理的成績至少要達到70分。大二時，周日早上的小測考查學生課堂知識以外的能力，看他們是否能夠靈活運用基本概念。實驗課的研究計畫得預先準備，實驗報告交遲了則不計分數。1941年進入聯大希望成為電機工程師的七八十名大一學生，到1945年只有十七人拿到畢業證書。

有一段逸聞是關於機械工程系孟廣喆教授的。孟廣喆教授他講課生動活潑，能利用口才使學生的思維跟著他轉。但他評分極其苛嚴，為此弄得很不受學生歡迎，連助教白家祉都求他寬容一些。一天，白對一幅題為「我若為王（If I were king）」的壁報漫畫感到很憤怒──「我若為王」是當時在昆明放映的一部很受歡迎的電影──漫畫的說明文字是：「If I were king，I would kill Meng！」白把這個消息告訴孟，孟佯裝大笑，但評分原則並未因此動搖。

聯大教授的風度最令人心折低回。像黃鈺生、李繼侗等教授在聯大先後擔任過十幾種職務，為學校服務，擔任的職務沒有任何報酬和津貼，但他們樂於奉獻。文法學院從蒙自回到昆明，教學秩序正常後，鄭天挺就向蔣夢麟校長提出辭去行政職務，專攻學問，蔣表示諒解。當時，鄭天挺曾請魏建功代刻杖銘二根，其一曰「指揮若定」，另一曰「用之則行，捨則藏」。羅常培見後，以「危而不持，顛而不扶」相譏，暗指鄭堅辭不任行政事務。於是，鄭天挺出任聯大總務長。

我們還可以從聯大教授的服飾來感受他們的風度。梅貽琦跑警報，置個人安危而不顧，不失儀容，安步當車慢慢地走，同時疏導學生。吳宓持手杖，著長衫，和錢鍾書一起，沿著翠湖邊的小路邊走邊談，隔著70年來的歷史煙雲，向我們走來。身材高大的金岳霖經常穿著一件煙草黃色的麂皮夾克，常年戴著一頂呢帽，總是微仰著腦袋，走路深一腳，淺一腳的。因他的眼睛不好，有一段時間戴眼罩。聞一多在南嶽時，開哲學系教授的玩笑，作了一首打油詩，故有「金公眼罩鄭公杯」之句。儒雅的朱自清身穿馬幫的氈斗篷，走在昆明的街頭，他的氈斗篷裏是洗刷得幾乎失色的西裝，戴著眼鏡，不倫不類，成為聯大另類的風景。朱自清的氈斗篷，同潘光旦的鹿皮背心，馮友蘭用來包書和講義的八卦圖案的黃包袱，被稱為

「聯大三絕」。是真名士自風流，我們說魏晉名士雅人深致，完全適用聯大教授。

聯大的學子善於自嘲，身上的服裝美其名曰「本色不保」衣、「空前絕後」襪、「腳踏實地」鞋。要是用打工所得在地攤上買一條美軍卡其布褲，一件夾克衫或一雙大頭靴，那就是最出色的衣著了。

聯大的學子吃的是難以下嚥的「八寶飯」，他們每天孜孜不倦地做學問，真是簞食瓢飲，窮且益堅，不墜青雲之志，這種精神，人天可感。

這本書和諸多已經出版的關於西南聯大的專著不同之處在於：從大處著眼，小處入手，集中呈現這樣的生活細節，關注聯大師生的日常教學和吃穿住行，折射出那個時代的幽微精神。他們住的環境是如何惡劣？他們如何請客吃飯？在空襲頻繁的年代，他們如何娛樂？在物質極其貧乏的情況下，他們過著怎樣的文化生活？他們的一飲一啄，他們的一言一行，無關歷史的宏旨，可是若沒有這些瑣碎而生動的細節，我們無法深入他們的內心。在某種程度上，生活史亦是心靈史。

70年滄桑巨變，聯大的教授絕大多數已經走進歷史，較晚入聯大求學的學子也在望九之年。作為後人，我們遙望那段烽火連天的歲月，撫今追昔，所感受的不僅是激情，更是深深的沉思。一本打開的書，在您的面前，西南聯大最寶貴的精神是什麼？讀過之後，您自然會有答案。

目次

前言 / i

西南聯大的常委

南開有個張伯苓

張伯苓如何找錢和用人

張伯苓。

1946年，南開大學校長張伯苓在美國過70大壽，老舍和曹禺合寫獻詞：「知道有中國的，便知道有個南開。這不吹，也不是謗，真的，天下誰人不知，南開有個張伯苓！」

張伯苓（1876-1951），1919年至1948年出任南開大學校長。張伯苓有著傳奇的人生——他畢業於北洋水師學堂、當過清朝海軍，參加過壯麗的甲午海戰。他當過私塾教師，他又是美國著名大學的名譽博士；他在天津創辦了南開大學、南開中學和南開女中，又在天府之國的重慶創辦新的南開中學；他是著名西南聯合大學的主要締造者之一，又是中國現代體育運動的先驅，是當之無愧的「中國奧運第一

人」，被譽為「中國的顧拜旦」；周恩來是他的學生，張學良是他的朋友，他也曾與蔣介石、汪精衛多有過從。

「我乃決計獻身於教育救國事業。」受到甲午戰敗的刺激，張伯苓開始教育救國的歷程。1898年11月，張伯苓懷著上述信念，棄武從文，回到天津，執教嚴修（字範孫，被稱為「南開校父」）家館。張伯苓在嚴館肩負英語、數學、理化等課程的教學，同時增加操身（即體育）課程。1907年，學堂遷入新址，更名為「私立南開中學堂」。1919年，私立南開大學終成立。張伯苓的人生與「南開」牽繫在了一起。

從鹽鹼灘建起聞名全國的一所大學，靠張伯苓到處托缽化緣，一磚一瓦掙來。在抗戰前30餘年發展中，張伯苓為南開系列學校募集數百萬資金，僅南開大學資產就增長到近三百萬銀元。張伯苓辦私立大學，懂得變通，可謂識時務者為俊傑。如果沒有他的變通，也就不會有今日的南開。他有一句名言：「用軍閥的銀子辦教育，就如同拿大糞澆出鮮嫩的白菜是一個理兒。」頗有英雄不問出處之意。

張伯苓說過，大學校長，第一條找錢，第二條找人。找錢，他找出了藝術；用人，他也找到最合適的人，放在最合適的位置上。

南開聚集了一批教授，包括後來任職西南聯大的化學系主任楊石先、法商學院院長陳序經、師範學院院長黃鈺生、商學系主任丁佶、化工系主任陳克忠、中國近代數學的開創者姜立夫等等。

耶魯大學博士、南開商學院教授何廉曾多次面對其他高校和研究機構的高薪聘請，且工作和職責都更自由自在。他在《何廉回憶錄》中寫道，「張校長站起身來，極其熱情而真誠地說，我應當留在南開，因為南開比中華文化教育基金會更需要我。他答應對陶教授說明我的情況，並且提出從大學預算中撥一部分款項供我下一學年研究之用。他還建議減少我的授課時間。我深受感動，當即

決定留在南開。我向他建議在南開成立一個研究機構，他同意了。」——這就是後來開中國近代高等教育之先河的南開經濟研究所。

南開教授的月薪沒有清華的高，但張伯苓能聘請到一大批著名的學者，知人善任，由此可見一斑。

張伯苓始終堅持愛國主義辦學思想和實踐，強調「德育為萬事之本」，德、智、體、美四育並進，手訂「允公允能，日新月異」校訓，教育學生「盡心為公，努力增能」，培養愛國為公、服務社會的人才。反對照搬歐美教育制度，主張學習西方先進教育思想結合中國實際，以「解決中國問題為教育目標」，為探索適合中國國情的教育模式做出重要的貢獻。

北大教授陳平原認為，張伯苓發展出一種迥異於北大、清華的「實業興學」路線。南開之「私立」，不只體現在經濟上的自籌資金，更落實為文化精神上的「特立」與「自立」。

不過，張伯苓的「實業興學」路線曾面臨非議。《何廉回憶錄》寫道：「他不欣賞自由教育，事實上在南開大學的課程表中看不出自由教育來，他的定向是鼓勵職業的、實際的和技術性的學習。」

晚年的張伯苓逐漸認識到人文精神養成的重要性，8年的西南聯大歲月，也給了南開更開闊的視野。1946年後，南開增設中國文學系。

參加牯嶺茶話會

1937年7月初，南開大學校長張伯苓、北京大學校長蔣夢麟、清華大學校長梅貽琦以及著名學者胡適、陳岱孫接到通知，去廬山牯嶺參加茶話會。被邀請與會的，除軍人外還有政界、學界、實業界及新聞界人士。蔣介石宣佈對日全面抗戰。蔣介石表示，中國只

有抗戰，更只有抗戰到底。張伯苓一言不發，靜聽各人講話，到了最後，才說一句：「這件事，還是要聽委員長的。」

1937年「七七事變」後，日軍不顧國際公法，首先把炮火對準南開大學，對準傳承文化的普通教師和學生。炸彈無情地降落在了南開中學、南開女中。8月，在牯嶺參加完茶話會到南京後，蔣介石又約張伯苓、胡適、梅貽琦、陳布雷、陶希聖等人在黃埔路官邸午餐，張伯苓一開口就老淚縱橫，說：南開被日軍炸掉了，自己幾十年的努力都完了。但是只要國家有辦法，能打下去，我頭一個舉手贊成。只要國家有辦法，南開算什麼？蔣見狀當場表示：「南開為國而犧牲，有中國即有南開。」

南開大學雖然遭到轟炸，張伯苓的教育事業被日寇野蠻地摧殘，但南開的抗日和愛國精神永遠不倒。張伯苓在南京說：「被毀者為南開之物質，而南開之精神，將因此挫折，而愈益奮勵！」

1939年秋，張伯苓（前排中）與西南聯合大學師範學院師生合影。

　　南開、北大、清華三校聯合組成長沙臨時大學的方案是三位校長與教育部磋商後決定的。9月10日，教育部下文宣佈在長沙和西安兩地設立臨時大學。長沙方面，教育部派定張伯苓、蔣夢麟、梅貽琦、楊振聲（教育部代表）、胡適（北大文學院院長，隨後任駐美國大使）、何廉（南開大學教授）、周炳琳（教育部次長）、傅斯年（北大教授、兼代中央研究院總幹事）、朱經農（湖南教育廳廳長）、皮宗石（湖南大學校長）、顧毓琇（清華大學教授）為籌備委員。指定張、蔣、梅為長沙臨時大學常委，楊為秘書主任。籌委會設主席一人，由教育部部長王世傑兼任。9月3日，在長沙舉行第一次籌委會，確定校舍、經費、組織等事項。（《國立西南聯合大學校史》）

長沙臨大文學院宿舍對話

　　臨大文學院設在衡山半腰的聖經學校分校，距南嶽有三四里。男生所住的四十九標營房是兩層木結構建築，十分陳舊破敗，雖加修繕，底層仍比較潮濕，排滿雙層大床，光線尤其暗淡；樓上光線稍好，學生一律睡地板。下起雨來，多處漏水，只好在被子上蒙塊油布，枕畔支柄雨傘，方能「高枕無憂」，一覺睡到天亮。

　　關於住宿的不如人意，還有一個小小的插曲。

　　據當時的學生回憶，當他們搬進四十九標營房不久的一個上午，三位常委由秘書主任楊振聲陪同巡視宿舍。蔣夢麟看到宿舍破敗，設備又極其簡陋，認為這會影響學生身心，不宜居住；張伯苓則認為國難方殷，政府在極度困難中仍能顧及青年學子的學業，已屬難能可貴，而且學生正應該接受鍛煉，有這樣的宿舍也該滿意了；梅貽琦原是天津南開張伯苓的學生，未表示態度。蔣夢麟聽了張伯苓的話，就說：「倘若是我的孩子，我就不要他住在這宿舍裏。」張伯苓很不高興，針鋒相對地表示：「倘若是我的孩子，我一定要他住在這宿舍裏！」（《國立西南聯合大學校史》）

張伯苓説這話，和他的經歷和教育主張有關，他希望年青學子在艱苦的條件下，頑強奮鬥，不屈不撓。甲午戰敗，年輕的海軍軍官張伯苓悲痛欲絕。他痛感我中華雖廣土眾民，但國民身體不如人，精神不如人，非從根本上改造不可。他最早關注國際奧林匹克運動、全力推進中國與東亞及世界體育交流。

長沙臨大時期，張伯苓兼任軍訓隊長，黃鈺生和毛鴻為副隊長，學生全部接受軍事管理和訓練，編成若干大隊、中隊、小隊，並按編制排定床位，不容自由散漫。所以，臨大文學院男生宿舍成為「四十九標營房」。

1937年12月上旬，長沙臨時大學成立了國防工作介紹委員會，為學生們直接參加抗日工作提供實際幫助。張伯苓向學生們宣佈：「凡服務國防有關機關者，得請求保留學籍。其有志服務者，並得由學校介紹。」不到兩個月，根據教務處登記簿的記錄，在長沙臨時大學提出申請保留學籍、領取肄業證明和參加抗戰工作介紹信的就有近三百個同學。張伯苓在其中起到重要作用，他經常通過周恩來把優秀的師生和南開校友推薦到抗戰前線去工作。

「我的錶你戴著」

1938年4月2日，根據國民政府國防最高會議通過的決議，國立西南聯合大學正式成立。西南聯合大學仍然由張伯苓、蔣夢麟、梅貽琦任最高行政領導——常務委員會委員。

三校既聯合，又獨立，按照馮友蘭在《三松堂自序》中的説法，三校的狀態是這樣：本科學生和本科擔任課程的教師，以及在聯大負責行政工作的人員，是聯合的部分；在昆明新聘請的教師，為了教學需要，只發聯大的聘書，三校之一認為這個人很好，另加一份聘書，表示三校分家後，可以繼續聘請他回北京或天津。三校

獨立的地方還在於，都有各自的辦事處和研究機構。對於三校的既聯合又獨立，馮友蘭打了個比方：

> 當時的聯大，好像是一個舊社會中的大家庭，上邊有老爺爺、老奶奶作為家長，下邊又分幾個房頭。每個房頭都有自己的「私房」。他們一般生活靠大家庭，但隔房又都有自己的經營的事業。

張伯苓深知在這種情況下如果三位校長都去負責學校管理工作，極有可能出現矛盾和問題，最終導致管理混亂，因此就將管理職權全部交給蔣、梅二人，自己前往重慶南開中學。他有些調侃地告訴蔣夢麟說：「我的錶你戴著」，意即「你代表我」。後來，蔣夢麟也另兼他職，於是西南聯合大學的許多具體事務由梅貽琦來掌管。

聯大初到昆明，好多聯大的學者、中央研究院的學者家裏的傢俱都是用汽油箱子拼裝的，外面罩上布套。有一次，張伯苓去趙元任家，就坐在這種凳子上。張伯苓身高體重，坐在這種搖搖晃晃的凳子上，生怕坐垮了，自己用兩隻手撐著，和趙元任、楊步偉夫婦談了很久。楊步偉看他很累，就說換個地方坐坐把，他把一隻手往上一抬，說不累，可是身子往後一斜，幾乎跌下來。惹得大家哈哈大笑。

聯大時期，張伯苓雖因政務羈纏，但其教育理想與信念不改，依舊關注國家與民族命運，也時時考慮著南開的復興和未來圖景。1942年，張伯苓敏銳地感覺到法西斯敗亡指日可待，南開復校為期不遠，故積極開展起人才儲備和學術拓展活動。同年，南開大學邊疆人文研究室成立，他更是急切地督責負責人員努力開展調查研究工作，希望將南開的「知中國、服務中國」的辦學理念融入邊疆教育，達到造福邊疆的目的。抗戰勝利後不久，1945年10月2日，張

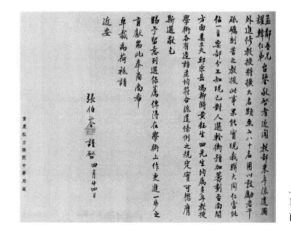

1945年4月24日，張伯苓致信西南聯大常委蔣夢麟、梅貽琦。

伯苓派時任聯大師範學院院長黃鈺生、重慶南開中學校長喻傳鑒回天津辦理復校工作。

三校聯合的基礎

西南聯大學是抗戰時期中國高等教育特殊的存在方式，之所以成為中國教育史的奇蹟，培養了大量的人才，是知識份子精誠團結、共赴國難的精神使然。北大、清華、南開三校聯合時期的穩定和發展，是和三校師生的共同努力分不開的。

1941年4月，清華大學在昆明拓東路聯大工學院舉行三十周年校慶，張伯苓校長自重慶告訴南開大學秘書長的黃子堅（即黃鈺生）說，清華和南開是「通家之好」，應隆重地慶祝。黃子堅在會上大作「通家」的解釋，指出清華的梅貽琦是南開第一班的高材生。接著，馮友蘭登臺說，要敘起「通家之好」來，北大和清華的通家關係也不落後，北大文學院院長（指胡適）是清華人，我是清華文學院院長，出身北大，此外還有其他好多人。之後，會議非常熱烈，紛紛舉出三校出身人物互相支援的情形。所有的人都感到聯大的團

結，遠遠超過了三校通家關係之上。（鄭天挺〈梅貽琦先生和西南聯大〉）

有一年聯大校慶，黃鈺生談到三校同仁在一起工作和諧應歸功於三校具有如雲、如海、如山的風度，即清華智慧如雲，北大寬容如海，南開穩重如山。聯大訓導長查良釗就配上「自然、自由、自在」為下聯。他解釋說，自然是求真不貴做作，自由是同善不尚拘束，自在是無求有所不為。他認為在如雲、如海、如山的氣氛中，三校同仁必然嚮往自然、自由、自在。

當時，不論是清華大學還是北京大學的校長以及一些知名教授，多多少少都和南開大學有著某種聯繫，可謂你中有我，我中有你。這也是三校合作的基礎。

蔣夢麟曾長期擔任南開大學校董，參與南開大學的策劃與發展。梅貽琦是私立中學堂的第一屆畢業生，他之所以會走上教育道路，更是和張伯苓的教誨和引導有著直接的關係。此外，北京大學教授丁文江、陶孟和、胡適都曾擔任過南開大學的校董，湯用彤、羅常培等人也曾在南開大學任教，陶孟和、江澤涵、吳大猷、錢思亮等都是從南開學校畢業的。清華的李濟、蔣廷黻、李繼侗、蕭遽教授等都來自南開大學。共同的南開奮鬥經歷和南開情結使得三校聯合順利地通過了磨合期，克服了最初的困難。西南聯合大學也因保持了北大、清華、南開三校的精華，成為戰時中國最著名的高等學府之一。

「北大功狗」蔣夢麟

蔣夢麟，原名夢熊，字兆賢，別號孟鄰，浙江省餘姚縣人。中國近現代著名的教育家。1886年（光緒十二年）生，幼年在私塾讀書，12歲進入紹興中西學堂，開始學習外語和科學知識。後在家鄉

蔣夢麟。

參加科舉考試，中秀才。1908年8月赴美留學。次年2月入加州大學，先習農學，後轉學教育，1912年於加州大學畢業。隨後赴紐約哥倫比亞大學研究院，師從杜威，攻讀哲學和教育學。1917歲3月，蔣夢麟獲得哲學及教育學博士學位後即回國。1919年初，蔣夢麟被聘為北京大學教育系教授。自1919年至1945年，蔣夢麟在北大工作了20餘年。1964年病逝於臺北。

從北平到昆明

七七事變爆發時，蔣夢麟已從北京大學到廬山參加會議，「當時蔣委員長在這華中避暑勝地召集知識份子商討軍國大事」。1937年7月8日，蔣夢麟吃過午飯在房間休息，忽然，「中央日報」社長程滄波來敲門，告訴蔣夢麟日軍在前一晚對盧溝橋發動攻擊的消息，蔣夢麟一下子從床上跳起來，追問詳情，但程滄波知道的也很有限。

蔣夢麟在廬山和南京，看到的和聽到的是不惜代價保衛國

家，全面抵抗侵略。蔣夢麟由南京到了杭州，在杭州，他目擊了日本的飛機轟炸杭州的飛機場，也得知了北方的三所大學南遷到長沙成立聯合大學的計畫，經過考慮，蔣夢麟同意了這個方案。

「我曉得在戰事結束以前恐怕沒有機會再見到父親和我的老家。而且戰局前途難料，因此我就向朋友借了一輛別克轎車駛回家鄉。這時父親年紀已經很大，看到我回家自然笑顏逐開。我離開家重返南京時告訴父親說，中國將在火光血海中獲得新生。」（蔣夢麟《西潮》）

長沙臨時大學組建以後，北大、清華、南開三校的學生都陸續來了。9月20日左右，蔣夢麟到達長沙，幾個星期之內，大概就有兩百名教授和一千多名學生齊集在長沙聖經學校了。楊振聲在〈北大在長沙〉文中描寫這時的生活：「我們都各得其所恢復了學校生活，住在每人一間的學生宿舍裏，天冷後大家還圍著長沙特有的小火缸煮茶談天。圍著大飯桌吃包飯，大家都欣賞長沙的肥青菜、嫩豆腐、四角一個的大角魚、一毛多一斤的肥豬肉。」

戰時的教育，和北平自然不一樣，大家自動地要求吃苦，要求縮減月薪，共赴國難。於是，在一次常委會中，決議薪水打七折支付。又公推蔣夢麟兼總務長，梅貽琦兼教務長、張伯苓兼建設長。蔣夢麟成天算賬，累出胃病來，才讓旁人幫他的忙。蔣夢麟的胃病大概就是這時落下來，1938年又發作一次。1939年3月1日，蔣夢麟在致胡適的信中，提到這次胃病。「弟自去年8月患胃病起，靜養4個月，於11月底告痊癒。現則一切如常，精神頗佳，胃口亦好。」

然而，隨著戰火的蔓延，長沙隨時有受到敵人攻擊的危險。於是，聯合大學準備西遷，在蔣夢麟的建議下，蔣介石同意遷到昆明。因為那裏有滇越鐵路與海運相銜接，有利於聯合大學將來與海外的聯繫。

聯合大學校舍緊張，學生無法安置。1938年2月底，蔣夢麟給葉公超的一份電報中說：「昆明校舍無著，工料兩難，建築需時。蒙自海關銀行等處閒置，房屋相連，可容900人，據視察報告，氣候花木均佳，堪作校址。」（引自浦薛鳳〈九龍二月〉）蔣夢麟為解決校舍問題，親自去蒙自考察，3月14日回昆明，第二天下午就開會決定文法學院設在蒙自。

1938年5月4日，西南聯大正式上課。從4月28日三路師生勝利匯合，僅隔六天就開學，充分反映了西南聯大的辦事效率高。1938年8月初，「房荒問題已不如過去那麼嚴重，又奉教育部名流成立師範學院。」蔣夢麟高興不已，說：「真是雙喜臨門。」此時，已經決定文法學院從蒙自遷回昆明。蔣夢麟代表聯大找黃鈺生談話：「校常委會希望黃先生能出來擔任聯大師範學院院長。」8月16日，聯大常委會決定聘任黃鈺生為聯大師範學院院長。1938年底正式上課。

1939年9月，聯合大學再度擴充，學生人數已達三千人。很多學生是從淪陷區，冒著生命危險，穿越火線到達自由區。蔣夢麟在《西潮》中寫道：「我的兒子原在上海交通大學讀書，戰事發生後他也趕到昆明來和我一起住。他在途中就曾遇到好幾次意外，有一次，他和一群朋友坐一條小船，企圖在黑夜中偷渡一座由敵人把守的橋樑，結果被敵人發現而遭射擊。另一次，一群走在他們前頭的學生被敵人發現，其中一人被捕，日軍砍了他的頭懸掛樹上示眾。」

「我不管就是管」

西南聯大在昆明之初，三校也有一定的矛盾，蔣夢麟處理得很藝術——就是「無為」。他曾經說過一句名言：「在西南聯大，我

不管就是管。」蔣夢麟對梅貽琦說：「聯大事務還要月涵（梅貽琦字月涵）先生多負責。」蔣夢麟負責聯大的對外事務。

中國社科院近代史所研究員，聞一多之孫聞黎明說，三校合併之初在人員配置，科系設置上也有摩擦，到1941年才磨合得比較好。何炳棣在《讀史閱世六十年》裏回憶到，「最初較嚴重的是北大和清華之間的摩擦，主要是由於北大資格最老，而在聯大實力不敵清華」。

據錢穆的《師友雜記》，當時，梅貽琦在任命聯大各學院院長、系主任時，偏向清華，於是引起了北大師生的不滿。一日，蔣夢麟有事到蒙自文法學院，北大諸教授競言聯大種種不公平。一時師生群議分校，爭取獨立。錢穆在發言中力排眾議，認為國難方殷，大家應以和合為貴，他日勝利還歸，各校自當獨立，不當在蒙自爭獨立。蔣夢麟立即起來插話：「今夕錢先生一番話已成定論，可弗在此問題上起爭議，當另商他事。」蔣夢麟採納了錢穆之言，教授們便都不說話了。

「蔣夢麟在西南聯大時的不爭，成就了西南聯大。如果爭的話，就成西北聯大了」，曾為蔣夢麟作傳的學者馬勇這樣評價蔣的「無為」。西北聯大1937年9月在西安成立，由北平大學、北平師範大學、北洋工學院和北平研究院等組成，不到一年就分崩離析。

在馬勇看來，蔣夢麟的不爭，更多的是因為知識份子的顧全大局而不是性格所致。「蔣夢麟是一個很固執的人，絕不人云亦云。」

跑警報寫《西潮》

炸彈像冰雹一樣從天空掉下，在我們周圍爆炸，處身在這樣的一次世界大動亂中，我們不禁要問，這些可怕的事情為什麼會發生？蔣夢麟跑警報時，反思中國近代為何積貧積弱，「生平所經歷

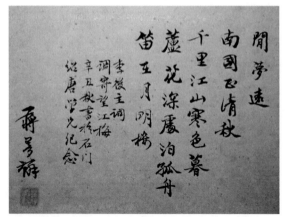

蔣夢麟墨蹟。

的事情像夢境一樣一幕幕地展現在眼前;於是我撿出紙筆,記下了過去半個世紀中我所目睹的祖國生活中的急劇變化。」

　　蔣夢麟在跑警報的空隙,用英文寫下了他前半生的自傳《西潮》。跑警報沒有辦公桌椅,經常席地而坐。他隨身攜帶鉛筆和硬面的練習本,寫中文需要鄭重其事,頗為不便,於是,他決定用英文來寫。蔣夢麟自己也承認,如果不是因為抗戰期間跑警報,他不可能有時間、有閒情來寫一部自傳。

　　當我開始寫作《西潮》的故事時,載運軍火的卡車正從緬甸源源駛抵昆明,以「飛虎隊」聞名於世的美國志願航空隊戰鬥機在我頭上軋軋掠過。發國難財的商人和以「帶黃魚」起家的卡車司機徜徉在街頭,口袋裏裝滿了鈔票。物價則一天三跳,如脫韁的野馬。
　　一位英國朋友對西南聯大的一位教授說,我們應該在戰事初起就好好控制物價。這位教授帶點幽默地回答:「是呀!等下一次戰爭時,我們大概就不會這樣笨了。」

蔣夢麟的自傳《西潮》，不是一個學者單純自傳，而是一所大學和一個時代的見證。蔣夢麟任北京大學校長長達17年，他說：「從民國19年到民國26年的7年內，我一直把握著北大之舵……一度曾是革命活動和學生運動漩渦的北大，已經逐漸變為學術中心了。」一個時代，自然指的是民國，從1911年到1949年，蔣夢麟作為教育家，曾任孫中山的秘書，見證了重大歷史事件，所以他寫的自傳，有點像回憶錄，也有點像近代史，他自稱：「在急遽遞嬗的歷史中，我自覺只是時代巨輪上一顆小輪齒而已。

蔣夢麟的居住和飲食

1943年，蔣夢麟在重慶時，美國年輕的外交官費正清對他留下深刻印象，《費正清對華回憶錄》記錄下蔣夢麟在昆明的生活狀況：「從外表看，他頗像梅貽琦──個子很高，身材消瘦，舉止優雅，不過，他是個理智勝過情感的人。他們作為昆明高校的兩位領袖，都是以其苦行僧形象著稱的，是給人以深刻印象的人物。蔣夢麟近來沒有為北大做什麼。他已困難到山窮水盡，唯靠典賣僅剩的衣物書籍而維持生活，他的夫人現在正在設法尋找工作，而他自己則回到昆明去擔任中國最高學府的校長。跟梅貽琦相比，蔣夢麟的經濟境況還稍勝一籌。梅夫人化名找到一個工作，結果被發覺，只得中輟。」

1939年3月1日，蔣夢麟在致胡適的信中寫道：

> 現家移鄉間居住，新構茅屋20餘間，為此處同人疏散之備……地離昆明四英里。每逢警報，高朋滿座。兩星期前，幾乎每日有警報。近來頗安靜也。沈蒪齋（沈履，之前任聯大總務長──著者注）赴川大任教務長，聯大總務長以鄭毅生（鄭天挺）繼任，樊逵羽（樊際昌）仍任教務長。昆明一年以來百

物騰貴，米每石已漲至100元以上，前年每石7元。人人叫苦
……炭每石近16元。豬肉每斤1元7角。鹽每斤6角。雞蛋每枚
1角。同人8折支薪，每月入不敷出。人口較多之家，有午吃
飯而晚飲粥者。學生方面，政府每月給貸金14元，幸官米每
石50元，猶能吃菜飯充饑。營養大成問題矣。

蔣夢麟信中提到的「鄉間新構茅屋20餘間」，是北京大學在昆明北
郊崗頭村新建的北大教授臨時宿舍。那是一處基本上由茅草屋頂和
土牆的房舍構成的中式院落。木條組成的窗子上沒有玻璃，糊著白
紙，有的連白紙也沒有，而是糊著出國留學生考試的試卷來阻擋
風沙。

院子中間也種菜，也栽花，還栽了好多竹子，這些竹子是住在
這裏的人，有蔣夢麟、章廷謙（即《魯迅日記》中的作家川島，時任職北
大辦事處，蔣校長的秘書）等人，從附近一個叫虛凝庵的廟裏每人一株
兩株地移來的。北大教授宿舍旁邊，隔一條山澗，還有一個相當大
的防空洞，依山鑿洞，支以木柱，可容三十人。這防空洞，是居住
在此的北大教授一起動手挖掘的，章廷謙非常驚奇地發現，從挖掘
的土中，撿到三葉蟲的化石。

在這處臨時宿舍裏，周炳琳、趙迺摶（北大經濟系主任）、楊振
聲（北大中文系教授，五四時期著名文學家）、吳大猷（北大物理系教授，
後來曾任臺灣中央研究院院長）、饒毓泰（北大物理系教授、理學院院長，
我國物理學界的一代宗師）、孫雲鑄（北大地質系教授、系主任、地層古生
物學家，解放後任地質科學院副院長）、戴修瓚（北大法律系教授，曾任京
師地方檢察廳檢察長、最高法院首席檢察官）、張景鉞（北大生物系教授、
系主任）、崔之蘭（北大生物系教授、因聯大規定夫婦不能在本校任職，
1938年秋應聘雲南大學生物系教授、兼系主任）夫婦、雷海宗（清華大學歷

史系教授、西南聯大歷史系主任）等教授、章廷謙副教授，各住一間茅草房。蔣夢麟校長則住在正北的三間瓦房中。

據吳大猷所述：

> 那七間小房的分配，是以先入為主為原則的。饒老師、周炳琳夫婦、楊振聲（今甫）先生各住了一間；我夫婦及陳嫂再加上她的小孩子統睡在一間裏；章廷謙夫婦和三個孩子一間；戴修瓚夫婦和一個女孩住一間；剩下的另一間，由孫雲鑄太太（帶一個孩子）、劉雲浦（帶一個孩子）四人合住；孫、劉兩位先生只好在那間公用大廳裏搭行軍床，睡「統艙」了。趙迺摶（字濂澄）則只得屈居在大廳旁邊那間小室裏。「統艙」除住單身漢外，還有一大用場，即是打牌的戰場，那時已有了基本隊伍，即孫、劉、戴、章、饒五將，不愁三缺一了。這時咖啡尚買得到，晚餐後，周、楊二位時常來我家聊聊天，喝杯咖啡。雖一間小小斗室，確兼有臥室、書房、飯廳等多種用途。

據章廷謙〈在昆明〉記載，北大在昆明北郊崗頭村的宿舍雖然小而擁擠，但一到禮拜六，大家買些蔬菜食物回去，連孩子們都盼著禮拜六快點到來，回鄉下。住在城裏的朋友們，也在休息日和過節的時候下鄉來。「就請他們宿在也是我們大家的圖書室、客室、飯廳、遊藝室的一間兩開間敞的草屋子裏」。

蔣夢麟在聯大辦公時，住在昆明邱家巷二號。1938年12月17日，北大四十周年紀念，那天，借雲南大學的會澤堂開了一個紀念會，會後，北大的教授們到蔣夢麟住宅聚餐。大家都期待著勝利，憧憬著馬神廟北河沿一帶的風物，看見彼此額上的皺紋和兩鬢的白髮，唏噓感歎。

自嘲是「北大功狗」

　　蔣夢麟一生的事業在北大，他說：「從1930年到1937年的7年內，我一直握著北大之舵，竭智盡能，希望把這學問之舟平穩渡過中日衝突中的驚濤駭浪。在許多朋友的協助之下，尤其是胡適之、丁在君（文江），和傅孟真（斯年），北大幸能平穩前進，僅僅偶爾調整帆篷而已。」在昆明，蔣夢麟也是殫精竭慮為了聯大的團結和北大的發展，「和而不同」是聯大胸懷，剛毅堅卓是聯大校訓。北大心理學教授、聯大三青團負責人陳雪屏在〈「和光同塵」與「擇善固執」〉中寫道：「西南聯大所以能始終如一聯合在一起以至抗戰勝利，三校復原，而三校之間精神上的契合無間，且更勝於前，我們不能不歸功於蔣夢麟。」葉公超也說：「整個抗戰期間，大後方的高等教育沒有間斷，而能繼續為政府培植人才，孟鄰先生個人的貢獻是不可磨滅的。」

　　然而，抗戰勝利前夕，北大人事上發生了一個大變化。這是由蔣夢麟引起的。1945年6月，北大蔣夢麟校長去重慶任行政院秘書長，此事引起北大同仁不小的波動。早在年初，蔣去美國考察教育，遍訪美國東部、西部、中部和北部。北大教授們曾希望他此次訪美能洽購一些儀器、圖書，並物色新教授，以為勝利復校的北大建設有所裨益。蔣在美期間即應就秘書長之職。此事他事前既未與北大任何人商量，事後又不來信與教授們解釋，引起一些人的不滿。

　　6月底，北大教授會討論此事，會議上鄭天挺等教授主張根據《大學組織法》大學校長不得兼職的規定，既從政就不能兼任大學校長，蔣應辭職，建議在美國的胡適先生任北大校長。在胡未回國前，一些教授則主張應由周炳琳、湯用彤、鄭天挺三人中之一人代

理校長。但三人均表示無意此職。9月份，教育部決定胡適為北大校長，傅斯年為代理校長。

1945年8月7日，蔣夢麟回到昆明召集教師茶會，坦誠地言稱：他欲兼任北大校長卻違反了自己手訂的大學組織法，最初未想及此點，經朋友們的提示和勸告，決計辭去校長職務。據與會的人士觀察，「他講話的態度極好，得著大家的同情」。蔣氏在北大的「謝幕」，未失他一貫的風度。（馬勇〈蔣夢麟與北京大學〉）

至此，蔣夢麟與北大的緣分已盡，他走向了仕途，他執掌北大的經歷已經化為記憶和往事。1949年，蔣夢麟和傅斯年都選擇去了臺灣。傅斯年在臺灣逝世前曾說過：「蔣夢麟的學問雖不如蔡元培，辦事卻比蔡元培高明。而我的學問及不上胡適，但辦起事來，要比胡適來得高明。」傅斯年接著批評蔡、胡兩位校長，辦事真叫人不敢恭維。一旁的蔣夢麟聽了深表贊同，並對傅斯年說：「蔡、胡兩位先生是北大的功臣，而我們兩人不過是北大的功狗罷了！」如此妙喻，盡顯夢麟先生的性格，其中既有掩飾不住的自得，也有那麼幾分苦澀的成分。

清華終身校長梅貽琦

清華的「終身校長」

梅貽琦。

梅貽琦（1889-1962），字月涵，天津人。梅貽琦的父親有傳統功名，原有產業，庚子拳亂期間，全被洗劫一空，家道從此中落。時梅貽琦12歲，他下有四個弟弟、兩個妹妹，最小的梅貽寶這時才1歲。家道中落的困境，可能造成他沉穩寡言的性格。

1904年，梅貽琦入張伯苓創辦的敬業中學堂（南開前身），他是第一期學生，與周恩來交往甚密。當時周恩來經常到梅家找梅貽琦溫習功課，有時候通宵達旦。1948年底，梅貽琦和夫人韓詠華離開北平。1950年，梅貽琦韓詠華夫婦去美國。梅貽琦去世後，其夫人韓詠華應周總理之邀，1977年由美國回到北京定居，受到鄧穎超的熱情接待。宴請時，特意由天津狗不理的名廚師做了一桌天津菜。

　　1908年梅貽琦被保送入保定高等學堂，後來，考取「庚款」留學資格，是首批清華招考的留美公費生。其同屆同學徐君陶回憶，自己在看榜時，見一位不慌不忙、不喜不憂的學生也在那兒看榜。看他那種從容不迫的態度，覺察不出他是否考取。後來在船上碰見了，經介紹，才知道是梅貽琦。當時人們留美都選的是中國人熟知的學校，比如徐君陶選麻省理工，梅貽琦卻單獨去到了東部的伍斯特理工學院。徐君陶後來才聽說那是一個有名的工業大學，認為梅貽琦的選擇確和一般人不同。

　　在美國留學期間，梅貽琦不時將節省下來的公費，寄回家中，作為弟弟的學費，資助他們求學。1914年，梅貽琦自伍斯特理工學院學成歸國，獲電機工程碩士學位。

　　1915年，他應清華之聘當教師，不久便厭倦了。回天津見恩師，張伯苓不同意：「你才教了半年書就不願意幹了，怎麼知道沒興趣？青年人要能忍耐，回去教書！」連他自己也沒有想到，他的一生，從此就與清華緊緊地聯繫在了一起，其中單是校長一職就做了17年。1931年，梅貽琦出任清華校長，自此後一直到他在臺灣去世，一直服務於清華，因此被譽為清華的「終身校長」。

梅貽琦的教育思想

　　學者風度，溫文爾雅，寡言少語，勤儉節約，民主通達，公正無私，梅貽琦從一開始就贏得了普遍的尊敬。

　　與胡適之相比，梅貽琦顯然沒有「暴得大名」的胡博士那麼風光，他的一生僅僅做成了一件事，那就是成功地掌清華並奠定了清華的校格。據陳岱孫的說法，這主要集中體現在兩個方面：一是師資人才的嚴格遴選和延聘，這是「所謂大學者，非謂有大樓之謂也，有大師之謂也」的具體表現，這句話近年來也常為時賢所徵引；二是推行一種集體領導的民主制度，具體的體現就是成功地建立了由教授會、評議會和校務會議組成的行政體制。令人遺憾的是，1949年之前大學形成的優良傳統，比如教授治校，在後來的高等教育中失傳。

　　在近代中國高等教育史上，梅貽琦是一個罕見的人物。他之所以罕見，臺灣研究清華校史的學者蘇雲峰認為，基於下列三個事實。（一）他並無高級學位（榮譽博士學位受贈於1940年），卻能率領諸博士群，人人佩服。（二）在抗戰之前就使清華大學領先各大學，成為理工教學與研究重鎮，躋身於世界學術之林。（三）在抗日戰爭前後近20年的學潮風雲中，他尚能保持清華校園的基本安定，繼續發展，沒有成為學生攻擊的對象。

　　建立在聯大模式基礎上的教育體制，主張通識教育、思想寬容和學術自由。當時梅貽琦校長被要求加入國民黨，但他保衛了聯大的自由，以免受制於黨。儘管國民黨任命的人佔據了聯大領導層的一些關鍵位子（聯大三青團負責人陳雪屏和訓導長查良釗），但卻難以改變聯人的高度自治。（郭曉東〈聯大模式對公共知識份子的影響〉）

　　梅貽琦認為大學教育應具有儒家思想主張的「新民」使命，人才的培養應向格物、致知、誠意、正心、修身、齊家、治國、平天下的目標發展。同時，為「克盡學術自由之使命」，他推行了蔡元培先生「相容並包」的辦學主張。在清華和西南聯大的校園內始終匯聚著學術思想上的各家各派。清華的校友在回憶他時說：「梅校

長主掌清華，始終以民主思想、學術自由的開明政策為治校原則，他對左、右派的思想兼涵並容，從不干涉。」

在梅貽琦孔孟之道的思想中，融會了始終保持不變的希臘及西方學術自由及民主法治思想，甚至希臘人崇尚體育的精神，也在清華得到有力的貫徹。當時規定所有學生體育課必須及格，否則不能畢業，一時清華在華北各大學中成為一所體育強校，這種注重體育的校風一直延續到西南聯大以及復員後的清華。對於青年學子，他採取了西方的通才教育，或「自由教育」（Liberal Education）的模式。這種教育要求學生不僅應由專門知識，更應受到貫穿在整個大學課程中的普通教育，使每個學生對於自然科學、社會科學皆能融會貫通。他曾說過：「學問範圍務廣，不宜過狹，這樣才以使吾們對於所謂人生觀得到一種平衡不偏的觀念。對於世界大勢文化變遷，亦有一種相當瞭解。如此不但使吾們的生活增加意趣，就是在服務方面亦可以加增效率，這是本校對於全部課程的一種主張……」（梅祖彥〈西南聯大與梅貽琦校長〉）

當有人讚美梅貽琦長清華，治校有方，他謙虛地說：「貽琦生長於斯，清華實猶吾廬。就是有一些成績，也是各系主任領導有方。教授中愛看京戲的大概不少，你看戲裏的王帽，他穿著龍袍，煞有介事地坐著，好像很威嚴，很有氣派，其實，他是擺給人看的，真正唱戲的可不是他。」

1940年，梅貽琦在「為清華服務25周年公祝會」上的答辭中這樣寫道：「在這風雨飄搖之秋，清華正好像一條船，漂流在驚濤駭浪之中，有人正趕上駕駛它的責任，此人必不應退卻，必不應畏縮，只有鼓起勇氣，堅忍前進，雖然此時使人有長夜漫漫之感，但我們相信，不久就要天明風定。到那時，我們把這條船好好開回清華園；到那時，他才能向清華的同仁校友敢告無罪。」這可以看作梅貽琦的內心獨白，他如此勇敢，又如此謙遜。話語中的真誠足以

感到清華同人。感受到他在昆明辦學的沉重心情，也顯示了他對前途的希望。

梅貽琦作為主持校務的常委，在處理清華、北大、南開三校關係時，不偏不倚。他把工學院清華服務社所得的利潤作為額外的月薪發給三校教員。

梅貽琦與韓詠華

梅貽琦回國後，解除已訂婚約，直到31歲才與韓詠華結婚。説起來，梅貽琦和韓詠華頗有緣分。1898年11月，張伯苓在天津嚴氏家館教授英文、數學、理化諸西學，梅貽琦是張此時的學生；1902年冬，嚴修在家設女塾，聘請張伯苓兼授算術、英文等課，韓詠華是張此時的學生。韓詠華晚年回憶起當時的情形，寫道：「女生上體育課時，要把通向男生院的門關上，因我年級最小，每次都被派去關門。另外，從女生這邊隔著窗子也可以看到男生的活動，這樣我就知道了月涵和金邦正等人。」

1914年秋天，梅貽琦從美國留學歸來。韓詠華説：「我記得他（梅貽琦）是和出國考察觀光的嚴範孫（嚴修）老先生同船歸來的，我們許多人都曾到大沽口碼頭去迎接。」梅貽琦在天津基督教青年會任幹事。恰好韓詠華這是也在女青年會做些工作，兩人相識。「那時我已經幼師畢業，任教天津嚴氏幼稚園和朝陽觀幼稚園，業餘在在女青年會做些工作，每遇請人演講等事都是我找月涵聯繫，這才正式與他相識。」

1918年，由嚴修、卞肇新為介紹人，梅貽琦和韓詠華訂婚。兩人訂婚的消息被韓詠華的同學陶履辛（陶孟和的妹妹）知道了，急忙跑來對韓詠華説：「告訴你，梅貽琦可是不愛説話的呀。」韓詠華説：「豁出去了，他説多少算多少吧。」1919年6月，梅貽琦和韓

詠華結婚，梅貽琦此時已經30歲，韓詠華26歲，這在舊社會結婚相當晚了。張伯苓偕胞弟張彭春親赴北京祝賀。

1933年至1935年，韓詠華在清華大學旁聽了一段時間陳福田的英語、錢稻孫的日語和金岳霖的邏輯學，事先曾徵求梅貽琦的意見，他不反對，但要求夫人既想學就要把課程堅持學到底。

在昆明，梅貽琦家住在花椒巷，一年後遷往西倉坡。正面小樓是梅貽琦的書房和臥室，他和兒子梅祖彥同屋住，樓下即是聯大辦事處。韓詠華住在西面小樓上，樓下是會客室。教務正潘光旦住在南面樓上。此時，梅貽琦的三女一子在聯大就讀。

教育部發給聯大學生補助金，梅貽琦不讓子女領取補助金。1943年，梅貽琦獲悉老母去世，同仁建議他當天不開聯大常委會，他堅持照常：「不敢以吾之戚戚，影響眾人問題也。」在學生積極投筆從戎的過程中，獨生子祖彥自願參軍，在學校和家庭作風一樣民主的梅貽琦同意了。

韓詠華在1981年春寫的〈同甘共苦四十年──記我所瞭解的梅貽琦〉中提到抗戰時期在西南聯大的艱苦生活，他們經常吃的是白飯拌辣椒。家常的菠菜豆腐湯已是相當不錯的待遇了。教授夫人為補貼家用，吳有訓的夫人王立芬繡圍巾，賣給駐紮昆明的美國盟軍，韓詠華做糕點出售，「有人建議我們把爐子支在『冠生園』門口現做現賣，我礙於月涵的面子，沒肯這樣做。賣糕時我穿著藍布褂子，自稱姓韓而不說姓梅，儘管如此，還是誰都知道了梅校長的夫人挎籃賣『定勝糕』的事」。後來，韓詠華就與潘光旦夫人、袁復禮夫人組成「互助組」，自製這種上海點心，到冠生園食品店寄售。梅貽琦家離冠生園很遠，來回要一個半小時。韓詠華不捨得穿襪子，光腳穿皮鞋，把腳都磨破了。

當教授們到梅校長家議事時，常常受到熱情的招待。當他們圍坐一桌，品嚐梅夫人親手做的糕點時，深為韓女士的堅韌、樂觀精

神感動，便將這糕點命名為「定勝糕」。即謂：抗戰一定勝利！從此，「定勝糕」的名字叫響了西南聯大和昆明城。

韓詠華參加昆明女青年會活動，與名流龍雲夫人、繆雲台夫人在一起。活動時，大家輪流備飯。一次輪到梅家，家裏沒有錢，韓詠華就到街上擺一個小攤，把子女們小時候的衣服、毛線編結物去賣，賣了十元錢來待客。

1942年，美國駐華大使特別助理費正清到昆明，拜訪聯大聯大的金岳霖、張奚若、錢端升等朋友，梅貽琦在家為費正清舉辦晚宴。聯大聘請的美籍教授溫德告訴費正清，梅貽琦的月薪不足六百元，而這次宴會費用不下一千元。這加深了費正清對聯大教授生活艱難的認識。「考慮到這個問題，我們送了他才一英寸高的一瓶專治瘧疾的阿的平藥片。它應當能換回這一千元。」（費正清《費正清對華回憶錄》）

梅貽琦的幽默

梅貽琦有嚴肅的一面，但也富有幽默感。

梅貽琦有「寡言君子」之稱，在同事、家人、朋友和學生眼中，幾乎是一個完人。梅貽琦話少，更少下斷言。學生曾戲作打油詩一首，描述梅校長說話謙遜含蓄情形：「大概或者也許是，不過我們不敢說，可是學校總認為，恐怕彷彿不見得。」陳寅恪曾說：「假使一個政府的法令，可以和梅先生說話那樣謹嚴，那樣少，那個政府就是最理想的。」

清華大學驅逐校長的運動可以說是此起彼伏，但是無論什麼時候，清華的學生們的口號都是「擁護梅校長」。梅貽琦是清華大學的不倒翁，有人問梅貽琦有何秘訣，梅說：「大家倒這個，倒那個，就沒有人願意倒梅（霉）！」

關於梅貽琦的幽默感，有一逸聞趣事，可作說明。抗戰時期，在昆明，梅貽琦和韓詠華到呈貢吳文藻、冰心家中度週末，梅貽琦看到冰心寫了一首調侃夫婿吳文藻的寶塔詩，這詩中說吳文藻是一個傻姑爺，「原來教育在清華」。梅貽琦看後，妙筆一揮，續寫兩句：「冰心女士眼力不佳，書呆子怎配交際花。」在座的清華出身的學者們都笑得很得意，而冰心只好自認「作法自斃」。

梅貽琦安步當車

梅貽琦廉潔奉公，兩袖清風，以身作則，為聯大節省每一分經費，不因為自己是聯大的領導而搞特殊化待遇。剛到昆明，梅貽琦辭退司機，把歸他個人使用的小汽車讓給聯大公用。他外出公務、辦事，近則步行，遠則搭乘蔣夢麟或別人的車。

1941年7月，梅貽琦、鄭天挺、羅常培在成都準備轉重慶回昆明，梅貽琦聯繫到了飛機票，恰好又得到搭乘郵政汽車的機會。郵車是當時成渝公路上最可靠的交通工具。梅校長覺得郵車只比飛機晚到一天，既可以三人不分散，還可以為公家節約兩百多元，於是，堅決退了飛機票。（鄭天挺〈梅貽琦先生和西南聯大〉）

從《梅貽琦日記》中，常看到，他經常和子女安步當車，走一段不近的路。

1941年5月11日，是個星期日，上午八點半，梅貽琦帶次女公子梅祖彤、公子梅祖彥及幼女公子梅祖芬去梨煙村。梨煙村是清華大學教授和職員家屬疏散居住地，坐落在玉案山腳下，座西朝東，村後大山橫亙。全村南北展延約三、四里，一條主街在村中蜿蜒，街道兩旁散落著農家住戶，樹叢、池塘和打穀場點綴其間。據說過去村裏梨樹很多，有「梨園」之稱。在雲南話裏「園」和「煙」相諧，因此通常在文字上把這個村子寫成「梨煙村」，後來正式定名為「龍院村」。

梅貽琦在日記中寫道：「三孩步行至十一點一刻始到。因郁文（韓詠華字郁文）在潘家（潘光旦家，住大河埂村），遂同往，留午飯。飯前約十二點敵機來，炸市區。後入城，知為近日樓一帶及東門外（被轟炸）。飯後至惠老師（房東）院看新房，尚須三數日始修好。四點與三孩同步行返城內，六點到家。因途中緩緩行來尚不覺倦，三孩則較為高興矣。郁文乘車五時後即到。」

梅貽琦外出，有時以人力車代步。從這一天的行程來看，梅貽琦是步行，一走就是兩個小時。

梅貽琦的晚年

1948年底，傅作義將軍息兵，共產黨軍政人員開始入駐北京。梅貽琦和當時許多知識份子一樣，面臨著走還是留的選擇。梅貽琦離校那天，當時也在清華任教的吳澤霖教授在學校門口碰見梅，吳問梅是不是要走，梅說：「我一定走，我的走是為了保護清華的基金。假使我不走，這個基金我就沒有辦法保護起來。」（吳澤霖〈在回憶梅貽琦先生座談會上的講話〉）

1948年12月21日，梅貽琦乘飛機由北平去南京，後經上海、廣州、香

梅貽琦墨蹟。

港，轉道巴黎，於1950年到了美國。1955年，梅貽琦定居臺灣，創辦了清華原子科學研究所，附辦研究生院。

當時，周恩來和吳晗都曾經表示希望梅貽琦留下來，這也代表了當時共產黨方面的態度。但是梅貽琦還是遵從了自己的判斷，可以說梅的判斷和選擇代表了當時一些自由主義知識份子對時局的看法。

1956年10月，新竹清華第一屆研究生入學。梅貽琦在臺灣始終不願意將研究所改稱為清華大學，他經常說：「真正的清華在北平。」1962年5月19日，梅貽琦病逝於臺北，打開他病中一直隨身攜帶的一個加鎖的箱子，裏面全是學校基金的賬目，一筆一筆，分毫不爽，在場的人無不動容。他去世後，研究所始改稱臺灣新竹清華大學，他的墓地即在校內，被稱為梅園，遍植梅樹，芳香飄溢，而一年一度的祭「梅」活動，已經成為新竹清華人不變的傳統，是對梅貽琦永遠的紀念。梅貽琦紀念獎章成為臺灣新竹清華大學畢業生的最高榮譽。

叼著煙斗的傅斯年

傅斯年（1896～1950），字孟真，生於山東聊城一個舉人之家。我國近代著名的史學家、教育家和社會活動家。先後任國立中央研究院歷史語言研究所所長、中央研究院總幹事。1916年升入北京大學文科。1918年夏與羅家倫等組織新潮社，創辦《新潮》月刊。五四運動爆發時，傅斯年擔任遊行總指揮。1919年夏，傅斯年大學畢業後，先後入倫敦大學研究院、柏林大學哲學研究院，學習實驗心理學、生理學、數學、物理以及愛因斯坦的相對論、勃朗克的量子論等，還對比較語言學和考據學發生興趣。1926年冬回國，翌年春出任廣州中山大學教授兼文學院院長和歷史系、中文系主任。抗

日戰爭爆發後，任國民參政會參
政員，兼任西南聯大教授，主張
抗戰，抨擊貪官污吏。抗戰勝利
後，一度代理北京大學校長。
1949年1月，傅隨歷史語言研究
所遷至臺北，並兼臺灣大學校
長。1950年病逝。

傅斯年壓翻了車

　　1938年春，中央研究院歷
史語言研究所人員奉命押送三百
餘箱器物，先乘船至桂林，經越
南海防轉道抵達昆明，租賃雲南
大學隔壁的青雲街靛花巷三號，
這棟樓房臨近翠湖。語言學大師
趙元任，史學大師陳寅恪都在這
裏居住過。此外，聯大國文系主
任羅常培，總務長鄭天挺等人也
曾在此留住。

　　1938年夏天，傅斯年攜妻
帶子來到昆明，與史語所同人相
會於昆明靛花巷三號。隨著日軍
空襲昆明，傅斯年和史語所疏散
到龍泉鎮龍頭村。

　　史語所搬遷，主要就是傅斯
年視為珍寶的21萬冊藏書。山
高水險，行程萬里，傅斯年親自

傅斯年。

選擇路徑，並指定由圖書管理員那廉君負責護送。那廉君的回憶文章，提到傅斯年在昆明生活的場景：

> 傅先生在昆明乘坐人力車，大概是從拓東路到靛花巷的住所。昆明的人力車夫，拉起車來，總是飛快地跑，和長沙人力車夫的斯文慢步，正好相反，如遇到下坡路，總是把「車把」用胳膊一抱，兩腳懸空，直衝而下。這一次由於傅先生又胖又重，走近逼死坡（就在翠湖邊，是南明時代遺跡，今仍有「永曆帝殉難處」碑記），那是極大的斜坡，車子急速滑下，滑得過猛，於是車子翻覆了，車上人掉下來，車子也摔壞了。可笑的是車夫不但不表示歉意，反怪乘客身體過胖過重，要他賠車子。

關於傅斯年之胖的故事，還有一則有趣的逸事。傅斯年、李濟還有一位裘善元同在重慶參加一個宴會。宴會結束，主人特別為他們三個人雇好了滑竿。六個抬滑竿的工人守在門前。第一個走出來的是裘善元，工人們見他是一個大胖子，大家都不願意抬，於是互相推讓。第二走出來的是李濟，剩下來的四個工人看比剛才出來的還胖一些，彼此又是一番推讓。等到傅斯年最後走出來的時候，剩下的兩個工人一看，嚇了一大跳，因為傅斯年比剛才的兩個人都胖得多，於是兩個工人抬起滑竿轉頭就跑，弄得請客的主人甚是尷尬！

「歷史是個大雜貨攤子」

1938年9月28日，日本侵略軍的飛機轟炸昆明後，駐昆的研究機關疏散到郊外。史語所的石璋如因考察過龍泉鎮瓦窯村的陶瓷燒制情況，認識了棕皮營村的趙崇義村長，看到他家附近有一座佛寺（響應寺），寺內有相當大的一個空院，背靠寶臺山，面對金汁河，

環境清幽。傅斯年實地查看後，史語所全部搬遷到回應寺。由於辦公場所擁擠，寶臺山上還有兩座佛寺，於是，史語所圖書館和部分科研小組，租用兩個寺廟。這是一段安靜的日子，雖然頭頂有敵機飛過，但不必跑警報了。傅斯年在寶臺山上的彌陀寺的「觀音殿」（善本圖書室）內校勘《明實錄》，讀書，寫學術論著。（陳立言〈傅斯年在昆明〉）

傅斯年租用棕皮營村村長趙崇義家的地自建房子，打算長住，等待抗戰勝利。然而，1940年冬，史語所遷到四川南溪李莊鎮，傅斯年離開了昆明。傅斯年離昆後，他建的房子由古琴專家查阜西繼住。

傅斯年領導的史語所在棕皮營附近的寺廟安營紮寨期間，金克木訪問過他。1939年，金克木獲得一個機會到湖南大學教法文。暑期期間，他到昆明拜訪北大中文系主任羅常培教授。羅給金一張名片，介紹金去見在昆明鄉間的傅斯年，歷史語言研究所的所長。

金克木回憶說，「傅胖子」叼著煙斗出來見我時沒端架子，也不問來意。彼此在桌邊對坐後，他開口第一句就是：「歷史是個大雜貨攤子。」不像講課，也不像談話，倒像是自言自語發牢騷。

在一所大廟式的舊房子裏，一間大屋子用白布幔隔出一間，裏面只有桌子椅子。開門見山，沒說幾句，傅斯年說研究「西洋史」的沒有一個人。金克木打斷他的話，提出一位教授。傅斯年叭嗒一口大煙斗，說：「那是教書，不是研究。」這時，金克木發現煙斗裏裝的是雲南煙葉碎片，不是外國煙絲，而且火早已熄了，只吸煙，不冒煙。

「不懂希臘文，不看原始資料，研究什麼希臘史。」傅斯年鼓勵金克木學習希臘文，並送給金克木一本英文注解的拉丁文的凱薩著的《高盧戰紀》。「他說到拉丁文，還是勸我學希臘文。他上天

傅斯年在書房。

下地，滔滔不絕，夾著不少英文和古文，也不在乎我插嘴。」（金克木，《倒讀歷史》，江蘇文藝出版社社2007年1月版）

傅斯年和蔣夢麟吵架

　　1945年5月抗戰勝利前夕，蔣夢麟在美國考察教育。任國民黨政府行政院長的宋子文想拉蔣夢麟出任行政院秘書長，蔣夢麟在夫人陶曾谷的鼓動下，欣然同意，但並不辭去北大校長、西南聯大常委一職。這個消息由北大法學院院長周炳琳帶回昆明，蔣此舉引起北大教授的不滿。北大歷史系教授兼秘書長鄭天挺說：「果有此事，未免辱人太甚，不惟（蔣夢麟）個人之恥，抑亦學校之恥。」又說：「夢麟師果允之，則一生在教育界之地位全無遺矣！」西南聯大的教授為學術獨立和思想自由，不黨不官，所以才有鄭天挺之語。

　　有「傅大炮」之稱的傅斯年脾氣火爆，言語耿直，以抨擊國民黨貪污腐敗而聞名。傅斯年對蔣夢麟此舉會有何反應，我們先來看看他的非常之舉。1938年，傅斯年擔任國民參政員，曾兩次上書彈劾行政院長孔祥熙，上層雖不予理睬，但後來還是讓他抓住了孔祥熙貪污的劣跡，在國民參政大會上炮轟孔祥熙並最終把孔轟下臺。孔的繼任者宋子文也難逃此數。傅斯年一篇〈這個樣子的宋子文非

走不可〉，朝野震動，宋子文也只好下臺——一個國民參政員一下子趕走兩任行政院長，歷史上也是並不多見的。

在重慶的傅斯年對老朋友蔣夢麟出任秘書長一事頗為氣憤，曾面陳蔣應辭去北大校長之職。據1945年6月30日傅斯年給鄭天挺的信中寫道：「先與（蔣）孟鄰先生談，初談大吵大鬧，真可入電影。第二天他來了，説我們用意極善，極可感。請（胡）適之先生擔任（北大校長），在他無問題。孟鄰此一態度，至可佩也……。」7月8日，蔣夢麟給鄭天挺的信中也談及此事，其中道：「弟決去職係採孟真之建議，蓋當時尚未聞有公然之攻擊。孟真來行政院，彼一啟口，弟便怒罵之，彼亦怒目相報。孟真去後，弟便深感其言之忠直。越日趨車還謁，告以其偏見中有真理，真理中有偏見，決採其意見而感謝之。厥後，愈思而愈感其忠誠。」事後，兩人友好如初。（鄭嗣仁〈鄭天挺與北京大學〉）

傅斯年致信胡適。

1945年8月，蔣夢麟正式辭去北京大學校長，同時退出西南聯大。胡適繼任北大校長，他尚未歸國時由傅斯年代理。

10月27日下午四時，梅貽琦召集聯大教授會舉辦茶敘，歡迎傅斯年到聯大任職。30日，傅斯年正式就任北京大學代理校長職，並擔任西南聯大常委。

請看剃頭者，人亦剃其頭！

馮友蘭教授撰寫的《國立西南聯合大學紀念碑》寫道：「聯合大學以其相容並包之精神，轉移社會一時之風氣，內樹學術自由之規模，外來民主堡壘之稱號，違千夫之諾諾，作一士之諤諤。」這幾句話把聯大作為民主堡壘的特點作了精確的表述。「一二‧一運動」成就了聯大「民主堡壘」之美譽，將聯大爭取民主和自由的運動推向了高潮。

抗戰勝利後，全國人民渴望和平。1945年末，以西南聯合大學為中心，愛國學生掀起了反對內戰、爭取民主的運動。1945年12月1日，50多名國民黨軍人和便衣特務闖進校園，向學生大打出手。中共黨員學生潘琰帶領同學們與之抗爭，兇惡的敵人竟將兩顆手榴彈投向人群。潘琰同學胸部中彈犧牲，與潘琰一起壯烈犧牲的還有於再、李魯連和張華昌。慘案發生後，西南聯大師生掀起了聲勢浩大的反抗活動。這就是歷史上的「一二‧一運動」。「一二‧一」慘案是昆明國民黨軍政首腦李宗黃、關麟徵有預謀、有計劃挑起的，憤怒的聞一多痛斥國民黨是「白色恐怖！」

「一二‧一」慘案使聯大教授的政治立場分化，左派、右派、中間派涇渭分明，在處理學潮時，聯大教授的態度是當時時局的縮影。

「一二‧一」慘案發生後一周，傅斯年由重慶來昆明，處理聯大師生的罷課事件。傅斯年一下飛機，見到關麟徵第一句就是：「你殺了我的學生們，比殺了我的兒女更讓我心痛。」但傅斯年畢

竟是站在國民黨當局的立場上來處理學潮，在1945年12月17日的教授會議上，和聞一多面對面發生衝突。當局要求復課，學生要求滿足條件（嚴懲屠殺無辜教師和學生之黨政負責人等）才能復課。傅斯年要求學生限期復課，聞一多反對。據張奚若兩天後對《罷委會通訊》記者講，爭執中「一多與傅常委鬧起來，一多說：『這樣，何不到老蔣面前去三呼萬歲！』這是揭傅斯年的舊疤，很少人知道的。我就勸解：大家爭執，何必重提以前的舊事。傅氣得大罵：『有特殊黨派的給我滾出去！』」（《聞一多年譜長編》）

傅斯年從重慶帶來的消息，向聯大教授施加壓力。當局要學生儘快復課，不然，蔣介石要派霍揆彰武力解散聯大，把學生編入青年軍。在教授會議上，馮友蘭對傅斯年開玩笑說：「你原來是個學生頭頭，專門跟學校當局鬧彆扭，現在彆扭鬧到你頭上來了，真是『請看剃頭者，人亦剃其頭』。」（《三松堂自序》）因為傅斯年是「五四」運動中最著名的學生領袖，而這次雖然同情遇難學生，但完全維護國民黨的利益。當年聞一多非常反對學生罷課鬧學潮，這一次，完全支持學生罷課。這種轉變，顯然符合歷史的邏輯。

在雙方僵持不下時，馮友蘭和訓導長查良釗聯合提出一個方案：學生先復課，教授會保證於復課後15天內使關麟徵去職。雙方都做了妥協。

梅貽琦在教授會上一言不發，但從的他日記中，可以看到對聞一多的評價，稱其為「理想革命家」。任處理「一二‧一」慘案引發的學潮問題上，可以想見梅貽琦內心的壓力，傅斯年和梅貽琦曾提出一起辭職，亦有部分教授隨之請辭。

1946年3月17日，在經過停靈復課後長達兩個多月的反覆鬥爭下，昆明學聯決定為「一二‧一」犧牲的烈士出殯，聯大訓導長查良釗擔任了公祭典禮的主祭人。昆明的學生、市民3萬多人，參加了出殯遊行。

中文系教授

楊振聲和《大一國文》

　　楊振聲在北大求學時和傅斯年、羅家倫一起創辦《新潮》；五四運動中因火燒趙家樓而被捕；留學美國哥倫比亞大學、獲教育學博士；1925年出版小説《玉君》；1928年清華大學教務長、文學院院長兼中文系教授；1930年任青島大學校長；20世紀30年代主編中小學教科書；任西南聯大常務委員兼秘書長、西南聯大敘永分校主任；執教聯大中文系，推動新文學的教學；聯大結束後北上接管北大。楊振聲在近代文學史和高等教育史上都應留下一筆。然而，他卻是被遺忘的。

　　楊振聲是怎樣的風度和風采，我們不妨從其學生的回憶中摘取幾段，感受教授當年。

1919年，楊振聲留學美國護照上的照片。

1937年11月1日，長沙臨大正式上課。臨大中文系學生孫昌熙是山東人，得到楊振聲的關懷：「先生在公務叢勝中，在山東形勢吃緊，魯籍學生惶惶不安的時候，不忘照料他們。愛鄉才能愛國，衛國就是保家，培養人才，儲備力量，收復失地，我體會這大概就是當時先生的心情。」一些因有困難而影響讀書的山東學生，或是為了談談形勢的學生常去找楊振聲。孫昌熙在這種情形下見到了楊先生。「時已冬令，先生已穿長棉袍，愈顯高大，而風度瀟灑。前發稍稀，長方形臉上，目光炯炯，高鼻樑，口含一隻大煙斗，多聽，多思考，不多講話，然而即之也溫。笑起來極為爽朗，是位典型的哲學家和教育家。」

隨後，孫昌熙在與楊先生的不斷接觸中，逐步感受到他的淵博學識和人格魅力：「先生在娓娓而談中，多幽默風采，使人如沐春風。他也月旦人物，但不露鋒，讓你自己去思索：如對某國畫家的作品，只說他在國內開畫展時，展出的是西洋畫，而在外國則展出中國畫。先生有資格評論的。先生的藝術素養極深，書法韻味高妙……」

1938年，吳宏聰考入西南聯大中文系，最想見到的先生是楊振聲、聞一多、朱自清，因為他在中學時代就讀過這幾位先生的文學作品。楊振聲五四運動中的壯舉，更是吸引著吳宏聰，想找個機會瞻仰先生的風采。楊振聲在給學生解釋《大一國文》為什麼沒有選編聞一多、朱自清和自己的文學作品時，吳巨集聰恰好聽到。「他嘴裏叼著煙斗，和顏悅色，態度是那樣的謙虛，給我留下了極為深刻的印象。」

1941年秋，考入西南聯大的袁可嘉讀《大一國文》，楊振聲給他留下了深刻印象。「當年教我語文的是楊振聲老師，他身穿長袍，口銜煙斗，娓娓而談徐志摩的情景，歷歷如在眼前。」

從《國立西南聯大校史》中可得知，楊振聲先後任西南聯大主任秘書、敘永分校主任等重要行政職務，還主編了大一國文。「（聯大）中文系對大一國文課是十分重視的，系裏成立《大一國文》委員會，請楊振聲主持。」選楊振聲來做這項工作，可能是考慮到他具備的兩種優勢：一方面他是對新文學有影響力的作家；另一方面，他在30年代就開始領導教育部的中小學教科書編寫工作。1938年開始編選課程，由全體任課教師推薦篇目，幾經斟酌討論，並在使用過程中，不斷總結經驗，增刪篇目，到1942年編定。這冊西南聯大所有學生必修的《大一國文》課本包含文言文15篇，語體文11篇，古典詩詞44首。他們把反映新文學運動業績的現代文學作品（包括散文、小說、戲劇文學和文學理論）引進大學國文教材，這一做法具有劃時代的意義。這不僅把作為全國文化中心北京地區自「五四」以後重視白話文的傳統帶到比較封閉保守的西南，同時給教育當局的嚴重復古傾向以巨大打擊。

多年之後，汪曾祺回憶當時讀的《大一國文》，認為是一本「京派國文」。他在談聯大大一國文的特點時，寫道：

> 這本書編得很有傾向性。文言文部分突出地選了《論語》，其中最突出的是〈子路曾皙冉有公西華侍坐〉。「暮春者，春服既成，冠者五六人，童子六七人，浴乎沂，風乎舞雩，詠而歸」，這種超功利的生活態度，接近莊子思想的率性自然的儒家思想對聯大學生有相當深廣的潛在影響。還有一篇李清照的〈金石錄後序〉。一般中學生都讀過一點李清照的詞，不知道她能寫這樣感情深摯、揮灑自如的散文。這篇散文對聯大文風是有影響的。語體文部分，魯迅的選的是〈示眾〉。選一篇徐志摩的〈我所知道的康橋〉，是意料中事。

選了丁西林的〈一隻馬蜂〉，就有點特別。更特別的是選了林徽因的〈窗子以外〉。

筆者查閱《國立西南聯大校史》，得知這是1942～1943年的篇目。語體文還有胡適的〈文學改良芻議〉。汪曾祺記憶中的丁西林的劇本《一隻馬蜂》，實為丁西林的《壓迫》（獨幕劇）。汪曾祺對這個課本印象深刻，很有感情：「這是我走上文學道路的一本啟蒙的書。這本書現在大概是很難找到了。如果找得到，翻印一下，也怪有意思的。」當時的《大一國文》只印課文，沒有注釋、題解、作者介紹和輔導教材，16開本白報紙鉛印，印數不多，接力棒一樣由前一屆學生傳給下一屆新生。

《大一國文》從篇目可見，以楊振聲、朱自清、聞一多等教授的意見佔了上風，吸收了新文學運動的成果。1944年，面對教育部復古的傾向，大一國文委員會又選編了一冊《西南聯合大學大一國文習作參考文選》（後改名為《語體文示範》），入選了胡適、魯迅、冰心、徐志摩、宗白華、朱光潛、梁宗岱等人的文學作品和文學評論。楊振聲為此書撰寫的序言〈新文學在大學裏〉突出地點明瞭向教育當局復古傾向作鬥爭的編印宗旨。值得一提的是，兩本大一國文未選楊振聲、朱自清、聞一多、沈從文等本校教師的作品，特意「迴避」，以免引起誤解。

楊振聲除主編《大一國文》，還在中文系開設漢魏六朝詩、中國現代文學、中國現代文學討論及習作、文學概論等課程。在西南聯大求學師從楊振聲的學生的回憶中，我們可知楊振聲的教學風格和學術貢獻。

汪曾祺回憶：有一個同學在楊振聲先生教的「漢魏六朝詩選」課上，就「車輪生四角」這樣合乎情悖乎理的想像寫了一篇很短的

報告〈方車論〉。就憑這份報告，在期終考試時，楊先生宣佈該生免考。

任繼愈寫道：「我記得一位同學也就是現在中山大學現代文學研究專家，曾為西南聯大中文系助教的吳宏聰，一次他的導師楊振聲給他出了一篇〈論曹禺〉的題目，但因為自己的觀點與老師不一樣，他整整一周不敢見老師。老師得知後說，學生的觀點不必要和教師一樣，完全一樣就不是做學問了，他這才放心地寫出了自己的觀點。」

吳宏聰這樣描述了楊先生在西南聯大教「現代中國文學討論及習作」的細節：「他的教學方法是全新的，每次上課都由先生提出一些問題讓大家討論。……討論後跟著要交習作，討論小說交小說，討論散文交散文，訓練很嚴格，要求也很高，作業批改更詳盡，每次作業都批改得密密麻麻……」當年聯大的教授不僅楊振聲如此，沈從文也是這樣扶持學生的創作。

吳宏聰還寫到楊振聲的授課方法：「讓大家自由討論，然後先生再針對同學討論中提出的問題議論開去，做個總結」，明眼人一看就明白，這是美國大學的教學方式。楊先生留美時學的是教育心理學，不是文學，但如何教書，道理是相通的。或許，正因為念過教育學和心理學，才知道如何營造課堂氛圍，調動學生的學習積極性。可這樣的課並不好上，更何況批改作業時，「有時為了示範，先生還替我們加上幾行」。可惜的是，楊先生的講稿沒有留下來，我們難以體味其講授「現代中國文學」的精華。

楊振聲——推動現代文學教學的教育家

楊振聲身材高大，為人豪爽，擅飲酒。他在字畫鑒定和欣賞方面，可稱專家。居北平時，他愛逛古董店鋪，喜歡收藏字畫，每有

中年楊振聲。

新的收藏，常常約請鄧以蟄、胡適、朱自清等朋友一起欣賞。曾和張伯駒等人結社，一起作詩鐘。楊振聲學養深厚，舉止文雅。梁實秋這樣評價他：與楊振聲在一起，許多人都有一種「自慚鄙吝，若鴉鳳之相比」的感覺。

上世紀30年代，為了研究兒童教育，這位曾任大學校長的教育家還跑到北師大實驗小學當過老師。教學中，他講故事繪聲繪色，做遊戲追逐打鬧，沒有一點兒「師道尊嚴」的影子。胡適在一篇文章中也說，1933年冬天，他與楊振聲等人應邀去武漢大學演講。有一天，東道主似乎要考考幾位學者運用「大眾語」的水平，便安排他們與小學校和幼稚園的孩子們見面。胡適說，儘管他在國內是「久經大敵的老將」，在國外也往往搏得好評，然而在這次「考試」中卻不幸落第。在他看來，孩子們雖然可以聽懂他所講的故事，卻不大明白其中含義；相比之下，「只有楊金甫說的故事是全體小主人都聽得懂，又都喜歡聽」。這顯然和楊的教育背景有關──1920年入美國哥倫比亞大學攻讀心理學、教育學，獲博士學位；1923年又入哈佛大學專攻教育心理學。楊振聲不僅是一位大學教授，更重要的是一位教育家。

蕭乾在〈我的啟蒙老師楊振聲〉中，曾談及1929年楊振聲在燕京大學講「現代文學」時的情景：「在班上，楊先生從來不是照本宣科，而總像是帶領我們在文學花園裏漫步，同我們一道欣賞一朵朵鮮花，他時而指指點點，時而又似在沉吟思索。他都是先從一部代表作講起，然後引導我們去讀作者旁的作品並探討作者的生平和思想傾向。」楊振聲在「京派」文人中是老大哥式的人物，他的正直、樸實和熱心，提攜了一大批青年作家。蕭乾稱楊振聲為「啟蒙老師」，沈從文蜚聲文壇和楊振聲的提攜也有很大關係。

陳平原教授認為，「支撐著西南聯大的現代中國文學課程的，是楊振聲先生」。西南聯大時期，中國文學系要不要開設「新文學」或「現代文學」課程，依然是個很大的挑戰。聯大校園裏，新文學家不少，個人創作沒問題，作為課程講授則是另一回事。即便是早已聲名遠揚的新詩人聞一多、散文家朱自清，也都對此不感興趣；真正推動西南聯大的現代文學教學的，還是楊振聲先生。

孫昌熙在〈把中國新文學抬上大學講壇的人──追憶在抗日戰爭期間接受恩師楊振聲（今甫）教授教誨的日子〉中，滿懷激情地寫下這樣一段話：「先生在西南聯大為中國新文學披荊斬棘地開闢道路，或者説『打天下』，是勝利的。那標誌，就是新作家群的不斷湧現。」

如今在大學中文系講授現代中國文學的先生們，説起來，仍要感激楊振聲先生。令人遺憾的是，1952年院系調整後，楊振聲因為和胡適的親密關係，被北大疏遠，調任長春東北人民大學中文系教授兼中國文學史教研室主任。

解放後，迫於當時的形勢，楊振聲在北大時曾寫批判胡適的文章，遠在美國的胡適看到楊振聲等人的批判文章，作點評。對很多人的批評胡適嗤之以鼻，並對當年的「朋友」重新認識，唯獨對楊

振聲沒有做出批駁的點評。想來楊振聲的批胡文章，和他的一向的為人一樣忠實、厚道。

1956年，這位學者病逝於北京。一年前，楊的朋友林徽因去世。究其源，是在西南聯大時期，他的身體、健康被透支的緣故。

語言學家羅常培逸事

羅常培與老舍小學時是同班同學，是一起長大的「發小兒」。他們都是滿族人，都是窮人，也都是語言的天才。1958年羅常培病故，老舍含著熱淚寫〈悼念羅常培先生〉，文中說：「我記得很清楚：我從私塾轉入學堂，即編入初小三年級，與莘田同班。我們的學校是西直門大街路南的兩等小學堂。在同學中，他給我的印象最深，他品學兼優。而且長長的髮辮垂在肩前；別人的辮子都垂在背後。雖然也吵過嘴，可是我們的感情始終很好。下午放學後，我們每每一同到小茶館去聽評講《小五

1937年，李霽野為鄭天廷、羅常培（中）、魏建功、楊佩銘赴長沙送行。

義》或《施公案》。出錢總是他替我付。我家裏窮，我的手裏沒有零錢。」

後來，兩人一起考入北京師範學校。老舍回憶：「師範畢業後，我即去辦小學，莘田一方面在參議院作速記員，一方面在北大讀書。」1921年暑假，羅常培在北大哲學系讀到第二年，梁漱溟到濟南講學，約羅常培隨往，並用速記記下講演，然後再參酌他人的筆錄，整理成梁漱溟的名著《東西文化及其哲學》。就在這一年，羅常培因生活失去來源，不得不離開北大，去天津南開中學教書。1924年友人介紹他到剛剛成立的西北大學做國學專修科主任兼教授，教文字學。1927年任教於中山大學，開聲韻學、聲韻學史等課程。1928年辭去中山大學教授職務，到正在廣州籌建的中央研究院歷史語言研究所語言組任專任研究員。1929年，他加入人壽保險20年，他開始了拼命工作，他說「我要玩兒命，非幹出個名堂不可」。在歷史語言研究所「玩命」工作期間，他和趙元任、李方桂合譯瑞典漢學家高本漢《中國音韻學研究》，這是中國學術界一件重要的事情。

自1936年起，羅常培兼任北京大學中文系主任。七七事變爆發前，日軍軍國主義分子得知羅常培是滿族人，又有一定的學術地位，想把他拉到偽「滿洲國」演講，對於這種拉攏和威逼利誘，羅常培堅決拒絕。1937年，七七事變爆發時，北大的重要負責人多在廬山參加會議，只留下理學院院長饒毓泰、秘書長鄭天挺和教務長樊際昌維持北大殘局。那一年，北大和清華聯合招生，7月7日羅常培與兩校考試委員會的負責人，從上午8點到下午7點在紅樓地下室監印了新生考題12000份。

羅常培在北平淪陷後，和鄭天挺一起維持北大。8月9日，羅常培和鄭天挺同去東單一小飯館吃飯，共度壽辰。羅、鄭二人系同年同月同日生，既是北大同學，後又在北大一起工作，相知甚深，

感情甚篤。而今國事、校事、家事交織在一起，百感交集，相對唏噓。

9月9日，羅常培、鄭天挺、魏建功收到胡適的來信，信中勉勵留居北大的同仁：「人生最不易得的是閒暇，更不易得的是患難，今諸兄兼有此兩難，此真千載一時，不可不充分利用，用作學術上的埋頭閉戶著作。」隨後，羅常培和北大同仁等到南方的消息，還收到在長沙的趙元任寫來的信，信中完全用親戚間問詢的口氣，全篇不加標點。信中用隱語介紹了中央研究院遷湖南的情況，勸羅常培儘快南下。北大、清華、南開已在長沙組建臨時大學。信末用反切語說「匣姥，照線，壯齊去志，尚，幫合入沒，匣合去快」，隱指「滬戰事尚不壞」。

據羅常培〈我和北大〉一文，在此期間，北大著名的明清史專家孟森（心史）教授因年邁，加上日寇入侵，悲憤交加，身患重病。他在憂患中還沒忘記學術研究，8月20日送給羅常培一篇〈海寧陳家〉論文稿，羅馬上編入《國學季刊》第六卷第三號，24日就交付印。孟心史先生在親友的勸說下去醫院檢查，發現得了胃癌，臥病在協和醫院治療。

羅常培打算南下後，去看望孟心史先生。11月14日，羅常培離平的前三天，到協和醫院向孟心史先生辭行。孟給羅看他作的三首諷刺鄭孝胥的詩，羅當時就在病榻旁邊把詩抄下來。其中一首如下：

枕上作有贈
二十六年十一月十三日

城郭人民舊鄉國，令威歸來一歎息。事變何須歲月深，潮流只覺年時激。天生磊落人中豪，意氣上薄青雲高。綱常大義

一手綰，天地殺機雙目薈。乾旋坤轉我何有，進退綽然仍斂
手。天道難堪只侮亡，人生長策惟丘首。嗚呼！鄠（郋）靈長
鼎旋適，宅京最久是幽燕，即論人海歲家世，規矩高會越百
年。君不見貴由趙孟何如賤，況有春秋夷夏辨！一世猶難與
俗論，萬流何況由天演。棄我去者鎖國年中舊是非，逼我來
者橫流日後新知見。噫吁嘻！鎖國原無大是非，橫流自有真
知見！

臨別的時候，孟心史先生握著羅常培的手說：「這三首詩希望莘田
兄帶給南方的朋友們看看，以見我心境的一斑。我們這次分別恐怕
就成永訣了！」

當鄭天挺、羅常培於1938年春到達蒙自後，孟心史先生病逝的
消息傳來。蒙自文法學院史學系師生召開會議，紀念孟心史先生。
鄭天挺寫〈孟心史先生晚年著述述略〉一文，發表在北大歷史系主
辦的《治史雜誌》第二期中，以示對孟心史先生的深切緬懷。

從蒙自回到昆明後，羅常培與魏建功、湯用彤等教授住在柿花
巷4號。1940年，他繼朱自清任西南聯大中文系主任，兼著北大文
科研究所所長。

1941年以後，羅常培隨北大文科研究所疏散到昆明北郊龍泉鎮
的棕皮營。

在長沙臨大南嶽時，羅常培與魏建功開設了「西人中國音韻
學」、「語音學」、「古音研究」等課程。羅常培在西南聯大中文
系開設「中國語文專題研究（經典釋文音切考）」，這是他在中央研
究院的研究成果。另外開設了「現代方言」、「比較語音學」、
「訓詁學」、「中國音韻史專題研究」等課程。此外，他還在聯大
師範學院中文系開設課程「聲韻學概要」。

羅常培在崗頭村的學術
成果。

1941年春天，西南聯大派羅常培教授到敘永分校慰問，據當時在敘永就讀的學生張之良的回憶，羅常培為敘永分校的學生講演《紅樓夢》中〈芙蓉誄〉的名句：「茜紗窗下，我本無緣，黃土壟中，卿何薄命。」他說，「茜」字應讀qian，不能念成西，茜是絳紫色的草。（張之良〈我的大學生活〉）

據余斌著《學人與學府》（西南聯大‧昆明記憶2）一書，在昆明時期，羅常培在中法大學（校址即今昆明北門今昆三十中）講演，講話中批評顧頡剛：「顧頡剛先生研究古史，以為禹不是古代名人，而是一條蟲子。當蔣委員長（蔣介石）問他，要找大禹生日為工程師節，他馬上答覆大禹生日是六月三日，於是六月三日就成了工程師節。」聽眾大笑。

應校長熊慶來之邀，顧頡剛於1938年10月到雲南大學，任教授，開「經學史」和「中國上古史」兩門課。為避日機轟炸，顧頡剛由市區遷居北郊龍泉鎮浪口村，在那裏除編寫《上古史講義》外，還寫了三冊學術筆記，於次年在成都陸續發表，後又經過修訂、增益和潤飾，在上海出油印本《浪口村隨筆》，作為八年離亂的紀念。筆者曾在網上購得一本《浪口村隨筆》（遼寧教育出版社）翻閱，多歷史地理短章，考據功力再加上遊歷見聞，畢竟是史家隨筆，真材實料，令人嘆服。

　　「古史辨」的創建人顧頡剛確實講過大禹是一條蟲的話，在學界遭到反對，羅常培在講演中借題發揮，有諷刺的意味。這個觀點，後來顧放棄了。

　　1944年秋，羅常培應美國樸茂納學院之聘，出國講學。在美4年，先後在樸茂納學院、伯克利加州大學、耶魯大學講課，指導研究生作博士論文。羅常培是語言學家，和趙元任一樣會説許多種方言，能把一屋人都逗得哈哈大笑。據説，他在去美國的輪船上還向美國人學口語，美國人都佩服他的語言天才。他還被耶魯大學聘為終身教授。

　　1948年，羅常培從美國歸來，終於回到闊別11年的北平。回家一看，他不禁悲從中來──一家大小蜷縮在北大東齋大雜院裏又低又窄的宿舍內。他説，乍一到家，深有京劇《武家坡》薛平貴回到寒窯的感覺。

　　1950年6月，中國科學院成立不久，羅常培被任命為語言研究所所長。羅常培是語言學家，職業的敏感和熱情的性格，使得他和侯寶林成為好朋友，像藝術家于是之、焦菊隱等都是羅常培幫助過的人。人藝的老演員鄭榕、藍天野的戲，坐在最後一排都能聽得清楚，這與羅常培對他們的訓練幫助有關係。這正好印證了老舍所説：「莘田雖是博讀古籍的學者，卻不輕視民間文學。他喜愛戲曲與曲藝，常和藝人們來往，互相學習。」

羅庸講杜詩

　　羅庸，字膺中。西南聯大校歌《滿江紅》的詞作者。羅庸先生的書法，在當年書家如雲的聯大教授中也是享有盛名的。《國立西南聯合大學紀念碑》即由馮友蘭撰文，聞一多篆額，羅庸書丹，共為傳世精品。

西南聯大中文系教授在昆明大普吉合影，左起朱自清、羅庸、羅常培、聞一多、王力。

據《西南聯合大學校史·中文系史》所載，羅庸所開的課程計有：大一國文及作文（聯大的規矩，教授要擔任大一的基礎課），中國文學史分期研究（一）、（二）、（三），詩經，楚辭，論語，孟子，魏晉六朝詩，唐詩，杜詩，詞選，近代文，合公共課和專業課共14門課程！有一段時間他還代理或擔任中文系主任。在中文系教師當中，他是開課最多的一位。

羅庸教授溫文儒雅，搜集很多資料。他用包剿圍攻的方法講《論語》和《孟子》。他不但深懂文學，對佛學也有很深刻的造詣。如果有機會和羅教授長談，跟聽他講《論語》同樣有益。當年的聯大學子李鍾湘回憶說。

中文系莘田先生和膺中先生有「大、小羅先生」之稱，他們都以學問博大精深著稱，而且也都以善於講課聞名全校。兩羅先生各有自己的風度和特色，大家公認，膺中先生講課不僅音調鏗鏘宏亮，語言風趣幽默，而且在不同規模的聽眾中音量的控制都能達到恰到好處的地步。（王均〈懷念羅膺中師〉）

白家祉是清華大學機械系1939屆的畢業生，畢業後留校在西南聯大工學院當助教。他感到自身的國文和英語薄弱，單獨前往大西門外去旁聽西南聯大中文系和英文系幾位名教授的講課。他在〈我在西南聯大工學院〉一文中寫道：中文系的羅庸教授曾開過

《論語》課，我沒趕上。只知道按他的建議在大一國文教材上增添了不少『子曰』，後來他開出的《孟子》課我卻有幸從頭聽到尾。在他的引導下，我自學了《四書》。此外我還旁聽了他開出的《杜甫》。」

在汪曾祺的印象中，羅庸講杜詩，不帶片紙，不但杜詩能背出來寫在黑板上，連仇注都背出來。在趙瑞蕻的印象中，羅庸講課聲音洪亮，常講得引人入勝，又富於風趣。趙瑞蕻在南嶽上學時，去聽羅庸的「杜詩」。

從趙瑞蕻詳實、生動的描寫中，我們可以得知，羅庸講杜詩非常具有感染力。讀趙瑞蕻的回憶錄，彷彿穿越時光，有身臨其境聽羅庸講課之感。

羅庸一開始就讀原詩：

〈同諸公登慈恩寺塔〉
　　　　　杜甫

　　高標跨蒼穹，烈風無時休；
　　自非曠士懷，登茲翻百憂。
　　方知象教力，足可追冥搜。
　　仰穿龍蛇窟，始出枝撐幽。
　　七星在北戶，河漢聲西流。
　　羲和鞭白日，少昊行清秋。
　　泰山忽破碎，涇渭不可求。
　　俯視但一氣，焉能辨皇州？
　　回首叫虞舜，蒼梧雲正愁。
　　惜哉瑤池飲，日宴昆侖丘。

他來回走著放聲念，好聽得很。念完了就說：「懂了吧？不必解釋了，這樣的好詩，感慨萬千！……」其實他自問自答，他從首句講起，正好兩節課，講完了這首有名的五言古詩。

羅庸說，從杜甫這首詩裏已清楚看到唐王朝所謂「開元盛世」中埋伏著的種種危機，大樹梢頭已感到強勁的風聲。此詩作於七五二年，再過三年，七五五年（唐天寶十四載）安祿山叛亂，唐帝國就支離破碎了，杜甫〈春望〉一詩是最好的見證。他立即吟誦：

國破山河在，城春草木深。
感時花濺淚，恨別鳥驚心。
烽火連三月，家書抵萬金。
白頭搔更短，渾欲不勝簪。

吟完了，羅庸說現在我們處在何種境地呢？敵騎深入，平津淪陷，我們大家都流亡到南嶽山中……他低聲歎息，課堂鴉雀無聲，窗外刮著陣陣秋風……

這樣講授杜詩，情景交融，歷史場景及詩歌精神和當年的時局，特別吻合，有一種特別打動人的力量，伴隨著秋風秋雨和家仇國恨，感染學生的心靈。

許淵沖認為梁任公講杜詩側重宏觀的綜合，羅庸側重微觀的分析。從許淵沖當年的聽課筆記中，可以聽到羅庸關於杜甫〈登高〉一詩的見解。

「風急天高猿嘯哀，渚清沙白鳥飛回。無邊落木蕭蕭下，不盡長江滾滾來。」羅庸說這首詩被前人譽為「古今七律第一」，因為通篇對仗，而首聯又是當句對：「風急」對「天高」，「渚清」對「沙白」；一、三句相接，都是寫所聞；二、四句相接，都是寫所見；在意義上也是互相緊密聯繫：因「風急」而聞落葉蕭蕭，

因「渚清」而見長江滾滾；全詩融情於景，非常感人，學生聽得神往。

羅庸講杜甫詩歌課間休息時，有一個歷史系的同學，用「無邊落木蕭蕭下」要許淵沖猜一個字謎；許猜不出，他就解釋說：「南北朝宋齊梁陳四代，齊和梁的帝王都姓蕭，所以『蕭蕭下』就是『陳』字；『陳』字『無邊』成了『東』字，『東』字繁體『落木』──除掉『木』字，就只剩下一個『日』字了。」由此可見當年聯大學生的閒情逸趣。

1944年，羅常培赴美國講學，羅庸教授代理中文系主任，一直到聯大結束。羅庸教授對學生要求嚴格，對教師也是如此。他代理中文系主任期間，有一次偶爾從教室門口路過，他在門外聽到中文系一位年輕講師在上課時候，把「病入膏肓」這個成語，讀成了「病入膏盲」。

事後，羅庸教授開始注意這個年輕講師，對這位年輕講師的業務能力進行了多方面的瞭解。聽取了學生對這位任課老師的反映，徵求了中文系其他教授的意見，並親自對這位年輕講師進行重新考核，經過謹慎而又多方面的考察，認為這位年輕講師尚不能勝任大學中文系的課程教學，決定從下一學期開始，不再聘任此人。

這位年輕講師因為偶然讀了一個錯別字而被停聘，在今天看起來，確實處分得太嚴厲了。然而，作為一名大學中文系的講師，這樣的錯誤又確實是不應有的。

吳曉鈴的紀念文章中，提到學者羅庸的一個側面，「閃爍著光輝的側面」。文章寫道：

> 眾所周知，先生的道德文章屬於儒家正宗，其中還融有釋老之學；如果生當唐世，近乎謂「三教論衡」。1941年，先生四十二歲，僦居崗頭村，比鄰不戒於火，延及先生居室，燒

羅庸教授在西南聯大時期的著作《鴨池十講》。

得個家徒四壁；人方不堪其憂，而先生不改其樂，還引陶淵明在四十四歲時慘遭回祿的詩以自嘲，晏如也。可是眾所不知的是，他竟機智地在興華街院內特務盤踞之下，隱蔽了齊燕銘兄和不少共產黨人的家小。追溯到30年代，他在中老胡同養屙的時候，正是抗戰前夕，鬥爭複雜激烈，他竟在家中掩護了領導北平「一二·九」學運的黨內高幹，這可不是儒家正宗，更和「三教論衡」無涉。哪裡是晏如也，是在不波的古井下沸騰著亟待噴發的溶漿。」

（吳曉鈴〈羅膺中師逝世三十七周年祭〉）

在講課之餘，羅庸在昆明期間常進行講演，他的演講錄結集出版，名為《鴨池十講》。此書初版於抗戰期間，馬湛翁為其題簽。因昆明的滇池在元代本名鴨池，「以記地故，因題此名」。書很薄，談儒，談詩，談士，娓娓道來，確有真精神。其中所談為士之道，在那個戰火紛飛的艱苦歲月裏，絕非老生常談。他認為士大夫「實是中國文化的軸心」，士大夫的責任是「致君澤民，上說下教」，「以盡力於人倫教化為其職責」。

1946年，三校復員北返，羅庸留在昆明師範學院任國文系主任。

古文字學家唐蘭

唐蘭是我國20世紀學術史上具有重要影響的學者，早年師從國學大師王國維，先後在燕京大學、北京大學、清華大學、西南聯大講授古代經典。唐蘭對中國文字學、古器物學、先秦史學都做出了重要貢獻，學術思想影響了幾代學者。他對故宮藏品的研究成果和對故宮學術發展的指導，對故宮的建設發展有著重要的意義。

唐蘭在聯大時期開過很多課，有「六國銅器」、「甲骨文字」、「古文字學」、「說文解字」、「爾雅」、「戰國策」等。唐蘭先生是文字學的大師，從甲骨到楷書，原原本本道出文字的構造和演變。他授《說文解字》，以菩薩心腸勸學生好好讀書。出版於1946年7月的《聯大八年》一書中，載有學生對梅貽琦等100多位教授的評論，其中對唐蘭評介說：「中文系教授，說文解字教者，唐先生的課很叫座，現在卻不行了。但無可否認的唐先生是古文字學的權威。唐先生常說只有容庚先生可和他較量，郭沫若、董作賓等人的功夫都不太夠……」唐蘭是古文字學的權威，甲骨、金文專家，還任北大文科研究所導師。

唐蘭在聯大還講過詞選。1942年，聯大中文系浦江清回上海過年假，所擔任的課由唐蘭代授。年底，浦江清回到昆明，為了酬謝唐蘭代授半年詞選課，12月25日在金碧路南豐餐館請唐蘭和羅常培、朱自清、聞一多等人吃飯。

汪曾祺還提到了唐蘭獨特的講課方式：不講。講「詞選」主要講《花間集》（他自己一度也填詞，極豔）。他講詞的方法只是用無錫腔調念（實是吟唱）一遍：「『雙鬢隔香紅，玉釵頭上鳳』──好！真好！」這首詞就pass了。

還有人這樣描述：著名文字學家唐蘭，他在西南聯大開《宋詞選讀》課，幾乎什麼也不講，上課只是捧著一本詞集自己讀，讀到好處，大叫一聲「好」，學生們一驚，以為他終究要闡發點什麼了，哪知他仍是接著讀，一直到下課。

唐蘭的這種以不講代替講解的方式，要是在今天的課堂，他的飯碗非被砸爛不可。但這種吟誦的方式，讓學生體味詞的美妙之處，有點禪宗的明心見性的意味。

唐蘭是浙江秀水（今嘉興）人，不知為何汪曾祺說他是「無錫腔調」。筆者查閱了唐蘭的生平，1920年就讀於無錫國學專修館，發奮研究古文字，三年完成《說文注》四卷。是不是在無錫求學的時候，話語中有了「無錫腔調」？

唐蘭在聯大培養了語言學家朱德熙，我們不妨從朱德熙的回憶中瞭解唐蘭。

1939年，朱德熙就讀於西南聯大物理系。他的老師王竹溪是中國著名的物理學家。一次偶然改變了朱德熙的選擇，朱德熙聽了唐蘭的古文字學、甲骨學課，產生濃厚的興趣，於是，從物理系二年級轉到中文系，和汪曾祺同班。1946年5月，在聞一多的推薦下，到清華大學中文系當助教。

朱德熙與何孔敬相識、相戀，兩人訂婚宴，擺下桐城人的「水碗」，招待朱德熙的兩位大媒——王竹溪、唐蘭，汪曾祺陪客。1945年8月，朱德熙與何孔敬結婚，唐蘭手書的條幅，用金文字體寫在朱紅蠟箋上，掛在新房正中牆壁上，是《詩經》中的四句：關關雎鳩，在河之洲。窈窕淑女，君子好逑。（何孔敬《長相思：朱德熙其人》）

看來，唐蘭和學生的感情非常好，他不但為朱德熙寫條幅，也為另一個學生李埏新婚寫橫幅。1940年，西南聯大歷史系畢業生李埏考取了北大文科研究所研究生，導師是唐蘭。1945年，李埏和趙

毓蘭女士結婚，婚禮設在金碧路冠生園。唐蘭為新人親書〈李埏婚禮嘉賓題名〉橫幅。參加婚禮並在嘉賓題名上簽名的有湯用彤、唐蘭、聞一多、吳晗、鄭天挺、羅庸、姚從吾、雷海宗、任繼愈、石峻等30多人。（陳立言〈唐蘭先生的昆明情緣〉）

朱德熙後來成為語言學家，深得唐蘭的真傳，他描繪了唐蘭講課的神采。他在〈紀念唐立庵先生〉一文中說：先生上課從來不帶講稿，上「說文」課的時候手拿一本《說文詁林》或是石印本《說文解字》，一頁一頁順著翻下去，碰到他認為應該提出來講的字就停下來講，基本上是即興講課，就像平常聊天，學生倍感親切。聽先生的課不但可以瞭解先生的學術見解，而且還可以看出先生治學的態度、方法和風格，所以很多同學愛聽先生的課。他的課程不僅吸引了中文系的學生，還有其他系的學生，連物理系的王竹溪、哲學系的沈有鼎也來聽他的古文字學。可見聯大學術空氣之濃厚。

聯大復原後，唐蘭執教北大。1949年後，唐蘭任北京故宮博物院副院長，研究員。1962年，北大中文系請他給本科高年級生開文字學，裘錫圭當這門課的助教。在裘錫圭的記憶中，他上課不帶講稿，只有一次由於要舉的一個例子情況比較複雜，才帶了一張抄有這個例子的小紙片。儘管沒有講稿，課卻講得很有條理，語言也很順暢易懂，聽起來很舒服。（裘錫圭〈我與唐蘭先生的淵源〉《中國文物報》2001年2月14日）

汪曾祺還提到其師唐蘭的一段逸事。「唐先生有過一段Romance，他和照料他的女孩子有了感情，為她寫了好些首詞。他也不諱言，反而抄出來請中文系的教授、講師傳看，都是『花間體』。據我們系主任羅常培說，『寫得很豔！』」讓人想起汪曾祺寫的〈跑警報〉一文，有個姓金的哲學系教授跑警報時，隨身帶一個保險箱，裏邊裝著情書。而唐先生填的「豔詞」在同事中傳閱，絲毫不避諱，也讓人想起聯大的單身教授吳宓，他寫給毛彥文的情詩，

圖上：唐蘭書法：中精外誠。
圖下：劉文典。

分發給學生傳閱，並給學生講解。心懷坦蕩，感情透明，沒有當作見不得人的隱私藏著。這在今天看來，令人驚訝。

唐蘭天賦很高，精力過於常人，興趣十分廣泛，生活積極、樂觀。儘管生活非常艱苦，他在治學授課之餘，與聯大師生一起唱崑曲，逛昆明的舊書店、古玩店、製筆店，還與畫家切磋，以此為樂。他酷愛書法，但不以書法家自居。1945年抗戰勝利後，唐蘭創作了很多書法作品，並在昆明舉辦了一次個人書法展覽。展品從甲骨文到篆隸行楷，各種書體、各種尺幅都有。他的字不拘一格，興之所至，揮灑自如，雖不以功力見勝，卻自有其意趣和強烈的個人風格而受到人稱道。他的書法是學者字，文氣充沛，其深邃的學養融於書法中，是一般書法家所不能達意的。（陳立言〈唐蘭先生的昆明情緣〉）

「二雲居士」劉文典

師承章太炎，追隨孫中山。營救陳獨秀，驅趕章士釗。痛罵蔣介石，握手毛澤東。這是劉文典的傳奇。劉文典的一生，風骨嶙峋，孤傲狂狷，特立獨行。

　　劉文典留學日本時，向章太炎、劉師培學習國學。劉文典當過孫中山的英文秘書，翻譯英文電稿。執教北京大學時，參與營救陳獨秀；1925年，在北京女師大風波中，參與驅逐教育部長。任安徽大學校長時，劉文典衝撞蔣介石，痛斥他是「新軍閥」，氣得蔣要槍斃他，被關押，後被營救出來；1946年10月，劉文典也曾為蔣介石60大壽寫駢文祝壽。建國後劉文典是雲南大學唯一的一級教授，1956年參加全國政協會議，毛澤東同他握手談話。

　　劉文典有清高孤傲的一面，也有「性滑稽，善談笑，語不擇言」的一面。他嘗自稱「狸荳鳥」；因「狸」、「劉」古讀通；「荳」者豆子也；「鳥」則為「鴉」，乃「雅」之異體（劉文典字「叔雅」）。因劉喜自謔，與道貌岸然者有別，故「學生們就敢於跟他開點善意的玩笑」。

　　我們來看西南聯大時期的劉文典，這位國學大家人生中的重要階段。

　　1938年春，劉文典隻身一人離別北平，在山河破碎的大地上，天涯孤旅，千里走單騎，獨自輾轉到昆明。劉文典千里走單騎到昆明被聯大一度傳為佳話。在日寇飛機轟炸昆明時，劉文典還有一句豪壯的話語：「國難當頭，我寧願被日機炸死，也不能缺課。」

　　但在何兆武的《上學記》描述中，劉文典的話和他的行動不一致。何兆武回憶：「我聽說劉文典是清朝末年同盟會的，和孫中山一起在日本搞過革命，非常老資格，而且完全是舊文人放浪形骸的習氣，一身破長衫上油跡斑斑，扣子有的扣，有的不扣，一副邋邋遢遢的樣子……西南聯大的時候，劉先生大概是年紀最大的，而且派頭大，幾乎大部分時間都不來上課。比如有一年教溫李詩，講晚唐詩人溫庭筠、李商隱，是門很偏僻的課，可是他十堂課總有七八堂都不來。偶爾高興了來上一堂，講的時候隨便罵人，然後下次課他又

不來了。按説這是不應該的，當時像他這樣的再找不出第二個，可他就這個作風。」

劉文典在西南聯大講授「《莊子》選讀」、「《文選》選讀」、「溫飛卿、李商隱詩歌」、「中國文學批評研究」、「元遺山研究」、「吳梅村研究」等課程。

劉文典上「吳梅村研究」課，據他的學生王彥銘寫文章回憶，到課的人並不多，稀稀拉拉坐著十幾個人，偌大的教室顯得空蕩蕩的。但劉文典毫不在意，在教室桌旁的一把「火腿椅」（木椅，右側有狀若整只火腿的扶手，供筆記書寫之用）上坐下來，照例先是點燃一支捲煙，深深吸上一口，操著安徽腔：「今天我們只講梅詩中的兩句：『攢青疊翠幾何般，玉鏡修眉十二環。』」王彥銘回憶説：「劉先生娓娓而談，香煙嫋嫋，把我們引進詩情畫意中去了。」

有一次在課堂上學生問劉文典：「怎樣才能把文章寫好？」劉文典回答説只要注意「觀世音菩薩」就行了。眾學生不解，他加以解釋説：「『觀』是要多多觀察生活；『世』是要明白社會上的人情世故；『音』是文章要講音韻；『菩薩』是要有救苦救難、為廣大人民服務的菩薩心腸。」

劉文典上課很有個性。據當年的學生回憶，劉文典「上課前先由校役沏一壺茶，外帶一根兩尺來長的竹製旱煙袋。講到得意處，他就一邊吸旱煙，一邊解説文章中的精義，從不理會下課鈴響，有時一高興就講到五點多才下課」。這個回憶的細節有誤，劉文典抽煙卷，不是煙袋，也不是煙斗。有一張劉文典的照片顯示他手夾香煙，一個人的抽煙方式是多年的習慣，不大容易改的。比如，潘光旦就是口含煙斗。《知堂回憶錄》中，周作人的記憶，也證實了筆者的判斷：「（劉叔雅）好吸紙煙，常口銜一支，雖在説話亦粘在唇邊，不識其何以能如此，唯進教堂以前始棄之。」周作人的記憶，還傳達了這樣一個細節，劉文典在課堂上是不吸煙的。

　　劉文典講「《文選》選讀」，有一次，上了半個小時就結束了，說：「今天提前下課，改在下星期三晚飯後七點上課。」原來那個星期三是陰曆五月十五，他是要在皓月下講〈月賦〉。到星期三，校園裏擺了一圈座位，劉文典坐在中間，當著一輪皓月大講〈月賦〉。融融月光之下，學生聆聽劉文典像行吟詩人一樣朗誦謝莊的〈月賦〉：「白露曖空，素月流天。……引玄兔於帝臺，集素娥於後庭。……升清質之悠悠，降澄輝之藹藹。……歌曰：美人邁兮音塵闕，隔千里兮共明月；佳期可以還，微霜沾人衣。……」劉文典每朗誦一句，即引經據典講解，學生沉醉其中，不知今夕何夕。

　　無獨有偶，吳宓也曾把課堂搬到月光底下。1940年10月15日，也就是聯大剛剛遭到轟炸後兩天，晚上7至9點，在新校舍大圖書館外，吳宓與同學們月下團坐，上《文學與人生理想》課。《吳宓日記》中記道：「到者五六學生，宓由避警報而講述世界四大宗教哲學對於生死問題之訓示。大率皆主自修以善其生，而不知死，亦不談。」由戰爭、時局作講課的引子和前奏，蓋當時吸引學生的一種講授方法也。

　　劉文典在西南聯大以狂狷、孤傲聞名，他的狂當然是建立在他的才華和學問之上。劉文典是古籍校勘大家，國學博大精深。他選定古籍校勘和注疏學的研究，而研究的重點放在子部，在諸子著作中他又先從《淮南子》突破。1923年，他的第一本專著《淮南鴻烈集解》由商務印書館出版，成為近現代史上《淮南子》研究的代表作。胡適在為該書寫的序言中說：「整理國故，約有三途：一曰索引式整理，一曰總賬式整理，一曰專史式整理。典籍浩繁，鉤稽匪易，雖有博聞強記之士，記憶力終有所窮。吾友劉叔雅教授新著《淮南鴻烈集解》，乃吾所謂總賬式國故整理也。淮南五書，折衷周秦諸子？其自身亦可謂結古代思想之總賬也。」繼《淮南鴻烈集

劉文典在西南聯大時期夜讀
情景。

解》後，劉文典發奮不止，又繼續進行《莊子》和《說苑》等書的校勘工作。1939年，他的《莊子補正》（十卷本）在艱難的戰爭環境下得以出版。陳寅恪在《莊子補正》的序中寫道：「先生之作，可謂天下至慎矣。」「此書之刊佈，蓋將一醫當世之學風而示人以準則。豈僅治《莊子》者所必讀而已。」

也許有這樣雄厚的學術資本，劉文典有睥睨一切的自信：「古今真懂《莊子》者，兩個半人而已。第一個是莊子本人，第二個是我劉文典，其餘半個是馮友蘭。」

狂人劉文典也以「二雲居士」聞名，他愛食雲南煙土和雲南火腿。遺憾的是，他最終因貪食煙土離校未歸被西南聯大解聘。

1943年劉文典應普洱（磨黑）大豪紳、鹽商張孟希之邀，為其母撰墓誌，張孟希贈他「雲土」50兩。他的普洱之行遭到了聯大同事的非議，認為他不堪為人師表。聞一多強烈反對，堅決不再聘請。即使劉文典收到了聘書，也要收回。劉文典磨黑之行，的確有缺衣少食的因素；劉文典貪食鴉片，借此緩解、麻痹喪子之痛，也情有可原。梅貽琦延遲回覆劉文典的信中說：「尊駕亦已於春間離校，致上學期聯大課業不無困難。」劉文典的磨黑之行，他辯解「自問實無大過」，但犯了聯大學者的大忌。聯大學者精

神獨立，不依附任何權勢，富貴不能淫，貧賤不能移，這是聯大學者的精神特徵。

據聞黎明的研究，劉文典的磨黑之行，還有一層連劉本人都不曾知曉的隱情。「誰也沒有想到，促成劉文典普洱之行的，竟然是皖南事變後疏散到那裏的西南聯大地下黨員和進步骨幹。而劉文典的到達，也起到客觀掩護這批學生的作用。」

劉文典被聯大解聘後，在陳寅恪、吳宓的推薦下，被雲南大學校長熊慶來聘請，執教雲南大學。1946年5月4日，聯大解散北返，劉文典仍在雲南大學，終老昆明。

聞一多講古詩

聞一多先生在西南聯大開設了「詩經」、「楚辭」、「周易」、「爾雅」等近10門課。「詩經」和「唐詩」最受學生歡迎。他講課極為生動，介紹詩歌的時代背景如述自己的親身經歷，介紹詩人生平如講自己熟識朋友的趣事逸聞，分析內容形式又如詩人在談自己的創作體會。

聞一多講唐詩是聯大叫座的課。如果説朱自清沉靜似水，聞一多則熱烈如火。他原來就是詩人，對唐詩的理解，其見解和感受有別於其他學者。聞一多最讚賞五言絕句，認為五言絕句是唐詩中的精品，二十個字就是二十個仙人，容不得一個濫竽充數。汪曾祺説：「能夠像聞一多先生那樣講唐詩的，並世無第二人。因為聞先生既是詩人，又是畫家，而且對西方美術十分瞭解，因此能將詩與畫聯繫起來講解，給學生開闢了一個新境界。」他講唐詩，不蹈襲前人一語。講晚唐詩和後期印象派的畫一起講，特別講到「點畫派」。中國用比較文學的方法講唐詩的，聞一多當為第一人。

1939年5月25日，聞一多講《詩經・采薇》，他說：「昔我往矣，楊柳依依。今我來思，雨雪霏霏。」這是千古名句，寫出士兵戰時的痛苦，達到了情景交融的境界。他講時還摸著抗戰開始時留下的鬍子，流露出無限的感慨。

聞一多講《古代神話與傳說》吸引了工學院的學生，他們穿過昆明城，從拓東路趕來聽，昆中北院大教室裏裏外外都是人。他把自己在整張毛邊紙上手繪的伏羲女媧圖釘在黑板上，相當繁瑣的考證，講得有聲有色，非常吸引人。

聞一多西南聯大的學生李凌後來回憶，聞一多講《楚辭》有一個特點，他往往等天黑下來的黃昏，在教室之外，點個香爐，拿個煙斗，然後開始念《楚辭》的名句。《楚辭》很複雜，但句子很優雅。每逢講一些悲痛的詞句時，學過戲劇的聞一多總能朗誦得特別感人。而且因為聞一多每次講課都有新的內容，所以很多人趕著來旁聽，儘管這樣沒有學分。

聞一多特別欣賞初唐詩人張若虛的〈春江花月夜〉，在他的〈宮體詩的自贖〉一文中，曾把這首詩評價為「詩中的詩，頂峰上的頂峰」。這首詩有濃厚的唯美傾向，卻帶有幾分人生幻滅、虛無頹唐的意味。讓我們看到他作為民主鬥士金剛怒目的另外一面。何兆武認為：「聞先生的思想主潮早年和晚年是一以貫之的，本質上還是個詩人，對美有特別的感受，而且從始到終是一包熱情，一生未曾改變過。」

唐詩中有這樣空靈唯美的詩意，有人生幻滅的虛無感，更重要的是，唐詩中的人間疾苦更能引起聞一多的感觸。聞一多經常跟李凌和他的同學們說起這樣的事情，說完以後就講唐詩，講杜甫的三吏三別。他憤怒地說：「為什麼隔了一千多年了中國的事還是這樣悲慘，比那時候還不如？」李凌和他們同學還因此有這樣一個作業「給蔣委員長的一封公開信」，令李凌記憶深刻。

聯大中文系讀書報告不重抄書，而重有無獨創性的見解。有的可以說是怪論。有一個學生交了一篇關於李賀詩歌的閱讀報告（汪曾祺代作）給聞一多，說別人的詩都是在白底子上畫畫，李賀的詩是在黑底子上畫畫，所以顏色特別濃烈，大為聞一多激賞。

聞一多的課程之所以吸引人，一方面是其學識淵博，見解獨到，分析精闢；另一方面則是他的人格魅力，嫉惡如仇，詩人和鬥士的雙重身份，像磁石一樣吸引著年輕學子。聞一多在思想轉變之前，還有濃厚的名士派頭。他在清華大學講楚辭一開頭總是「痛飲酒熟讀《離騷》，方稱名士」。他上課，抽煙。上他的課的學生，也抽。

聞一多家書中的柔情

1938年1月，聞一多接到時在漢口任國民黨政府教育部次長的顧毓琇的邀請，邀請聞到戰時教育問題研究委員會工作，這個機構是作為最高當局的諮詢機

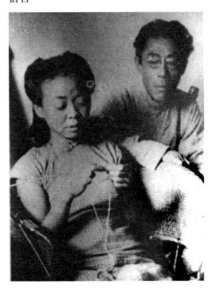

1946年，聞一多與夫人高孝貞在西倉坡宿舍。

抗戰中後期，物價暴漲，聞一多不得已掛牌治印，補貼家用。

構，聞一多拒絕，他不願做官，也不願離開清華。在這個問題上，聞一多夫人高孝貞和他不一致，她要求丈夫做官，在漢口並能照顧家。聞一多離開家時，心情不愉快。2月，當局已經決定將長沙臨時大學遷往昆明。2月15日，聞一多寫了一封家書，信中寫道：「這裏，清華、北大、南開三個學校的教職員，不下數百人，誰不拋開妻子跟著學校跑？連以前打算離校，或已經離校的，現在也回來一起去了。」

在這封信中，聞一多提到自己離開家時的情形，那種別妻離子的愁腸百轉，今天讀來仍令人動容：「那天動身的時候，他們（孩子）都睡著了，我想如果不叫醒他們，說我走了，恐怕他們第二天起來，不看見我，心裏失望，所以我把他們一一叫醒，跟他說我走了，叫他再睡。但是叫到小弟，話沒有說完，喉嚨管硬了，說不出來，所以大妹沒有叫，實在是不能叫……出了一生的門，現在更不是小孩子，然而

一上轎子，我就哭了……四十歲的人，何以這樣心軟……」無情未必真豪傑，憐子如何不丈夫？在這封家書中，我們看到民主鬥士聞一多的柔情。

1944年，昆明通貨膨脹，物價飛漲，西南聯大教授們的生活越來越差，簡直到了饑餓線上，如何解決八口人的衣食，成了聞一多教授焦慮的問題。西南聯大的一些教授發起賣文售字，聞一多成了其中一員。

昆明接近象牙產區，欣賞和收藏牙章當時頗為盛行。有幾位老朋友知道聞一多擅長篆刻，出了個主意，鼓勵他公開治印，既是自食其力的雅事，又可業餘從事，不致影響教研工作，也可借此改善一下生活。浦江清教授特撰了一篇〈聞一多教授金石潤例〉，文曰：

秦鉥漢印，攻金切玉之流長；殷契周銘，古文奇字之源遠。是非博雅君子，難率爾以操觚；倘有稽古宏才，偶點畫而成趣。

浠水聞一多教授，文壇先進，經學名家，辨文字於毫芒，幾人知己；談風雅之原始，海內推崇。斲輪老手，積習未除，占畢餘閒，遊心佳凍。惟是溫麛古澤，僅激賞於知交；何當琬琰名章，共榷揚於藝苑。黃濟叔之長髯飄灑，今見其人；程瑤田之鐵筆恬愉，世尊其學。爰綴短言為引，公定薄潤於後。

梅貽琦　　馮友蘭　　朱自清　　潘光旦
蔣夢麟　　楊振聲　　羅常培　　陳雪屏
熊慶來　　姜寅清　　唐　蘭　　沈從文同啟

聞一多治印的潤資，明碼標出，剛開始石章每字200元，牙章每字400元。他治印不直接收件，委託青雲街、正義路幾家筆店收轉。〈潤例〉貼出後，昆明城為之轟動，來求其刻印者絡繹不絕。

　　中國知識份子向來有清高的傳統，向以談錢財為恥，「君子喻於義，小人喻於利」。作為一個深受傳統文化影響的知識份子，聞一多在困境中不得不掛牌治印謀生活所需，其內心想必是痛苦的。曾有一次，聞一多的兒子聞立鶴不滿父親掛牌治印，怒氣衝衝地責問聞一多這是不是發國難財，聞一多聽了沒有生氣，沉思了好半晌，末了只說了一句：「立鶴，你這話我將一輩子記著。」淡淡的一句話，想來其中包含了多少辛酸啊！

　　聞一多通過治印，緩解了家庭的經濟壓力。1946年2月，聞一多在一封家書中這樣寫道：「弟之經濟情況，更不堪問。兩年前時在斷炊之威脅中度日，乃開始在中學兼課，猶復不敷，經友人慫恿，乃掛牌刻圖章以資彌補。最近三分之二收入，端賴此道。」

　　聞一多的家書片段，說的是家事，但和國事緊密相連，實在是時局的一個縮影。

聞一多的1946年

　　1946年7月15日，聞一多在西南聯合大學教職員工宿舍門口，被國民黨特務槍殺了。在他倒下的那一刻，聞一多的生命到達了他同時代的學人難以企及的高度。李公樸被殺之後，在〈最後一次的演講〉中，聞一多為爭取民主、自由，慷慨激昂地演講：「我們隨時像李先生一樣，前腳跨出大門，後腳就不準備再跨進大門！」他是抱定了殺身成仁，捨身取義的信念的，在此前，他已經知道自己上了國民黨特務的黑名單，曾接到善意的「少出門」的提醒。甚至有國民黨特務在其家門口赤裸裸地恐嚇：「聞一多，你的多字是兩

個夕字，你命在旦夕了！」聞一多是以「我不入地獄誰入地獄」的大無畏勇氣、殉道般的使命感，挺身而出，在爭取民主的鬥爭中，他那奔騰如地下烈火的激情，是詩人氣質淋漓盡致的展現。

1944年的一個秋天，當聞一多加入中國民主同盟時，他會意識到他的生命以這樣的方式結束嗎？聞一多加入民盟，有兩位介紹人，一位是羅隆基，另一位是潘大奎（也有人說是吳晗）。1943年夏，吳晗加入民盟。聞一多加入民盟是和吳晗一晚長談的結果，聞一多最初有過猶豫，然後下了決心加入。一次，聞一多對凌風和幾位青年朋友談話：「以前我們知識份子都多少帶著潔癖，不過問政治（之前，聞一多拒絕了孫毓棠勸他加入國民黨的請求）；現在卻是政治逼著我們不得不過問它了。這也就是說，我們應該參加政治活動的。」

聞一多加入民盟，是學者向民主鬥士的身份轉換，更是他人生中的重要的轉捩點。聞一多

1945年，聞一多遊昆明石林。

曾對流金説起過去的日子：「以前，我在龍頭村，每回走進城，上完了課，又走著回去；我的太太總是帶著小孩到半路上接我，回到家，窗子上照著的已是夕陽了。孩子圍在身邊，我愉快地洗完腳，便開始那簡單而可口的晚餐，我的飯量總是很好的，那一天也總是很快樂。……現在，這種生活也要結束了。」這裏提一下流金，流金原名程應鏐，他是「一二‧九」運動的先鋒隊員。1938年4月，他和燕京大學的同學柯華（後為外交部的司長）等人去了延安，受到周恩來的接見。9月他到昆明西南聯大歷史系借讀。1939年由於沈從文先生的推薦，流金參加了昆明《中央日報》副刊《平明》的編輯工作。

聞一多加入民主同盟後，與聯大教授姚從吾激辯一番。此時，姚從吾是西南聯大國民黨區黨部負責人。尚土〈痛憶聞師〉：「先生入同盟之後，便馬上找在聯大負責黨團的姚從吾，劈頭便説：『從吾，我已加入民盟，我們談談。』姚問民盟的經費是不是從延安那邊提供的，於是二人激辯三小時，弄得不歡而散。」聞一多還向吳晗表示：「自己是一個馬列主義者，將來一定要請求加入共產黨。」聞一多贈吳晗篆刻條幅：「鳥獸不可以同群，吾非斯人之徒與而誰與？」

1946年，3月至5月，西南聯合大學的師生北返，他委託吳晗看一看清華園故園的竹子是否依舊。6月20日，聞一多把兩張機票讓給了孩子（其中有聞立雕），這成為他們的生離死別。7月15日，震驚全國的暗殺發生了，聞一多犧牲，其長子聞立鶴身中五槍，經搶救命保住了。野蠻的槍聲響起的那一刻，國民黨就失去了精英知識份子的支持，當時進行的國共內戰尚未分出勝負，其實，從那開始，勝利的天平就已經傾向共產黨這一邊。1949年，新月派的文人大多選擇留在了大陸。

聞一多在1946年，有多種選擇的，他可以像大多數教授一樣回到北平，即使在飛機票特別緊張的情況下，也可以像羅隆基那樣使

一個小小的花招，搞到飛機票，離開昆明；他也可以接受到美國加利福尼亞大學聘請，出國講學。歷史不容假設，但不妨看一看聞一多有沒有其他的宿命。以新月派文人和他的朋友們的歸宿和命運起伏為參照，想像聞一多的另一條道路。

在1946年之前，只有徐志摩是個例外。1931年11月19日，因徐志摩所乘飛機於濟南開山失事，遇難身亡，年僅35歲。新月才子，一顆天才詩星，就這樣驟然隕落了。1926年4月，聞一多應徐志摩邀請，參與《晨報》副刊《詩鐫》的編輯工作，聞設計了《詩鐫》的刊頭。徐說，我們幾個寫詩的朋友都受到《死水》作者的影響。

1946年，兩年之後，1948年8月12日，朱自清寧肯餓死不領美國「救濟粉」，在貧病中死去。死前，還囑咐家人不要購買美援麵粉。教授的胃病是那個年代固有的疾病。在昆明期間，聞一多為朱自清刻了兩枚印章，一是藏書章，一是閒章「一向心寬」。

1949年春天，看不到任何希望的沈從文，承受著巨大的壓力，內心脆弱，彷徨無依，用刀片割脖子上的血管自殺，還喝了煤油。被家人發現，及時搶救過來。但他自此分裂為上下半生，上半生是小說家，下半生是文物專家。1988年5月10日，沈從文因心臟病猝發，在家中病逝。

1955年4月1日，林徽因終因肺結核不治逝世於同仁醫院。聞一多和林徽因同為新月派詩人，聞是林家客廳文學沙龍的成員。

1956年，楊振聲病逝於北京協和醫院。1938年，聞一多參加臨時大學湘黔滇旅行團時，老朋友楊振聲對聞一多半開玩笑地說：「一多加入旅行團，應該帶一具棺材走！」到達昆明後，聞一多驕傲地對楊振聲說：「假使這次我真帶了棺材，現在就可以送給你了。」

1957年，羅隆基被劃為「大右派」，於1965年在孤寂中病逝。

1967年6月10日晚上，經過批鬥入院無法得到治療的潘光旦為了尊嚴回到被封的家中，垂危的潘光旦向費孝通索要止痛片，費孝

通沒有，他又要安眠藥，費孝通也沒有。後來，費孝通將潘光旦擁入懷中，他遂逐漸停止呼吸。1946年，和聞一多同樣在黑名單上的潘光旦、費孝通，不得不躲入美國駐昆明領事館避難，逃過劫難。

1965年秋對吳晗的批判竟成為給全民族帶來巨大災難的十年浩劫的序幕，吳晗與妻子袁震在1969年雙雙被迫害至死，他們的養女也慘遭迫害而精神失常，在1976年結束了自己年僅二十二歲的年輕的生命⋯⋯

1972年1月9日，梁思成逝世。當然，他的保護北京古建築的夢想早已死去。哀莫大於心死。

再看一看流亡到臺灣去的兩位。

1962年，胡適在臺北病逝，為他送葬的人達數萬人。在那一邊享殊榮。而此前，胡適的思想和影響在大陸被全面清算。

1987年11月3日，梁實秋因病在臺灣逝世。似乎數他最瀟灑，和聞一多同在美國留學，同在青島大學、清華大學任教，梁實秋享美食，愛生活，翻譯莎士比亞，完全是文人的活法。晚年，還和韓菁清梅開二度。

性格即命運。每個人的最後歸宿和道路選擇，似乎又不是性格決定的，人在歷史中，各種因素結合，使他們選擇了自己的歸宿。

想起被判死刑的哲學家蘇格拉底，他放棄了求生的機會，鎮定自若地說：「死別的時辰已經到了，我們各走各的路吧——我去死，你們去活。誰的出路好，唯有神知道！」

浦江清家書的溫馨絮語

由於戰爭，交通阻隔，有時一封家書要走好幾個月，才能到家人手中，可謂「烽火連三月，家書值萬金」。收到千里之外的家書，自然是驚喜的。筆者查閱到幾封浦江清寫給遠在上海的妻子張

企羅和孩子的家信，將聯大教授的動態、清華同仁的生活細節，個人的飲食起居，統統寫入家書，當然，少不了對妻子和孩子的思念和牽掛。

浦江清的家書，和他的日記一樣，傳達出那一代學人的家國情懷。浦江清的女兒浦漢明說：「現在，重讀他們當年互訴衷腸的兩地書時，我感到了家書重抵萬金的沉甸甸的份量。那滲透於字裏行間的綿綿情思，令我感同身受。他們與民族同命運共呼吸，懷著憂國憂民之心，竭力貢獻著自己一點綿薄的力量。」

浦江清寫於1943年1月9日的一封家書，非常細緻地描述聯大教授的經濟狀況：

上世紀30年代的浦江清。

> 我們這裏（物價）也在高山尖兒上，在內地推為第一。公米到八百元一石。我們的薪津是原薪加生活津貼若干，再加米一石（折價），每月大約有千六、七百元。但是一個人用度，每月超了千元。省則也要千元。

接下來浦江清用瑣碎之筆墨，向妻子彙報昆明的物價，以及他的飲食：

> 三五牌紙煙在小攤上可得，白錫包等極不稀奇。價錢呢，我所知道的寶劍牌十支裝廿元，金字塔廿支裝四十元。聯大教授們抽本地紙煙，每包二元五角，其劣可知。點心則糕餅平均價四元一個。花生米是兩元一兩。桔子很好，是廿元一斤。餛飩每客十元。上海湯米團每客八元，四個。除粽子不見外，此地吃的東西，可說是樣樣都有。但是我們不能享受，在城中不免見了口饞，所以用錢便費，到鄉下便一切斷念。

儘管物價上漲得厲害，但在飲食上還想吃得有滋味、有營養：

> 我們在鄉下及城裏的包飯是每月五、六百元，城裏好些，每頓有肉，牛肉每斤十七元，比豬肉便宜一半，所以常吃紅燒牛肉。鄉下則每隔二天，有時候隔一天，吃一次肉。素菜有紅蘿蔔、洋芋、白菜、菠菜等，營養價值並不壞。不過鄉下的傭人，本非廚子，是本地人，不能做菜，又很剛愎，不叫人指導，所以菜不入味。尤其是多放茴香、花椒、辣椒這類，即素菜中亦放入內，說過好幾次，都不聽。燒木柴費極，我們六七個人一桌飯，每個人要攤到一百廿元的柴費，此地還在鄉下，多出木柴的。我除一天三頓飯外，每天早上吃一個或兩個煮雞蛋（每個一元五角），每晚八九點鐘吃烤白薯一隻（約二元），水果不能常吃，花生米則買生的自己炒，便宜不少。在營養上可以的。

浦江清信中提到的「鄉下的研究所」，是司家營清華文科研究所，離龍泉鎮有半里之遙。龍泉鎮上，有各色小店，也有郵局。也有公共汽車通昆明，每人票價十八元，「我們如不帶重東西，不去請教他的」。附近住著的，有馮友蘭、陳夢家、余冠英等，在街子天（趕集日）即可在鎮上遇到。浦江清和朱自清未帶家眷的單身教授，住在清華文科研究所租的大院裏。每星期進城一次，在城裏住兩三天，上完課，就住在這裏。

和昆明的其他階層相比，聯大教授的收入和生活質量處在底層：「教授階級甚窮，至於在此經商者，大商人不說，例如許駿齋有同鄉四人在此開一小吃店，每人每月可分得進款四千元。從城至鄉，現在時行馬車，趕馬車的每天可賺百數十元。比較起來，教界人甚苦，而聯大畢業生他們找到事情，往往薪水在老師之上。」

浦江清墨蹟。

浦江清先生墨蹟之一

教授的薪水少，又趕不上物價上漲的幅度，怎樣糊口呢？

> 有家眷在此的，都感經濟壓迫，所以都不用人了，不用人當
> 然還不夠，但奇怪的是他們都可以過去，有的原有積蓄，有
> 的在借債。我們系裏，……一多最窮，其家尚維持一用人（傭
> 人），乃是北方同出來的老媽子，年紀六十歲了，要推給別
> 人也不容易。佩弦也窮，上次進城，檢出一件皮袍、兩樣瓷
> 器付拍賣行。大概東西帶在這裏多的，還不要緊，賣去一個
> 毯子，可以貼好幾個月。一件皮大衣，要一萬元以上，一部
> 《辭海》可賣七八百元。

浦江清在1943年2月20日發出的一封家書中說，教育部在教授生活
最困難的時期，補貼了一點錢：「現薪津依舊，同事都窮得不得
了，此月教部為獎勵專門以上學校教員服務十年以上者，各發資金
千五百元，我已領到，不無小補，所以本來只能匯出二千，現可加
匯一千。」

浦江清領的這1500元，以昆明的市價，能買到什麼呢？「到此
因城鄉要兩份鋪蓋，褚士荃恰好多一條被，就借給我，這裏一被要
千元。到此後除添此一棉絮，並茶壺、茶杯、硯（三件百元）外，不
曾添些什麼。現在要添二個蚊帳，襪子半打，大概要六七百元。」
一床被子就要花費1000元，1500元的補貼，可謂杯水車薪。

幸好清華服務社面向美國軍隊承包工程、建設房屋、開辦工廠賺
了一些錢，補貼給聯大的教授，在一定程度上保障教師生活穩定，幫
他們渡過難關。浦江清在寫於1944年5月11日的一封家書中寫道：

> 清華校慶紀念日，今年因合作社賺了些錢，所以舉行聚餐
> 會。大家嘴有點饞了。到會有四、五百人，三年未有之盛。

聚餐費每人一百元，不足都由合作社貼出。有畢業同學經營工業的來送禮，每人得了一塊毛巾，四塊肥皂，皆大歡喜。飯後又有合作社的便宜東西，及別的廠家廉價東西買，有白布、糖、墨水、紙煙、火柴、套鞋等等。人擠得很，尤其是女太太及小小孩們頂起勁。也有大教授擠在裏面，買了許多紙煙和火柴的。那天的盛況不亞於在（清華）園內。可說是一個狂歡日。位址是借了這裏的裕滇紗廠的廠址。這狂歡等於一針強心針。到了歸途的汽車裏，大家又在嘰咕這個月薪水不夠用了。因為貪著東西便宜，超出了預算。

浦江清家書中折射出聯大教授的經濟壓力，透露出豐富的生活細節。現在的讀者，你能否想像到一個大學教授，看到普通的點心饞了也不捨得買，不帶沉重的行李連公交車也不去坐，而感到心酸和苦澀。然而，浦江清對妻子娓娓而談，溫情綿綿，絲毫不見一絲一毫的埋怨和火氣，我們彷彿看到他面對艱難的生活，依然微笑，依然樂觀。

　　浦江清的家書還提到很有意思的話題。「（俞）平伯的女兒二人均在此，一人最近與一葡萄牙人結婚了。平伯有一外國女婿，恐怕做夢也想不到的。」這好似夫妻之間說的悄悄話。「聞太太能做軟餅，其法以麵糊作條狀，中夾芝麻與糖，油中煎之，非常好吃，初二日，因我們點品，一試，大好。夢家夫人從馮太太學菜一年，稍有成績，但不出奇。你在松（江），可以學做幾個特別菜，但須注意材料是各地都有的。不久在園內重聚時，佩公（朱自清）要點品一兩樣松江菜。」柴米油鹽，請客吃飯，這就是生活的滋味吧。「吳正之（吳有訓）太太及趙鳳喈（聯大法律系教授）太太等等都問起你的近況，託我問候。」鄰里交往，如話家常。

吳宓在雲大講「紅樓夢人物評述」，吸引了一千多聽眾，浦江清也聽了，「許多對於人生的體驗，我也有些感想」。浦江清在家書中和妻子有真誠的情感交流：「人能永久保存理想主義是好的。在愛情裏面，彼此以理想主義相鼓勵，結婚以後，接觸現實問題，彼此不免互相鼓勵著現實方面。男的希望女的多多注意家務，女的要男的多弄一點錢等等。這樣愈來愈庸俗，假如曾經有過一段戀愛歷史，曾經彼此瞭解過理想主義，彼此傾佩過，還好。否則，最早就以庸俗開始，更容易互相惹厭。假如結婚以後仍舊能保持一點理想，彼此瞭解，以理想鼓勵，那麼是最好的。」也可能基於對婚姻深刻而現實的認識，浦江清雖然在戰前清華大學任教時有過一次痛苦的失戀經歷，但他比其師吳宓的家庭生活美滿幸福。浦江清很欣賞妻子給孩子講的故事，鼓勵妻子，拿起筆，寫一些童話。

　　隔著60多年的時光，看浦江清寫的蠅頭小楷，這些微微發黃的家書留下了歲月的滄桑，戰爭的烽火和民族的苦難隱隱在上面浮現，但我們讀到這些溫馨的生活絮語，心中有感動，感到溫暖和美好。歷史的宏大敘事遮蔽下的家書，像千迴百轉的流水一樣，流淌到我們這裏。

浦江清西行記

　　無國即無家，在民族危亡的關頭，不知有多少愛國的知識份子隨著戰局的變化，背井離鄉，拋妻別子，撤到後方。聯大教授有大概一半是隻身在昆明，靠魚雁傳書互訴衷腸。浦江清就是其中一位。

　　1940年夏，浦江清按例休假一年。為免相思之苦，他由安南經香港返回故鄉，和親人同住在上海。1941年，浦江清的兒子浦漢昕出生了。這時，日軍佔領了安南，回滇道路已斷。浦江清向學校

請假暫留上海。年底，珍珠港事變發生，浦江清不願長期僦居淪陷區，決心冒著危險通過日寇封鎖線，準備經浙贛路去昆明。哪知到了安徽屯溪，上饒、鷹潭皆已失守，浙贛路不通。被困數月後，跋山涉水，由江西繞道福建、廣東，回到西南聯大。總計行程八千餘里，途經八省，歷時整整六個月！這一段艱難的歷程，浦江清都記在《西行日記》中。

1942年6月3日，浦江清在穿越日寇警戒線時寫道：「午時四時許，要越過警戒線……日哨兵有站，左右兩站，距此橋皆三四里，次橋在兩站之間，遂為偷渡之所。其後聞人言，日哨兵在四時後即歸站，不復巡邏，大雨更不出，故余等實安全。」戰時行路難，有時浦江清帶的行李，被人敲竹槓，手無縛雞之力的窮秀才，也只好敢怒不敢言。

浦江清的女兒在整理父親的日記時，心靈受到了極大的震撼：「一向在我眼中顯得文弱、隨和的父親，竟會那樣堅毅、執著，這八千里路雲和月，他是怎樣過來的啊！曾冒著生命危險闖過日寇的警戒線，也曾遇到國民黨敗兵的騷擾，有時一連幾天，翻山越嶺，全靠步行，跋涉的辛勞自不必說，還有火災、空襲的威脅，再加上

浦江清與家人合影。

物價上漲、小偷光顧，到了後來，旅費用盡，又生了瘧疾、胃病，但他仍堅持不斷向西行，從未想過回頭。」

那一代學者，實把堅守教職看作神聖的事業，猶如戰士堅守陣地。這一切都是為了什麼呢？「小言之，為了不負西南聯大之約；大言之，則是為了青年，為了學術，為了國家。」

浦江清在〈辛巳歲除大雪，獨坐寓樓，用東坡除夕詩韻〉一詩中曾表明過自己的心志：「風雨待雞鳴，茫茫何時旦？……明年我西行，萬里尋舊貫。丈夫勵壯志，未肯謝衰口。安能坐困此，日數米與炭。」

上海雖有老母、妻子兒女，但卻是淪陷區，決非安居之地。在建陽、南平、長汀等地，浦江清曾遇到摯友，東南聯大校長何炳松、廈門大學校長薩本棟熱情地挽留他留下來任教。與西南聯大相比，那裏待遇較為優厚，住房寬敞舒適，圖書資料豐富。同行的旅伴，逐一留下，只有他一人，毅然決然、毫不動搖地向西走。不僅如此，在因旅費缺乏而告債、申請救濟的同時，他仍不忘為西南聯大採購圖書。到達昆明後，連一天也沒有休息，甚至顧不得講述一路的艱辛，第一件事就是去問「本學期之功課如何」，為自己耽誤了課程而不安。在1943年2月4日（舊曆壬午歲除）的日記中，他寫道：「我自幸今年得在自由區過年，如仍僦居上海，則愁悶可知。」在遠離故鄉和親人的昆明過春節，不感到「愁」而感到「幸」，這就難怪他能以「雖九死其猶未悔」的毅力走完全程了。

沈從文晉升教授風波

沈從文到西南聯大任教，是楊振聲的舉薦，楊的目的是為了擴大新文學的影響，當然，也有友情的因素。在此之前，沈從文先後在中國公學、武漢大學任教，1931年，沈從文到青島大學任教，當

中文系教授

時校長是楊振聲。之前，沈從文有過做大學教師的經驗和經歷。

1939年6月6日，楊振聲和朱自清參加西南聯大師範學院教師節聚餐會和遊藝會，楊向朱提議聘請沈從文到聯大師範學院教書，朱自清感覺「甚困難」。6月12日，晨，朱自清拜訪羅常培，商量聘請沈從文到西南聯大師範學院國文系任教一事，結果甚滿意。

1939年6月27日，聯大常委會第111次會議，有一項內容是決定聘沈從文為聯大師範學院國文系副教授（編制在師範學院的國文系）。

沈從文進入聯大，不如那些留學海外、拿了碩士或博士文憑的「海龜」那樣順利。楊振聲之子楊起在〈淡泊名利　功成身退——楊振聲先生在昆明〉一文中談到，沈從文入西南聯大任教有較大阻力，當時的校委會和中文系似乎並不認可這位作家來當教授。「但是現在回眸看，確實是一步好棋。楊先生為中文系學生物色了一位好的指導習作的老

1938年沈從文在昆明。

穆旦參軍前在昆明留影。

師，使學生們很是受益。」西南聯大名流薈萃，開設的都是學術性的課，新文學的影響力還達不到大學課堂。

《楊振聲編年事輯初稿》一書中，記錄了一個小故事，可以看到當時沈從文進聯大執教阻力多麼明顯：一年暑假，在聯大就讀的楊振聲的兒子楊起到昆明東南部的陽宗海游泳，休息時，在湯池邊上的一個茶客喝茶，桌上的查良錚（即詩人穆旦）説：「沈從文這樣的人到聯大來教書，就是楊振聲這樣沒有眼光的人引薦的。」歷史已經證明，楊振聲的引薦慧眼識珠，而沈從文執教聯大也是稱職的。但在當時，查良錚的觀點代表了不少人的看法。查良錚，18歲考入清華大學外文系。1940年23歲的查良錚西南聯大畢業後留校任教。在西南聯大時期，查良錚用「穆旦」作為筆名，寫詩，和聞一多、朱自清、冰心、馮至、卞之琳等交遊。「沈從文這樣的人到聯大來教書……」寫新詩的穆旦，看不起寫小説的沈從文，有點讓人意外。

　　1943年7月，沈從文晉升為教授，校常務會議決定「改聘沈從文先生為本大學師範學院國文系教授，月薪三百六十元」。這個薪水看似不錯，但據余斌在〈西南聯大・昆明記憶〉記載，晚沈從文兩個月晉升的法商學院教授周覃被因為是英國愛丁堡大學商學士，雖比沈從文小8歲，1942年才擔任講師的，月薪是430元。

　　據1945年4月份西南聯大的薪水表記錄，沈從文當月薪金是440元，扣除所得稅11.5元，印花稅2元，實領426.5元。沈從文所領薪金為教授一檔的最低起薪。

　　以新文學為業的沈從文，儘管小說名滿天下，在西南聯大並不為人重視，有人寫小說影射他；甚至有人瞧不起他，並公開宣佈。

　　寫小說影射沈從文的是錢鍾書。美國學者金介甫為寫《沈從文傳》採訪過錢鍾書，錢說，沈從文這個人有些自卑感。錢鍾書的中篇小說《貓》影射文化藝術圈的好多名流，小說中的作家曹世昌，據說原型就是沈從文。「他在本鄉落草做過土匪，後來又吃糧當兵」，其作品給讀者野蠻的印象；「他現在名滿天下，總忘不掉小時候沒好好進過學校，還覺得那些『正途出身』者不甚瞧得起自己」。《貓》寫於1945年的上海，錢鍾書早已離開聯大，《貓》被看作《圍城》的雛形。錢鍾書1938年10月下旬到昆明，執教聯大外文系，1939年暑假離開昆明，一去不復返。錢鍾書在昆明期間，沈從文也在昆明。1939年3月30日下午，吳宓「同岱（梁宗岱）、濟（林同濟）至青雲街169宅，訪沈從文，適邀友茶敘，客有蕭乾、馮至、錢鍾書、顧憲良、傅雷等。眾肆談至7點始散。」

　　在梁實秋的印象中：「從文雖然筆下洋洋灑灑，卻不健談，見人總是低著頭羞羞答答的，說話也是細聲細氣，關於他『出身行伍』的事他從不多談。」錢鍾書在昆明這段時間和沈從文有交往，估計茶敘中，沈從文也不高談闊論，只是聽朋友聊天，儘管他是茶敘的主人。錢鍾書是何等的目光，他覺察到沈從文內心的自卑。

公開瞧不起沈從文的是劉文典，據説在討論沈從文晉升教授職稱的會議上，他勃然大怒，説：「陳寅恪才是真正的教授，他該拿四百塊錢，我該拿四十塊錢，朱自清該拿四塊錢。可我不給沈從文四毛錢！」還有一種版本，「沈從文是我的學生，他都要做教授，我豈不成了太上教授？」劉文典一向狂狷、自負，他説這樣的話，並不意外。當時聯大的一些教授以古籍、考據和國學為學術生命，對新文學和作家，並不接受。當然，劉文典不僅看不起沈從文，也瞧不起巴金，瞧不起用白話文寫作的作家。

　　劉文典最瞧不起沈從文的證據，當屬跑警報時的一段掌故。有一次跑警報，沈從文碰巧從劉文典身邊擦肩而過。劉面露不悦之色，説：「我跑是為了保存國粹，學生跑是為了保留下一代的希望，可是該死的，你幹嘛跑啊？」另一種版本中，劉文典對擦肩而過沈從文面露慍色，對同行的學生説：「我劉某人是替莊子跑警報，他替誰跑？」

　　筆者曾在《萬象》看到一個沈從文跑警報的掌故。有一次，沈從文和聯大的學生一起，躲在郊外的壕溝裏。有一位聯大的老教授，新文化運動期間反對白話文，瞧不起白話寫作，固執地用古文，一直堅持不讀任何新文學作品，當然有幾分迂腐。這位老教授恰好和沈從文在一起，聊天時，問起沈從文姓名和職業，沈靦腆地告訴對方自己是小説家，寫白話小説。老先生一聽，連説久仰、久仰，並説讀過沈的小説。這虛假的客套話，旁邊的學生聽了，掩口胡盧而笑。

　　事實上，聯大的教授待沈從文不錯，不少教授和他成為朋友。比如，與劉文典關係不錯的吳宓沒有這麼偏激，從金介甫的《沈從文傳》和《吳宓日記》中，可以得知，吳宓和沈從文在昆明結下友情，兩人頗談得來。

當沈從文晉職時，這個聞名遐邇的小説家被許多人貶為學術上的無名之徒，吳宓卻挺身而出，為他辯護：「以不懂西方語言之沈氏，其白話文竟能具西方情調，實屬難能。」別忘了吳宓在白話文興起的運動中，是竭力反對者，為此，他和梅光迪組織《學衡》，與《新青年》抗衡。吳宓能為以白話文寫小説的沈從文説這麼一番話，真是難得。

沈從文如何教書

沈從文在聯大開過三門課，「各體文習作」、「創作實習」、「中國小説史」，他上課「不用手勢，沒有任何舞臺道白式的腔調，沒有一點嘩眾取寵的江湖氣。他講得很誠懇，甚至很天真。」他不善於講課，而善於談天。汪曾祺對此印象非常深刻。在他記憶裏，沈從文教聯大學生寫作，非常敬業，這源自一顆誠摯地愛學生的心靈。

每次上課，沈從文總是夾著一大摞書走進教室，學生們從他

1931年，沈從文在青島大學任教，開設中國小説史和高級作文課。這張照片是葉公超拍攝。

手中接過仔細批改後的習作和特意為他們找的書，他們的心中就只能充滿了感動。為讓學生省點事，沈先生總是不怕自己多費神，多麻煩。他講《中國小說史》，有些資料不易找到，完全可以讓學生自己去找，作為老師，指明方向也就算盡職了。沈先生不，他自己抄，用奪金標毛筆，筷子頭大的小行書抄在雲南竹紙上，這種竹紙高一尺，長四尺，並不裁斷。抄成了，捲成卷，上課時發給學生。他上創作課是夾一摞書，上小說史時就夾了好些紙卷。學生們接過沈先生費心找來、精心抄寫的資料，內心感動之餘，又平添了幾分震動。

沈從文不善辭令，他的課，學生多因其濃重的湘西口音聽不懂，興趣漸無。倒也有個補救法，就是任由學生去寫，愛寫什麼就寫什麼。然後，他逐一認真閱讀同學們的作文，並在後面附上大段的讀後感。很多讀後感，甚至比學生的原作還要長。

日寇轟炸昆明時，沈從文全家疏散到呈貢桃園新村，每星期上課，進城兩天，文林街二十號聯大教職員宿舍有他的一間屋子。訪客來，大都是來借書、求字，看沈從文收藏的寶貝，談天。進進出出向他請教的學生非常多，有的學生向他借書，他總是慷慨應允。據汪曾祺的記憶，聯大文學院的同學，多數手裏都有一兩本沈先生的書，扉頁上用淡墨簽了「上官碧」的名字（上官碧是沈先生的筆名）。誰借了什麼書，什麼時候借的，沈先生是從來不記得的。直到聯大「復員」，有些同學的行裝裏還帶著沈先生的書，這些書也就隨之漂流到四面八方了。汪曾祺還發現，沈先生的書多而雜，除了一般的四部之書，中國現代文學、外國文學的譯本、社會學、人類學、黑格爾的《小邏輯》、佛洛伊德、亨利·詹姆斯、道教史、陶瓷史、《髹飾錄》、《糖霜譜》……兼收並蓄，五花八門。

沈從文提攜培養了不少作家，其中最典型的就是汪曾祺。沈從文在教學中，發現學生好的文章，就推薦給報刊發表。據他當年的

學生回憶：「沈從文的路子是寂寞的！他是默默地固執地走著他的寂寞的路子……只要你願意學習寫作，無時無刻不可以和沈先生接近。我當時在國內發表的文章，十之八九，都經過沈先生潤色，全篇發回來重寫也是常有的事情。」（林蒲〈沈從文先生散記〉）

1944年，沈從文致信還在美國的胡適，報告自己的工作、生活情況，還寫到在昆明的文學界、教育界朋友的近況，以及他們的創作成果。在信中，可以看出沈從文對國內腐敗政治的不滿，和對自由主義精神的嚮往。

信中寫到沈從文的小說英文譯本，即將在英美出版：「最近聯大一個英籍教授白英先生，與同學金堤先生，同譯了我二十個短篇作英文，內中計有《習作選》中一部分短篇，加上那個《邊城》，預備在英美分別出版，今年或者即可付印。」沈從文「希望先生能高興為寫個短短英文序言放在書上」。當時聯大和美國的各大學，有學術交流，沈從文的好友楊振聲已經到美國講《中國美術史》，這也激起沈從文到美國看看的想法：「我希望因此有機會到美國看看，住二三年，或自費，或在需要教『現代中國文學』的什麼學校，擔任這個部門的課。」

沈從文去美國講學的這個想法在當時沒有實現，聯大和美國各大學的學術交流，金岳霖、羅常培、馮友蘭等聯大學者都應邀去了美國，當時的名單還輪不到沈從文。他的這個願望直到八十年代初才實現，這時沈從文已經不是小說家的身份了，而是不折不扣的研究中國文物的學者，《中國古代服飾研究》，其學術價值和藝術價值之高，令人歎為觀止！

1944年，沈從文給胡適的信在末尾寫到：「我們在這裏過的是挖土種菜，磨刀生火，生活雖瑣碎，並不痛苦，但想起與生活離得相當遠的國家社會種種，卻不免難過。」想起沈從文坎坷曲折的一生，想起他的命運浮沉，「不免難過」！

魏建功昆明治藤印

　　建國後成長起來的一代代學子，都不會忘記伴隨著自己成長的
《新華字典》。我們都是從《新華字典》開始「人生識字」，誰擔
綱主編的這本《新華字典》卻鮮為人知。魏建功先生作為編纂《新
華字典》的開山人物，實在不該被遺忘。

　　魏建功（1901-1980），著名語言文字學家、教育家，現代語言學
的早期開拓者之一，也是北京大學中文系古典文獻專業的奠基人。
魏建功1901年11月7日生於江蘇如皋。1918年南通中學畢業。1925
年北京大學中文系畢業。先後任教於北京大學、中法大學、朝鮮京
城帝國大學、西南聯合大學、四川白沙女子師範學院等院校。抗日

1948年1月16日，臺灣國語推行委員會成員與教育部長
朱家驊合影。前排右二為朱家驊，前排右三為魏建功。

戰爭勝利後，他擔任臺灣省國語推行委員會主任委員兼臺灣大學中文系特約教授。

魏建功字天行，別號山鬼。魏建功所著文學作品，署名天行山鬼，係字和別號連用，顯得古怪而別致。吳曉鈴談到其師魏建功筆名的由來時寫道：他把「魏」姓拆作屈原《九歌》第九的篇名〈山鬼〉作別號，又摘第十句「路險艱兮獨後來」的末三字做書齋名「獨後來堂」，蓋自謙為後生晚輩之意，同時也寓有攀登學術高峰險艱而非輕快之意。另據汪曾祺的回憶，聯大中文系教授在蒙自時不少教授愛起齋名，如朱自清先生的齋名叫「賢於博弈齋」，魏建功先生的書齋叫「學無不暇」，最有名的是聞一多的「何妨一下樓主人」。

魏建功畢生致力於漢語的教學和研究工作，推動中國語文現代化。他在聲韻學方面有很深的造詣，撰寫的《古音系研究》和其他一些論著，在漢語言語音的研究上均佔有重要的地位。五四運動後，他在其師錢玄同的提攜下，積極參加新文化運動，並積極從事民俗學、民間歌謠和方言的搜集、整理和研究工作。1945年10月，臺灣光復後，魏建功被借調赴臺從事推行國語運動，歷時3年，使臺灣成為中國所有省份中最早普及普通話的省份。1948年10月，他在臺灣為推行國語運動做了最後一件事，即把當時設在北京的《國語小報》連人帶設備遷到臺灣，創辦了《國語日報》後旋即回京，任北京大學中文系教授。

解放後，魏建功為漢字改革和語文教育的普及作出了重大貢獻。他主持編纂的《新華字典》，是新中國成立以後影響最為廣泛和深遠的一部純正的現代漢語字典。除了編纂字典，他還主持制訂了《簡化字總表》。魏建功開始字典的籌備工作，在解放前就開始了。魏建功的公子魏至回憶說：「那時，解放大軍已經包圍了北京城，父親找來了周祖謨、吳曉鈴、張克強、金克木等幾位北大的語言學家，在圍城的炮聲中商議編字典的事。」

魏建功在語言文字方面的成就，得益於他的師承。在文字訓詁和聲韻學方面，他師承錢玄同和沈兼士，錢、沈兩位均為文字音韻學領域裏的頂尖學者，造詣極深又頗多著述。而魏建功聰穎的領悟力以及學問上大膽開拓的獨立精神，深得錢、沈兩位業師的賞識。1925年北大畢業時，由於他各科成績均列班上第一，故被沈兼士教授封為「乙丑科狀元」之稱號。

　　1937年「盧溝橋事變」後，北平淪陷，十月11月，魏建功和羅常培、鄭天挺、陳雪屏、羅庸等人結伴南行。行前與因病滯留北平的恩師錢玄同惜別時，遵師囑，為刻「錢夏」、「玄同長壽」兩方印。我們的民族自古就嚴於「夷夏之辨」，在這民族生死存亡的關頭，一枚小小的印章，一個「夏」字，凝鑄了師生兩人濃厚的師生情、熾熱的愛國志和精誠的民族魂。魏建功南行未帶家眷，妻子女兒暫留北平。離家之前，他寫了一首詩，表達他的心情：

〈廿六年居圍城三月女病猩紅熱一家顛沛忽又獨行投南將行再作〉

居危入亂皆非計，別婦離兒此獨行。
歡樂來時能有幾，艱難去路怖無名。
文章收拾餘灰爐，涕淚縱橫對甲兵。
忍痛含言一揮手，中原指日即收京。

1939年1月17日，錢玄同病逝。魏建功接到錢玄同長子秉雄的信，獲知錢師去世詳情，異常悲痛。1940年，魏建功為恩師錢玄同寫了一首悼亡詩〈哭　先師弦同先生用年字韻〉：

端居敬念憶華年，
親教此生樂最妍。

疊韻雙聲聞緒論，

敦行尚志獲因緣。

常移杖履回軒晚，（先生每至余家談至深夜始歸）

更得提撕沃澤先。

決破羅網懷意苦，

蒼茫獨立信誠堅。（二十九年四月四日北平師大同學會在昆明追悼幽
居聞訊感悲雜來然終未能彰師德於母校疚戾尤深）

魏建功寫這首詩時，所用信箋是國立編譯館稿紙，他已經被國民政
府教育部調到大學教科用書編輯委員會任編輯。這個委員會附設在
四川江津縣白沙鎮的國立編譯館內。從1938年3月到昆明，到1940
年6月別昆明，魏建功在西南聯大任教兩年，教授「韻書研究」、
「漢字形體變遷史」等課。魏建功在昆明義賣藤印，為文林留下一
段佳話。

　　魏建功在教學之餘，喜歡篆刻。其實早在北大執教時，魏建
功就和臺靜農、常維鈞等幾位愛好者成立了「圓臺印社」，並邀請
了王福庵、馬衡作為他們的指導顧問，也可謂「師出名門」了。在
昆明，魏建功就地取材，刻藤印。這靈感來自好友鄭天挺的啟發。
當時，魏建功只是在藤杖上刻字。他曾為陳寅恪刻杖銘曰「陳君
之杖，以正裘矢」。陳寅恪很喜歡，至晚年失明，一直不離此杖。
1953年，陳寅恪有〈詠黃藤手杖〉以記其事：「憶昔走滇南，黃
虬助非小。……殘廢十年身，崎嶇萬里道。長物皆棄捐，唯此尚完
好。支撐衰病軀，不作蒜頭搗。」

　　鄭天挺看到魏建功在藤杖上刻字，說：「可否斷成截來治印
呢？」魏建功如法炮製，別具情趣。魏建功也為自己開創了一件新
印材而得意，興之所至，頻頻治印送人。西南聯大的同仁和重慶
的友朋都得到他的藤印，後他將所刻的藤印還專門輯成一冊《何必

金玉印譜》，並道：「天地間堪充印材者何啻百千，富家兒持金逐玉，爭奇鬥豔，實則敗絮其中；君子安貧樂道，但得印中三昧以陶冶性情，又何必雞血田黃？」

1939年7月7日，西南聯大的教授舉辦書法義賣活動，支援抗日前線將士。魏建功刻藤印義賣，吳曉鈴在〈記天行山鬼《義賣藤印存》〉一文回憶：「方師鐸負責採購南詔白藤手杖；楊佩銘則把藤杖鋸成二寸左右的小段，然後用砂紙打磨平滑；我做『經理』，管收件和送件，同時還把刻成的藤印鈐了十份，準備裝訂成冊，名曰《義賣藤印存》，再行義賣九冊，自留一冊存念。不想竟被郵局全部幹沒，賣給光華街的一個舊書店了。唐立廠（音庵）（唐蘭）師發現之後，告訴了楊今甫（振聲）先生去買了一部。等到我們聽說，想去收回，又不想書賈以為奇貨可居，不賣。最後，我把自存的一部孤本送給了天行師。」

1945年11月，碩果僅存的一部《義賣藤印存》由魏建功作序文，詳細記述了義賣活動的經過。義賣所得「二百二十六元，送昆明《益世報》轉中條山雷鳴遠神甫贈其所送義勇軍」。魏建功在所作藤印初拓印樣上題寫「聊以永日，不愧蒼天」八字。1947年，在臺灣推行國語運動的魏建功為招聘「國語推行員」回北平，帶著《義賣藤印存》，請文友題簽。張伯駒提筆在《義賣藤印存》上題寫七絕兩首：

> 不須砍作邛州竹，直為摹成漢殿磚。
> 鈐入丹青畫圖裏，蒼茫猶帶五溪煙。
>
> 那堪揮淚看山河，腥雨中條戰血多。
> 卻負流人風義事，鬩牆今又起干戈。

沈兼士為之題七律一首，有句云：「憔悴行吟客，遐荒振鐸人。」鄭天挺為之贊：「其神清，其鋒利，貞固其操，溫其懿，君子佩之，勁以勵其志。」

上世紀八十年代，著名女作家冰心老人還對吳曉鈴提及藤印章，稱讚魏建功先生治印「不拘一體，富於書卷氣」。冰心老人晚年應約作文，上面鈐蓋的冰心二字印文章，就是建功先生當年義賣時為冰心刻的藤印章。冰心花兩元錢買到這個藤印章，是從當年吳曉鈴這個「經理」手中買到的。吳曉鈴在昆明請魏建功刻了一方「吳二作曲」，他一直用到晚年。

「文革」後期，馮友蘭、周一良、魏建功等幾位教授被點名進入了「四人幫」直接領導的「梁效」寫作班子當顧問，專門注釋「孔孟」及「法家著作」等文史工作。

為此，晚年的魏先生鬱鬱寡歡，承受了政治和健康上的極大壓力，於1980年逝世。在魏老的追悼會上，老友王西徵撰寫的

張伯駒為魏建功藤印題詞。

一副輓聯引起了世人的關注，聯曰：「大千界桃李芬芳，講壇由來多花雨；五十年風雲變幻，老友畢竟是書生。」

這最後一句「畢竟是書生」，則體現了友人對他這樣一位文人學者的理解與同情。後來，同為「梁效」成員的著名史學家周一良，也用「畢竟是書生」，作為自己回憶錄的書名。

陳夢家和趙蘿蕤在昆明

七七事變之後，陳夢家與趙蘿蕤離平南下，住在浙江德清縣岳父家。1937年11月，長沙臨時大學開學，當時清華大學國文系教授到者少。長沙臨時大學開學之前陳夢家接到電報，召他去教文字學。

1938年10月30日，陳夢家在昆明致信胡適，提到自己一年來的行蹤和著述：

> （去年長沙臨大）文學院在衡山開課，又與內子同住衡山一茅廬，後有峭壁清泉，前有楮樹如林，茅屋築於一絕徑的山沖上，風景甚佳，伏處其中，溫讀從前所不能整讀的書籍，除了寫文字學講義外，成《先秦的天道性命》一書。此書以商卜辭中所見的自然崇拜為始，追溯古代關於天道天命種種的

陳夢家（左）、趙蘿蕤（中）、趙景德（右）。

來源和看法。南嶽三月，又因學校遷滇，從海道過安南而抵昆明，文法學院在蒙自，又去蒙自。小城生活簡易，南湖而外，無處可遊，所以也能多多看書，把老子思想來源和《老子》一書其自身的思想系統，略為考究一下，成《老子考釋》。

從錢穆的《八十憶雙親·師友雜憶》可知，在蒙自時，陳夢家和錢穆散步論學，促成了錢穆寫作《國史大綱》。陳夢家夫婦二人喜與錢穆遊，「常相過從」，並時時與之論學。一夕，兩人在錢穆居室近旁一個曠地上散步，陳夢家力勸錢穆為中國通史寫一教科書。錢穆答以材料太多，所知有限，他日當仿效趙甌北（翼）《廿二史劄記》體裁，就其所知各撰長篇論之。陳夢家不以為然，認為「此乃先生為一己學術地位計，有志治史學者，當受益不淺。但先生未為全國大學青年計，亦未為時代急迫需要計。先成一教科書，國內受益者其數豈可衡量」。又一夕散步，陳夢家再提此事，錢穆以流亡播遷中寫作不易，他日平安返故都乃試為之作答。陳氏又力勸，「此話不然。如平安返故都，先生興趣廣，門路多，到那時不知又有幾許題材湧上心頭，哪肯盡拋卻來寫一教科書。今日只就平日課堂所講，隨筆書寫，豈不駕輕就熟，讀者亦受益。」錢穆聽從了陳夢家的建議。1938年暑假，錢穆在宜良開始寫作《國史大綱》。

陳夢家到昆明後，「暑中讀容希白改編的《金文編》曬藍本，把金文全部看了一遍。現在著手整理《甲骨文編》，重加考訂，擬將甲、金兩編附以《說文》小篆，不案《說文》十四卷的分類，而以形體為主，依類分系如譜系，作成一表，可由古文字之形以定形聲」。

陳夢家。

陳夢家和馮友蘭、湯用彤、金岳霖等聯大學者一樣，在戰時顛沛流離之中，潛心治學，有多部專著問世。在西南聯大，陳夢家教文字學和卜辭研究等課程。

許淵沖在〈續憶逝水年華〉中提到一段陳夢家講《論語》的神情：

> 陳夢家先生講《論語‧言志篇》，講到「莫春者，春服既成，冠者五六人，童子六七人，浴於沂，風乎舞雩，詠而歸」。他揮動雙臂，長袍寬袖，有飄飄欲仙之慨，使我們知道了孔子還有熱愛自由生活的一面。

在陳夢家講《論語》課間，許淵沖回憶起當年有關《論語》的一個掌故，讓今人領略到彼時學人的情趣：

> 有一個中文系同學開玩笑地問我：「孔門弟子七十二賢人，有幾個結了婚？」我不知道，他就自己回答說：「冠者五六人，五六得三十，三十個賢人結了婚；童子六七人，六七四十二，四十二個沒結婚；三十加四十二，正好七十二個賢人，《論語》都說過了。」「五六」二字一般指「五或六」，有時也可指「五乘

六」，從科學觀點看，這太含糊；從藝術觀點看，這卻成了諧趣。

日寇空襲頻繁，陳夢家趙蘿蕤夫婦疏散到龍頭村附近的桃園村。古琴專家查阜西在昆明任職歐亞航空公司秘書室主任，疏散到龍頭村附近棕皮營。老舍來昆明期間，曾聽查阜西奏大琴。1949年後，查阜西任中國音樂家協會副主席、中央音樂學院民族器樂系主任和北京古琴研究會會長等職。趙蘿蕤少時接受的是西式教育，學習英語和鋼琴，愛好音樂，早年就讀燕京大學英語系，研究英美文學。嚶其鳴矣、求其友聲。因和查阜西的住所近，趙蘿蕤在龍頭村跟查阜西學古琴。

胡適時任駐美大使，陳夢家在致胡適的信中，談到自己想到美國深造，請求胡適提供幫助：「在過去，先生於我的愛護提攜，使我銘刻不忘；而我今日想到出國深造，以有惟一可以求托者，只有先生一人而已。我想先生必能瞭解我的渴望，而予以同

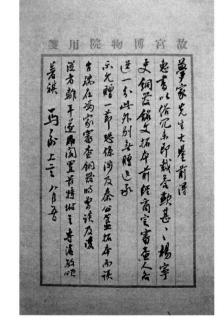

馬衡致陳夢家信。

情援助。我的希望，最好能在哈佛讀書。我今雖受聘於清華，而燕京尚保留我的事，故若入哈佛，我可因哈佛燕京學社之關係而稍得便利。如哈佛不行，則Yale亦甚合宜。我希望能得一筆獎學金，以便專心讀書，否則一半做事，一半有獎學金也可以。所做之事最相宜者為博物院、圖書館（藏有中國器物書籍需人整理考證者），或漢文教員或其他。」

陳夢家的信中寫到了夫人趙蘿蕤，由於夫婦不同校的規定，她就只好成為一個燒鍋時腿上放著一本英文書的家庭主婦。如果能去美國深造，陳夢家想偕夫人一起赴美。

> 她（名趙蘿蕤Chao Lo Jui）從燕京西洋文學系畢業，即入清華研究院，凡四年，所受的教育比我徹底得多，自幼即有系統的讀書。在大學研究院時代，即深入英法文學，幾大家均統讀其全集。所以她的文學造詣，不知比我高出多少。她對於中國文學，亦涉獵很深，也常寫新詩。我不欲因她是我的妻故，而故意誇說，然她之西洋文學造詣，實在很高。可惜她以一女子的原因，雖有所作，不欲發表，除讀書外，鬱鬱不能伸其素志。二三年前，她同時攻讀英美語言學，現從羅莘田先生遊，受其指導。果若我們能一同遊美，則她甚願於文學之外，兼習語言學。不然，以她的英語，或可兼一點職業，以便同時入學讀書。

陳夢家想到美國深造的願望一直到1944年才實現，由美國哈佛大學費正清教授和清華大學金岳霖教授介紹，他到美國芝加哥大學講授中國古文字學。隨後，趙蘿蕤也到了美國，入芝加哥大學學英美文學。

歷史系教授

「教授中的教授」陳寅恪

陳寅恪教授為曠代大師，先就讀於美國哈佛大學，又至德國柏林大學和法國巴黎大學研究，終身無任何學位，若無吳宓和梁啟超的鼎力推薦，他就不會順利地任教清華國學研究院，清華國學研究院四大導師也就無從説起了。他不但能背誦十三經之大部分，對每一字均求其正解，而且精通梵文、巴利文，也曾學過蒙文、藏文、滿文、波斯文、西夏文及土耳其文，當然英、法、德、日，再加上拉丁、希臘文全精。陳寅恪真是無所不通。昔仲尼博學無所成名，而陳氏博學的重點則在於史。陳寅恪在西南聯

陳寅恪。

大是歷史系和中文系合聘，在歷史系開課「晉南北朝史」、「隋唐史」和「梵文」，在中文系開課作家研究之「白居易」。

陳寅恪的記憶力超強，讀書過目不忘。廣聞博記，聯大的學者，只有錢鍾書可以和他相提並論。哲學家金岳霖也非常佩服陳寅恪：「寅恪先生的學問我不懂。看來確實淵博得很。有一天我到他那裏去，有一個學生來找他，問一個材料。他說：「你到圖書館去借某一本書，翻到某一頁，那一頁的頁底有一個注，注裏把所有你需要的材料都列舉出來了，你把它抄下，按照線索去找其餘的材料。」

陳寅恪上課，全講自己的研究成果。史學家李埏回憶，當年陳寅恪在西南聯大講授隋唐史，開講前開宗明義：「前人講過的，我不講；近人講過的，我不講；外國人講過的，我不講；我自己過去講過的，也不講。現在只講未曾有人講過的。」陳寅恪常人難以企及的大師風格，當然不僅體現在「四不講」上。許淵沖將西南聯大和美國的哈佛大學比較，認為哈佛大學也沒有像陳寅恪先生這樣「四不講」的教授。

1939年10月27日，外文系學生許淵沖在昆中北院一號教室旁聽過陳先生講《南北朝隋唐史研究》。許淵沖記錄了陳先生課堂幽默、風趣的一面。

他閉著眼睛，一隻手放在椅背上，另一隻手放在膝頭，不時發出笑聲。他說研究生提問不可太幼稚，如：「獅子頷下鈴誰解得？」解鈴當然還是繫鈴人了（笑聲）。問題也不可以太大，如兩個和尚望著「孤帆遠影」，一個說帆在動，另一個說是心在動，心如不動，如何知道帆動（笑聲）？心動帆動之爭問題就太大了。問題要提得精，要注意承上啟下的關鍵，

如研究隋唐史要注意楊貴妃的問題，因為「玉顏自古關興廢」嘛。

1943年冬天，陳寅恪先生在燕京大學任教，為中文系開課「元白詩」。第一課講《長恨歌》，首先講楊玉環是否以處女入宮。當時，有名的話劇導演孟斧也在成都，聞聽陳先生的大名，他也想去旁聽，唐振常告訴孟，陳先生這節課講的內容是楊貴妃入宮時是否為處女的問題，孟聽後覺得無聊，遂作罷。其實，陳寅恪是以這個問題為切入點，抽絲剝繭，循環深入，最終帶出的，是唐代婚姻制度的嚴肅課題。陳寅恪先生治歷史，從大處著眼，從小處入手，以詩證史，史詩互證，在史實中發現史識，影響了幾代學人。

西南聯大時期，陳寅恪先生授課是怎樣的裝束和神采？在李鍾湘的記憶中：「貂皮帽、衣狐裘、圍圍巾、手提藍布小包袱，坐在南區小教室裏，有時微笑，有時瞑目，旁徵博引，滔滔不絕。同學如坐白鹿洞中，教室雖無絳帳，卻也如沐春風。」

陳寅恪先生在成都任教燕京大學時，唐振常親炙先生授課風采，他寫道：「時先生右目早於抗戰初期時失明，走路略感吃力。穿長袍馬褂，手拿黑布包袱，包著書本、講義，另手拿著一瓶冷開水，步入教室，入座即開講，了無閒言。助教容媛女士（容庚先生之妹）隨其後，先生坐定，容女士亦入後座。……先生一面講，一面寫黑板，不時喝水。」

陳寅恪先生在課堂上，只管自己講述，很少和學生交流。有一次，講元稹的〈悼亡詩〉，講到「唯將終夜長開眼，報答平生未展眉」句。忽然提問學生，問坐在前排的唐振常：「為什麼說『長開眼』？」唐瞠目結舌，無以言對。陳先生又問了幾個學生，皆不能回答。陳先生從「鰥魚眼長開」講起，說明元稹將不再娶。

1947年，王力和陳寅恪在嶺南大學陳家門前。

聯大總教務長鄭天挺說陳寅恪是「教授中的教授」，是因為他的課常有聯大的教授聽講。陳寅恪每次上課，教室裏都座無虛席，滿滿當當的一半是學生，一半是慕名而來的老師。朱自清、馮友蘭、吳宓這樣的名教授曾一堂不漏地聽他上課。任繼愈在〈抗戰時期西南聯大散記〉中寫道：陳寅恪講「佛典翻譯文學」，中文系、歷史系、哲學系的助教、講師多來聽課，本科生反倒不多。教授聽教授的課程，這在聯大的課堂，是常見的場景，可見教授之間互相取經的學風。沈有鼎為哲學系開《周易》課，聽講只有三五個學生，聞一多也雜坐在學生中聽講。鄭昕開「康德哲學」課，數學系教授程毓准也來聽課。

陳寅恪先生在成都時，聽他講課的照樣是大學者。陳寅恪在華西大學講授的課目中有白居易的詩歌。在他授課時，林山腴先生也前往聽講。已為人師的著名學者程千帆、沈祖棻夫婦也曾坐在講堂之下。林山腴是著名詩人和文學家，他和陳寅恪的父親陳三立先生是詩友，當陳寅恪看到學生座中有林山腴，為之瞿然，對人說「山公厚我勵我，真我良師也」。

陳寅恪先生的右眼抗戰初期已失明。1944年冬，陳寅恪的唐代三稿中的最後一篇《元白詩箋證稿》完成了。一天早上，他起

床後痛苦地發現：他的左眼也看不清了。他在成都的醫院做了眼科手術，手術沒有成功。半年後二戰結束，牛津大學請他赴倫敦治療眼疾，數月奔波，他的雙目還是沒能復明。

遠在美國的胡適把西方醫生的最後診斷結果寫信告知陳寅恪。他在當天的日記中寫道：「我寫此信，很覺悲哀。」

「天其廢我是耶非？」目盲後，陳寅恪先生曾這樣無奈地哀歎。在學生們的記憶裏，過去陳寅恪上課講到深處，會長時間緊閉雙眼，但他盲後，永遠睜大著眼睛講課，目光如炬。

陳寅恪先生研究歷史的方法之一是以詩證史，以詩釋史。他流落西南時，寫了不少舊體詩，成為那段歷史的證據。在中國的詩論中，有一種說法：「國家不幸詩家幸」。抗戰時期，「殘剩山河行旅倦，亂離骨肉病愁多」。陳寅恪流落西南，飽受顛沛流離之苦，以致目盲，但他對此說不以為然，他在給傅斯年的信中說：「古人云，詩窮而後工。此精神勝過物質之說，弟有志而未逮者也。」「古人謂，著述窮而後工，徒欺人耳。」透過這些話，我們更能認識一位真實如常人的一代宗師。俞大維談到陳寅恪先生的對古詩的見解說：「寅恪先生佩服陶、杜，他雖好李白及李義山詩，但不認為是上品。如果寅恪先生重寫詩品，太白與義山詩，恐將被列為二等了。他特別喜好平民化的詩，故最推崇白香山。」

抗戰期間，陳寅恪輾轉昆明、香港、成都，加上戰爭時局並不明朗，他的心情悲觀。抗戰勝利，他認為是「抗戰慘勝」。1946年12月，《京滬週刊》第1卷第48期刊登先生一首七律〈憶松門別墅故居〉：

> 渺渺鐘聲出遠方，依依林影萬鴉藏。
> 一生負氣成今日，四海無人對夕陽。
> 破碎山河迎勝利，殘餘歲月送淒涼。

松門松菊何年夢，
且認他鄉作故鄉。

抗戰勝利雖然送走了淒涼，但他的雙眼
徹底失去了光明。這詩令人低徊哦吟，
傷感繚繞，依然不散。

鄭所長鄭天挺

鄭天挺。

　　1938年的春節，長沙，北大的一些
教授，22個，一起過春節。當時除了蔣
夢麟是帶著夫人去的之外，只有江澤涵
先生是攜兒攜夫人，其他的都是單身。

　　歲末年初，百感交集的鄭天挺在
他的日記中這樣寫道：「非此離亂之
際，除夕不能有此盛會。余自有生以來
未嘗在客中度歲，元旦不祭祖者思之惶
惶。」這一年，國事、校事之外，鄭天
挺的家事遭受了大變故。離開北平前，
他將五個失去母親的孩子託付給尚未成
家的弟弟，大的12歲，小的只有3歲。

　　1938年3月初，聯大由於學校校舍不
足，蔣夢麟先到蒙自視察校舍，回來後
即在四川旅行社開會，與會者蔣夢麟、
張伯苓、周炳琳、施嘉煬、吳有訓、秦
瓚及鄭天挺。會上決定：文法學院設蒙
自，理工學院設昆明，由北大、清華、

南開各派一人到蒙自籌設分校。清華王明之，南開楊石先，北大是鄭天挺。籌備完竣，鄭天挺就留在史學系教課並負責蒙自的北大辦事處。

陳寅恪先生到蒙自稍晚，未帶家屬。陳寅恪經常與鄭天挺等學者一起散步，有時至軍山，有時在住地附近。還一起去過蒙自中學參觀圖書，到黑龍潭遊玩。鄭天挺在〈聯大八年〉寫到他與陳寅恪是世交：「寅恪先生系中外著名學者，長我9歲，是我們的師長。其父陳三立先生與先父相識。三立先生曾為我書寫『史宦』之橫幅，我鄭重掛於屋中。抗戰不久，因北平淪陷，先生乃憂憤絕食而死，終年85歲。」

鄭天挺在蒙自仍在歷史系講授隋唐五代史。〈聯大八年〉寫到學者漫步蒙自的場景，穿過歷史的煙雲，我們可以清晰的看到：「當時北大史學系教授僅姚從吾、錢穆及我三人。史學系師生集會，多選擇在風景如畫的菘島舉行。是年5月，史學系師生茶話會，紀念孟森先生。是日大雨，姚張傘走在前，錢戴笠繼之後，我亦張傘沿堤緩行。四顧無人，別饒野趣，猶如畫中人。除菘島外，尚有軍山，亦是飯後散步之所在。其地較菘島尤靜，青嶺四合，花柳繞堤。不意邊陲有此曼妙山川。」

在聯大期間，有些教授除了教學工作外，還無償地擔任了繁重的行政工作。比如，鄭天挺先生除講授《明清史》等課程，並繼續進行清史研究，完成並出版了《清史探微》等重要著作以外，還擔任北大的秘書長和文科研究所副所長。由於北大校長蔣夢麟和文科研究所所長傅斯年長期住在重慶，北大和文科所的事務實際上由鄭主持。

1939年5月底聯大決定由各校分別恢復研究所，北大恢復文科研究所，由傅斯年主持。當時北大文科研究所的導師，有陳寅恪、向達、姚從吾、鄭天挺（字毅生）、羅常培（字莘田）、羅庸、楊振

聲、湯用彤、賀麟、傅斯年等。研究生有任繼愈、汪籛、楊之玖、王永興、王玉哲、閻文儒等20人。

師生們共租了一幢三層樓的宿舍，在昆明靛花巷3號。以後由於市區連遭日機轟炸，北大文科研究所遷往昆明北郊龍泉鎮（俗稱龍頭村）外寶臺山響應寺，距城二十餘里，是個寧靜優美的僻鄉。據任繼愈先生的文章記錄，師生們同灶吃飯，分在兩個餐廳，因為房間小，一間屋擺不開兩張飯桌。師生天天見面，朝夕相處。鄭天挺擔任文科研究所副所長（正所長是傅斯年先生，後來兼任中央研究院總幹事，常駐重慶）。羅莘田先生戲稱大家過著古代書院生活，鄭先生是書院的「山長」。當時的周法高是羅先生的研究生，周戲編了一幅對聯：

> 鄭所長，副所長，傅所長，鄭所長，正副所長；
> 甄寶玉，假寶玉，賈寶玉，真寶玉，真假寶玉。

對仗不大工穩，在同學中流傳，後來傳到羅先生耳中，把周法高叫來，要他把心思用在正道上，不要逞歪才。（任繼愈〈北大文科研究所師生生活雜憶──紀念羅莘田先生誕辰100周年〉）

筆者查閱了周法高〈記昆明北大研究所〉一文，發現任繼愈的上述記憶細節有可能不準確。這幅對聯不是周法高所作，是周的同門師兄劉念和作的。周法高和劉念和都師從羅常培學漢語歷史音韻。周的這篇文章不僅寫到鄭天挺、羅常培等文科研究所的各位導師，也寫到各位研究生。在周的記憶中：「他（劉念和）有四川人擺龍門陣的本事，談起話來滔滔不絕；不過，他似乎缺少恒心和耐心，所以沒有什麼大的著作發表。不過他還是相當富有機智的，前述『傅所長是正所長』的對子，就是他想出來的，頗為膾炙人

口。」周法高文章中的對聯和任繼愈的文章中也有微小差別，周的記錄是這樣：

> 傅所長是正所長，鄭所長是副所長，正副所長；
> 賈寶玉乃真寶玉，甄寶玉乃假寶玉，真假寶玉。

沒有看到文章記錄鄭天挺聽到這幅對聯後的反應，估計會莞爾一笑，一笑了之。

1939年8月，鄭天挺四十周歲。從他〈五十自述〉文中可以得知他此時的心情：「深感三十年來百無一成，徒賴師友獎掖致僭清位，遂作詩一首以為紀念。」詩曰：

> 讀書學劍兩無成，浪得浮生才士名。
> 四十已來應不惑，好從中道覓中行。

1940年初，聯大總務長沈履辭職，清華梅貽琦、沈履等人推薦鄭天挺繼任。一心做學問的鄭天挺為何出任聯大的總務長一職。他道出了其中的情狀：

> 1940年，西南聯大總務長沈履去川大離校，清華梅貽琦諸人推薦由我繼任，讓湯用彤來探詢我意。我表示還是專心教書，致力研究明清史，行政事絕不就，湯亦以為然。羅常培也勸我不就，更堅定了我的決心。但聯大常委會議悄然通過，聘書已送來。梅多次找我，我盡力躲避。校方領導黃子堅、查良釗、馮友蘭、楊振聲諸人也來勸駕，且有「斯人不出，如蒼生何」之語。我雖多次上書，希望專事學問，事情往返周旋多次，仍然無效。北大的領導又以照顧三校關係為

由，力促上任，於是在是年二月，遂應允應職。（鄭天挺〈聯大八年〉）

1943年春天，董式珪由北平到昆明後，經轉學考試，入西南聯合大學讀經濟系。每逢週末，總要到青雲街靛花巷西南聯大單身教授宿舍看望鄭、羅二位先生。在他的記憶中，那是一幢舊式的兩層小樓，鄭先生和羅先生同住樓上，和他們同住樓上的還有北大外語系袁家驊教授、外籍德文教授米士先生。樓下住的是任繼愈和他的同窗韓裕文。抗戰勝利後韓未隨北大復校回北平，而是去了美國，後病故在異國他鄉。樓下住的還有南開大學數學系劉晉年教授。那時鄭、羅二先生的生活很清苦，樓下有個小食堂，吃的是粗茶淡飯，隔幾天上街「打牙祭」，也就是吃碗排骨面。穿的是布料長衫，布底圓口便鞋。（董式珪〈往事如煙——憶羅常培與鄭天挺〉）

1943年夏天，鄭天挺的長女鄭雯由北平遠道來昆明讀大學，走到洛陽被困，於是，鄭天挺向獨立出版社盧逮曾借了一些錢，郵寄給女兒做路費。鄭天挺的《清史探微》一書的出版，就是為了償還這筆債務。1946年7月12日，鄭雯在上完西南聯大外文系三年後，於北上復校途中因飛機失事死於濟南，時年二十三歲。而此前，鄭天挺於抗張勝利後，準備北上回北平接收北京大學，1945年9月初，鄭天挺到達重慶，由於交通工具異常緊張，光等候飛機就等了一個多月，11月3日到達北平。一個令他萬分悲痛的消息傳來，抗戰中他的弟弟鄭少丹於1945年春天病逝。鄭天挺自幼失怙，6歲時父親鄭叔忱去世，7歲時母親陸嘉坤去世，他和弟弟鄭少丹相依為命，靠親戚撫養長大。1937年11月，鄭天挺將家中的五個幼兒託付給弟弟去長沙。抗戰期間，弟弟為了照顧鄭天挺的五個兒女，雖年已四十，卻始終未結婚。抗戰期間，妻離子散，兄弟不相見，不少家

庭發生了這樣的悲劇。鄭天挺的家庭變故是聯大學者生存狀況的一個縮影。

值得一提的是，鄭天挺除了做學問，是著名的清史專家，他一直是北京大學的秘書長，直至1949年。1952年，全國高等院校院系調整，鄭天挺被調至天津南開大學。鄭天挺終老南開，1981年12月20日病逝天津。

良師錢穆講國史

如果有人問筆者，如果真能穿越歷史，你最想聽西南聯大哪位教授的課。筆者會毫不猶豫地選擇，錢穆先生講國史。司馬遷著《孔子世家》，對孔子仰慕「高山仰止，景行行止」，又說「雖不能至，然心嚮往之」。後人對西南聯大的教授，也是如此景仰。

錢穆講國史，在抗戰之前，已經名滿京華，是北大最叫座的課程之一。在北大歷史系讀書的何茲全回憶道：「錢先生講課，很有聲勢，也很有特點。雖然

錢穆。

一口無錫方言，不怎麼好懂，但吸引人。我聽過他的先秦史、秦漢史。他講先秦史，倒著講，先講戰國，再往上講春秋、西周。我聽他一年課，戰國講完，也就到學年結束了。他講課講到得意處，像和人爭論問題一樣，高聲辯論，面紅耳赤，在講臺上龍行虎步，走來走去，這頭走到那頭，那頭走到這頭。」

「一口無錫方言，不怎麼好懂」，何茲全提到的，在李賦寧的記憶中，也能得到印證：「1937年11月初，我隨吳宓先生和湯用彤先生自長沙赴南嶽。湯先生和吳先生是清華學堂和美國哈佛大學兩度同學。加上陳寅恪先生，他們三人當年曾被稱為中國留美學生中的『哈佛三傑』。在南嶽山上，我有幸聽到北大歷史系教授錢穆先生的講課。有一次錢先生講宋朝農民運動時提到農民中有『吃菜侍魔』的口號，類似李自成在陝北起義時提出的『迎闖王、不納糧』口號。錢先生用很重的無錫口音念出『吃菜侍魔』四個字，我好不容易才聽懂，至今記憶猶新。」

在蒙自時，趙瑞蕻懷著極大的興趣去聽錢穆先生的《中國通史》課，那時他四十三歲，正是盛年，精力充沛，高聲講課，史實既熟悉又任意評論，有獨特的見解；説到有趣的事，時不時地朗朗發笑。憑藉趙瑞蕻的記憶，我們好像聽到錢穆穿越時空的講課聲：

> 我記得他說《論語》「有朋自遠方來，不亦樂乎！」一句裏的「朋」不是一般所說的朋友，而是指孔門七十二弟子。一個人的學問有弟子來切磋，那多好。學問本來是集體的，是共同事業。所以古人說「獨學而無友，則孤陋而寡聞」，孔子就是看待學生如朋友一樣。古代稱學生為弟子很有道理。還有，老師去世了，孔子，宋代的朱熹，明代的王陽明死了，主持喪事的人，都是學生，家裏人倒反跟在後頭。這都是咱們中國文化的優良傳統。

錢穆在北大講授通史4年，內容極為熟悉。在聯大兩年的通史教學中，他講課認真，一絲不苟，有高度的責任感，講課時感情極為投入。時日寇入侵，山河破碎，國難方殷，民族存亡之際，錢穆的通史課不僅大大增加了人們對國史的知識和興趣，而且也強化了愛國主義思想和民族自信心，給人們以極大的鼓舞，「兩個小時的課，自始至終，人們都摒息而聽，以致偌大一個教室，人擠得滿滿的，卻好像闃無一人似的」。當年在西南聯大聽過錢穆通史課的何兆武先生回憶道：

> 當時教中國通史的是錢穆先生，《國史大綱》就是他的講稿。和其他大多數老師不同，錢先生講課總是充滿了感情，往往慷慨激越，聽者為之動容。據說上個世紀末特賴齊克（Treischke）在柏林大學講授歷史，經常吸引大量的聽眾，對德國民族主義熱情的高漲，起了很大的鼓舞作用。我的想像裏，或許錢先生講課庶幾近之。據說抗戰前，錢先生和胡適、陶希聖在北大講課都是吸引了大批聽眾的，雖然這個盛況我因尚是個中學生，未能目睹。錢先生講史有他自己的一套理論體系，加之以他所特有的激情，常常確實是很動人的。

錢穆對中國民族文化有精闢的認識和深厚的感情，因而主張民族文化決定歷史的進程。「因為他學力、才氣兼備，加以擅長講演，又富於民族感情，所以他在北京大學講中國通史，據說極一時之盛。」著名史學家嚴耕望對其師錢穆的通史講授也推崇備至，他在〈錢賓四先生和我〉文中説：「錢穆先生正當四十餘歲的盛年，精力充沛，驅之以民族感情，發之為鋒利講辭，其能動人心弦，激發青年愛國情操，可以想見。」

因此，當錢穆在昆明聯大講國史時，其他大學的學生、中學教師以及社會上有志於史的人，皆來旁聽，「爭坐滿室」。如此盛景，也就不足為奇了——錢穆走上講臺，需得從學生課桌上踏桌而過，足見當時聽課的人數之眾。

良史錢穆著史綱

1937年北平淪陷後，長沙臨時大學組建的消息逐漸明朗，留在北平的北大教授36人，除馬幼漁、孟心史、周作人等人外，其餘決定分批南下。北大老教授孟心史憂憤成疾，住進北平協和醫院。錢穆到醫院看望老友後，將歷年講授中國通史增刪積成的五六厚冊筆記裝入衣箱底層夾縫，在雙十節過後，與湯用彤、賀麟同行南下。三人先到天津，與吳宓及陳寅恪夫婦相遇。吳宓、陳寅恪陸行，錢穆三人則乘海船取道香港，然後由香港轉湖南，至長沙臨時大學。

文學院設在南嶽衡山山腰聖經書院舊址。唐宋以來，韓愈、李泌、李白、杜甫、柳宗元、劉禹錫、自居易、朱熹、張栻、黃庭

歷史系教授鄭天挺、姚從吾、錢穆與畢業生合影。

堅、范成大、魏源、王夫之等人遊覽於此，留下了不少的讚美之辭。錢穆喜遊歷，與同事、學生結隊同遊，或一人獨遊，遍覽了衡山勝景。錢穆在南嶽，「常日盡在遊山中」，多次登上祝融峰遠眺四周勝景。當錢穆獨自登臨祝融峰，是不是會想起宋人黃庭堅「上觀碧落星辰邇，下視紅塵世界遙」的名句。

臨時大學奉遷昆明，學校決議學生結隊步行，由陸道赴滇。因錢穆身體強壯健行，推為陸行隊長。錢穆因慕桂林山水，辭陸行隊長之職，改由聞一多擔任，自己則加入赴廣西一隊。

1938年4月，錢穆赴蒙自為學生講授國史。至此，半年多的輾轉流徙，方告結束。他後來在《國史大綱・書成自記》中對這一段輾轉流徙的經歷有這樣一段敘說：

> （民國）二十六年秋（1937），盧溝橋倭難猝發，學校南遷，余藏平日講通史筆記底稿數冊於衣箱內，挾以俱行。取道香港，轉長沙，至南嶽。又隨校遷滇，路出廣西，借道越南，至昆明。文學院暫設蒙自，至是輾轉流徙，稍得停蹤，則二十七年（1938）之四月也。自念萬里逃生，無所靖獻，復為諸生講國史，倍增感慨。

當時錢穆在聯大講授中國通史，因學校在播遷流離之餘，圖書無多，所以講授全憑口耳。而學生縱有興發，卻苦於課外無書可讀，不能深入研究。有感於此，再聽陳夢家二夕勸說，於是改變初衷，決定撰寫一本為時代所需要的新通史。

1938年5月，錢穆開始動筆著《國史大綱》。暑期，文學院遷往昆明，錢穆因稿未畢，滯留蒙自，繼續撰寫。因所居與航空學校相鄰，敵機多次前來轟炸，空襲警報頻頻傳來。為保護書稿，他每天

清晨抱此書稿出曠野，「逾午乃返，大以為苦」。於是轉地宜良，
續寫《國史大綱》。

宜良在昆明東南，距昆明約70餘公里，為雲南山水勝地，瀑布
山洞石林諸勝，美不盡言。通過一友人相助，在宜良借得西郊北山
岩泉下寺原為當地縣長的一棟別墅小樓。於是居宜良，閉門撰述。

除了去昆明講國史的時間，錢穆就住在宜良。他還介紹姚從吾
夫婦、北大一哲學系教師（鄭昕）兩家來宜良居住。寒假時，湯用彤
偕陳寅恪同來宜良，在小樓裏住了一夜。他們在院中的石橋上臨池
坐著閒談。陳寅恪說：「如此寂靜的環境，真是千載難逢，兄在此
寫作真是一大佳事。不過，要是我一個人住在這裏，非得神經病不
可。」錢穆說：「我即使在裏幽居一生，也心甘情願。」陳寅恪又
說：「兄如此能耐寂寞，真幽人也。」（馬嘶《學人往事》）

錢穆的《師友雜記》中寫到這一段的生活，多白描細節，極具
情味和意趣。錢穆覓得一傭人張媽，為他買菜做飯洗衣。一天，錢
穆午餐食雞，出門見寺方丈大嚼雞腿。錢穆好奇，不禁問方丈為何
吃雞腿，方丈說，不吃雞腿吃什麼。原來，張媽還是這個寺廟的廚
師。錢穆在寫作間隙，賞花，飲茶，登山。在戰爭的大後方，過了
一段神仙一般的日子：

> 院子有一白蘭花樹，極高大，春節花開清香四溢。道士採摘
> 去赴火車站，有人販賣去昆明。張媽以瓶插花置余書桌上，
> 其味濃郁醉人。樓下階前流泉，圍砌兩小潭蓄之。潭徑皆
> 兩尺許，清泉映白瓷，瑩潔可愛。張媽以中晚兩餐蔬菜浸其
> 中，臨時取用，味更鮮美。

錢穆在岩泉下寺，除早晚散步，飽覽宜良山水外，盡日在樓上埋首
寫作，入夜則看《清史稿》數卷，才入睡。他每週去昆明講課3日，

周日下午返寺後，攜《陶淵明詩》一冊，一路吟誦，去寺東8里的溫泉浴。「陶詩一冊，反覆朗誦，盡興始去」。星期日下午不能去，則改為星期一上午去，晌午方離，轉到宜良縣城進午飯（溫泉距城約8里路），然後至縣立中學訪其校長，向縣中圖書館借閱二十五史、十通等書，「每週來更換」。錢穆後半年居岩泉上寺，寺有池石之勝，風景尤佳。錢穆心情愉快，「盡日操筆」。

《國史大綱》這部名著終於在1939年6月完成。印永清編《錢穆印象》一書中有記載：「《國史大綱》剛完成，浦江清來訪，有詩一首：〈宜良訪賓四、宿岩泉寺：一九三九年春遊路南回〉。」這首詩寫道：

> 信宿岩泉寺，冷然謝俗氛。
> 耳傾無竟水，目眺在山雲。
> 事遠理宜得，物輕道自尊。
> 難將蓬艾意，還共世人論。
> （賓四曾作〈三年之艾〉，後付《今日評論》發表）

錢穆居宜良，不僅有聯大的同事經常來訪，錢偉長也曾來此。1939年元旦，錢偉長到達昆明，見到了闊別一年多的四叔錢穆和清華大學物理系的師友。當時錢偉長的老師，清華大學理學院院長葉企孫調至重慶中央研究院任總幹事，把物理系二年級的熱力學的課交他代上，錢偉長以研究生的身份在西南聯大講授此課一學期，叔姪同在聯大任教，被傳為佳話。是年8月，剛參加完中英庚款留學生考試的錢偉長與剛從聯大中文系畢業的孔祥瑛結為夫婦，兩人婚後去宜良山中看望叔父錢穆，他們在岩泉寺住了一段時間。

1939年暑假，錢穆和湯用彤由河內至香港，將《國史大綱》書稿當面交給商務印書館的王雲五，由其出版。這本書1940年6月出

版，一時洛陽紙貴，成為全國青少年喜愛的史書，被作為教材講授。

1940年夏，錢穆在上海光華大學校長張壽鏞的幫助下，在香港乘飛機抵山城重慶，然後轉到成都齊魯國學研究所任職。自錢鍾書、錢穆先後離開西南聯大，陳寅恪、吳宓也離開，未免讓人感到遺憾。戰時的人生軌跡，如浮萍，都在大時代中沉浮。錢穆在《師友雜記》中談到世事變遷無常，人生足跡不定，如此感慨：「人生乍變，良可嗟歎。」

雷海宗講史倒背如流

「聲音如雷，學問如海，自成一宗」，這是聯大的大學生給雷海宗先生的評價。

雷海宗（伯倫）教授是西南聯大最受歡迎的教師之一。理學院學生慶倖自己被分在他的班上，而別的學生企圖混入這個班。雷的課堂上總是座無虛席，連門窗外都擠滿了旁聽者和隨意聽講的人。還好，他聲音洪亮，足以傳到窗外。

雷海宗有超人的記憶力，講授「西洋中世紀史」和「中國通史」。他上課不帶片紙隻字，僅帶一支粉筆。講到春秋戰國的諸侯，和西洋中古史幾十個國君，名字有長達十幾個英文字母的，和他們的起迄年代，信手拈來，從不假思索，隨時都能板書。學生記下每一句話，因為雷的小測驗要求掌握準確的史實。對他而言，史實細節是精心設計的歷史大廈的建築材料，而他就是一位建築大師。有個學生記得，雷海宗講述的綱要像是從他嘴裏「蹦」出來的似的，細節栩栩如生，令人難忘。談到特別富有戲劇性的事件時，他簡直是在表演。

有一個小故事，可見雷海宗講課的細節和神采。他開的一門課因為講授多年，已經背得很熟，上課前無需準備；下課了，講到哪裡算哪裡。每回上課，他習慣性要先問學生：「我上次講到哪裡了？」然後就滔滔不絕地接著講下去。班上有個女同學，筆記記得最詳細，一句話不落，雷先生有一次問她：「我上一課最後說的是什麼？」這位女同學打開筆記來，看了看，說：「你上次最後說：『現在已經有空襲警報，我們下課。』」

聯大學者講課，並不只是雷海宗這樣滾瓜爛熟。梅祖彥憶及蔡維藩先生講《西洋通史》，「講課有如說書，倒背如流」。

雷海宗作為歷史學家有異於常人的見解。他的「中國文化週期論」，是劃時代的創論，他把中國文化分為二周。所以他講中國通史講到淝水之戰，這是文化第一周。淝水之戰以後，便非常簡單地敘述了。他認為那是第一周的翻版。

他最反對女人干政。他說任何一個國家任何一個時代，只要太后當政，朝政必致不可收拾，古今中外從無例外。他把國際關係分為「春秋式」與「戰國式」，春秋式講道義重禮節，「揖讓而升，降而飲」。以宋襄公作代表，不鼓不成列。不講道義專講襲人不備，白起坑趙卒四十萬人，則完全屬於戰國式。

雷海宗某些見解有點怪異。他曾對一位即將出國的青年歷史學家說，要保留中國人的身份，就得和中國人結婚，繼續用母語寫作，通過閱讀馮友蘭的著作保持中國人的思維方式，儘管這些著作不無瑕疵。

1943年，雷海宗告訴一位學生，在政府眾多敗筆中，最大的敗筆是蔣介石《中國之命運》的出版。他聲稱，那本書中的錯誤多如牛毛，連美國漢學家都能看出來。

歷史學家是理性的，冷靜地剖析他的研究對象。雷海宗面對時局，也有罕見的例外。1946年，雷海宗坦率直言，堅決認為蘇聯

出兵滿洲是沙皇帝國主義的繼續。當他辯論時，淚水從臉頰上滑下來，愛國熱忱壓倒了理性，所有的人都為之動容，儘管並不一定贊成他的觀點。

在《上學記》裏，何兆武回憶道，錢穆與雷海宗好像在打擂，同時開講作為全校公共必修課的「中國通史」，各有自己一套理論體系，內容也大不相同，學生可在二者中任意挑選。

1940年商務印書館出版了雷海宗的《中國文化與中國的兵》一書，篇幅不大，反響很大，出版後在學術界乃至一般知識份子中頗有影響，成為20世紀中國的史學名著。雷海宗和陳銓、林同濟成立「戰國策學派」後，寫了大量的學術論文，更多的文章，史論結合，打通古今。

1943年至1944年間，中國和美國的大學之間組織學術交流，美國的大學得到洛克菲勒基金的支持，邀請聯大的學者去美國講學。名單分為A、B兩批，A是被認為不但著名而且最具創造力的學者，雷海宗、聞一多都是在這一名單上。其他的教授應邀成行，利用這一機會，在學術上做出新成績。此時是抗戰最艱苦的時刻，也是西南聯大最困難的時期，雷海宗婉拒不去美國講學一年，理由是聯大需要他，他不能在這個時候離開。梅貽琦曾親自動員他接受邀請，但他決心留下來。1946年，馮友蘭去美國講學，名單上有聞一多。聞一多也不去，馮友蘭勸他，聞一多說，青年學生需要他。

1946年7月15日，聞一多被刺。雷海宗是聞的同學和好友，他無比悲憤，主動參加五人治喪委員會，並將殺害聞一多的子彈保留下來，一方面懷念亡友，也作為國民黨殺人的罪證。

雷海宗北返後仍然任教清華大學。1952年任教南開大學。1957年，被劃為「右派」。「不大識時務的書生氣」使得晚年難求安寧，「在那個萬馬齊喑的年代，以一介書生的瘦弱去挑戰一個國家

意識形態的宣傳」。滿腹經綸的雷海宗，於
1962年12月25日，帶著遺憾告別人世，但他給
中國史留下豐厚的遺產。

雷海宗。

皮名舉的狂狷

皮名舉，長沙人，1907年出生在銅官的一
個名門望族之家，祖父皮錫瑞，是清代一位著
名的經學大師。皮家家學淵源，人才輩出，皮
家子弟有好幾位都是名噪一時的學界鉅子，如
皮宗石、皮名振都是。他們有的還當過湖南大
學校長。

1927年，皮名舉去美國留學，專攻世界
史，先進耶魯大學，後進哈佛大學，獲博士學
位。1935年學成歸國。回國後被北京大學聘為
副教授，不到一年升為教授，成為該校歷史系
一位名牌教師。1937年日寇陷我北平，北大、
清華、南開三校奉命南遷，在長沙聯合成立長
沙臨時大學，不久又西遷昆明，成立西南聯合
大學，皮名舉一直跟隨行動。在北大、聯大執
教期間，皮先生先後講授過西洋通史、西洋近
世史、西洋十九世紀史和西洋現代史。

在易社強的《西南聯大：戰爭與革命中的
中國大學》一書中，我們可以得知皮名舉先生
的形象。「他是朗格（William L. Langer）的得意
門生，湖南人，又高又瘦，聲音洪亮，鬍子拉
渣。」課堂教學，皮名舉在辛辣的諷刺方面，

與吳晗相比，有過之而無不及。與吳晗不同，他對任何人任何事，從共產主義到基督教的所有意識形態，都毫無顧忌，極盡尖酸刻薄嘲諷奚落之能事。他告訴學生，活字印刷的發明非常重要，因為它使人們可以把「God」變成「Dog」，把「Dog」變成「God」。

接下來皮名舉月旦聯大教授，就令人不安了。他將挖苦、諷刺的話鋒對準了校長梅貽琦和教務長潘光旦。他在課堂上這樣講：如果有學生想弄明白凱撒大帝（Julius Caesar）獨霸府邸的企圖，他會建議他們去觀察他們的校長。他聲稱，「如果你懂得梅貽琦，就能懂得凱撒。」如果說，對溫和謙遜的梅的刻畫似乎是不恰當的，那麼他對獨腿教務長潘光旦冷酷的挖苦，就接近刻薄了。他說，「上帝使盲人復明，使體弱者恢復健康，而潘光旦信奉基督這麼多年，還是三條腿（一條真腿，一條木製義肢，和一根拐杖）。」這樣毫無遮攔地品評同事，何況在講堂之上，在今天看來，不可思議。但，正是如此，可見聯大的自由與海量。皮名舉和劉文典一樣，有狂狷氣質。

汪曾祺不愛上西洋通史。有次上交作業，交了一張自己畫的馬其頓王國地圖。皮名舉先生在他的作業上批了兩句話：閣下所繪地圖美術價值甚高，科學價值全無。看來，皮名舉對同事品評尖刻，對學生則是鼓勵和愛護了。

何兆武在《上學記》中，詳細地提到皮名舉的授課方法，認為皮名舉先生的西洋近代史，是「非常系統的教科書式的講法」。何兆武回憶說：

> 皮名舉是清末經學大師皮錫瑞的孫子，講課非常系統、非常有條理，比如今天講維也納會議，那麼整堂課就是維也納會議，雖然有時也談些閒話，但並不扯遠。皮先生有個特點，每堂課只講一個題目，而且恰好能在下課時把這個題目講

完，據說以前只有蔣廷黻能做到這一點，後來我教課的時候也想學著做，可是非常失敗，因為總免不了要多說兩句或者少說兩句，不能那麼恰好在五十分鐘內講完。另外，上皮先生的課必須交作業，像我們在中學的時候一樣，可是他留的那些作業我到現在都覺得非常的好：畫地圖。近代史從1815年拿破崙失敗以後的維也納會議，一直講到1914年第一次世界大戰，正好一百年，一個學期要求畫六張歐洲政治地圖，那麼一個學年就得畫十二張，當然我們也是照著現成書上抄的，不過我覺得這確實太有用了。以前我們對政治地圖重新劃分沒有地理上的具體印象，但畫過一遍之後就非常清楚明白了。包括中國史也應該是這樣，可是除了皮先生，沒有別的老師再要求過。

儘管講授如此系統，仍然有不能忍受皮名舉的學生，轉到另一個班學西洋史。這個班由蔡維藩執教，他為人和善。在學生選課方面，與和藹體貼的蔡相比，冷漠蠻橫的皮名舉仍很有競爭力，這是因為蔡還不像是一位學者。雖然上課教室人數爆滿，但是蔡（金陵大學學士、伊利諾斯大學碩士）「並沒有得到教授和學生的認可」，一位以前的同事這樣寫道，「其實，他的學識與本科畢業生幾乎處在同一水平。因此，他也沒有什麼東西可以和教授交流。」另一方面，在同事看來，皮在清華和哈佛受過教育，「學識淵博」。作為一名教師，他極受尊敬。（易社強《西南聯大：戰爭與革命中的中國大學》）

1942年皮先生離開昆明回到湖南，出任國立師範學院教授、史地系主任、教務長、代理院長。代理院務期間皮先生對該院複雜的人事關係，覺得難予處理，遂於1948年8月應聘來到湖南大學，執教世界通史、西洋史學史等課程。1949年9月長沙和平解放，皮先

生仍留在湖南大學任教。1952年院系調整後，他就留在新成立的湖南師範學院歷史系任教。

　　1957年春天「大鳴大放」，皮名舉真誠地起來回應，不僅自己「鳴」，還鼓勵別人「放」。聯繫到他在西南聯大的「狂言」，那種精神氣質是「改造」不掉的，可以說是一以貫之，也可以說是獨立人格。皮名舉在湖南省政協會議上與林兆倧、雷敢、姜運開、解毓才等五位教授聯合發言，批評高校工作中的「以黨代政」現象，贊同成立校務委員會，實行黨委領導下的校長負責制，結果五位教授中的四位被戴上了「右派」帽子，只有林兆倧先生一人被「保護過關」。

　　皮先生本一介書生，身高體並不健壯，而且染有肺結核，經過這一沉重打擊，他就病倒了。「右派」帽子戴上不過一年，他竟抱憾而去。

吳晗的悲劇與思想轉型之謎

　　以1949年為界限，如果說沈從文被歷史的外力分裂為兩半，上半生是小說家，下半生是文物專家，那麼，吳晗的生命也有明顯的兩截，上半段是清華園的學者，下半截是從政後的高官。吳晗的人生轉折始於西南聯大，其標誌是1943年7月，他加入中國民主同盟。

　　吳晗原本可以做一名純粹的學者，但歷史的境遇沒有讓他安心做學問。吳晗是胡適在上海中國公學的學生，他的學術才華曾深受胡適的賞識，從清華大學歷史系畢業後即留校任教，埋首故紙堆，過著典型的學者生活。1937年9月，不到30歲的吳晗應聘為雲南大學教授遠赴昆明。1940年，吳晗任西南聯大教授，講授中國通史。吳晗的轉變與學者在昆明的艱難困苦的生活有關，再加上國民黨腐

敗、昆明民主運動高漲的大環
境，吳晗加入了中國民主同盟。

聯大學者的艱苦生活，從赴
昆明、重慶訪問的美國漢學家費
正清教授的回憶錄中可見一斑：
「（考古學家）李濟說百姓們現
在都在挨餓。這些年來，他已死
掉了兩個孩子，陶孟和也死了配
偶。知識份子們認為，如果他們
是被重視的，或者是當此國難之
際，全國上上下下各階層是在同
甘共苦的，那麼即使挨餓也沒有
什麼關係。但是他們親眼看到了
如此觸目驚心的不平等現象和社
會上層的奢侈消費。因此，許多
知識份子感到心灰意懶，一部分
人將會死去，其餘的人將會變成
革命分子。」李濟、陶孟和都是
中央研究院歷史語言研究所的專
家，和聯大的教授一樣處於挨餓
的境地。費正清在《對華回憶
錄》中寫道：「這兒的教授們都
感到灰心喪氣，預言嚴酷的員警
管制將在全國範圍內推廣，自由
主義教育將被撲滅，經濟生活以

吳晗。

及人們的思想都將受到嚴密的組織控制。他們看不到有什麼力量能阻止這種趨勢的發展。」

據當時就讀西南聯大的學子李凌回憶，老師吳晗曾寫了一本關於明朝朱元璋的書：《由僧缽到皇權》。因為當時朱元璋起義時軍隊紮了紅頭巾，所以就叫紅巾軍，簡稱紅軍。國民黨審查的時候說書寫得很好，可以出版，但是要改一個字，不要叫紅軍，叫農民軍。當時吳晗家貧，妻子袁震又害肺病，吃飯只能買農民晚上賣剩的菜。而這本書只要能出版，吳晗就可以拿很高的稿費，但是吳晗表示：寧可不出，他也不改。

吳晗在20世紀50年代的自傳中寫道：「戰爭的情況越來越不好，袁震又經常生病，躺著不能起床。住在鄉下，上課來回走40里。有一次袁震必須入醫院治療，可是什麼也沒有賣的，湊不出錢，感慨的很，過年時貼了一幅春聯：『書歸天祿閣，人在首陽山。』」

聯大學者有針砭時弊的傳統，吳晗在課堂上常有諷刺、抨擊國民黨腐敗統治的言論。1941年底，吳晗痛斥國民黨政府行政院長孔祥熙用飛機從日本佔領下的香港搶運私產和洋狗的無恥行徑。他說：「南宋亡國前有個蟋蟀宰相，今天有個飛狗院長。」對學生抗議孔祥熙行徑的愛國行動表示支持。1943年11月，吳晗在《雲南日報》發表〈論貪污〉一文，是投向國民黨腐化、獨裁的第一槍。

從1943年下半年起，昆明的民主運動逐步開展起來，西南聯大的一些師生組織了一系列的演講會、報告會，揭露國民黨政府的腐敗及其消極抗日的行徑，主張實行民主政治，反對一黨獨裁。於是費正清得出這樣的結論：「蔣介石作為國民黨政權的象徵和中心，1943年後期已失去了中國知識階層的信任和忠誠。」

這年夏天，吳晗的人生出現一個重大轉折——1943年7月經周新民、潘光旦介紹加入民盟，他的思想上發生了質的變化，從此他接

受了中國共產黨的領導。從這時開始,他告別學者的書齋生活,投身於時代的激流之中了。

1945年5月3日晚,吳晗發表《論「五四」運動》的演講,要求青年學生繼承「五四」光榮傳統,向黑暗勢力攻擊。5月4日,吳晗參加了昆明各界青年紀念「五四」大會和會後的示威遊行,並走在遊行隊伍的前列。

在「一二‧一」運動中,吳晗積極籌備、參加昆明四所大學的時事晚會,積極參加各項宣傳活動,全力支援學生罷課,做好教授們的工作,帶領教授罷課。吳晗撰文〈「一二‧一」慘案與紀綱〉,矛頭直接指向蔣介石。文章以無可辯駁的事實揭露違紀犯綱的正是國民黨反動政府,正是蔣介石自己。文章筆鋒犀利,說理透徹,確實起了投槍的作用。

1946年7月11日、15日,李公樸、聞一多在昆明被國民黨特務暗殺。正在上海的吳晗得知後悲痛欲絕,奮筆疾書〈哭公樸〉、〈哭一多〉等悼文,以簡潔的文筆,真摯的感情,沉痛悼念李公樸、聞一多,介紹兩人的精神、品質、風貌,勾畫兩人的偉大形象,揭露了反動派的法西斯行為。此後,吳晗奮筆疾書,寫出了許多揭露國民黨反動統治的文章,比如〈論法統〉、〈論暗殺政治〉、〈論中立〉、〈論文化殺戮〉等。

吳晗在西南聯大演講。

吳晗回到北平，仍在清華大學任教，同時也成為民盟在北平的領導人物之一。民盟因過於激進，國民政府於1947年5月宣佈其為「非法團體」，其活動遂轉入地下。在被宣佈為「非法」之前，北方民盟已直接受中共地下黨領導，並在財力上受到中共支持。1947年3月，北平軍調部結束時，中共代表葉劍英、徐冰等人邀請張東蓀、關世雄等民盟人士吃飯，給民盟留下了一筆活動經費，並把一臺美製收音機送給民盟。活動經費對於轉入地下的民盟當然很必要，而收音機則用於日夜收聽「解放區」新華社的廣播，然後抄寫、複印、散發，進行反對國民黨的鬥爭。（左玉河《張東蓀傳》，山東人民出版社1998年版第410頁）

　　吳晗在清華大學的政治活動，影響了清華大學中文系主任朱自清。朱自清生命中最後幾年的政治熱情，很大程度上要歸因於吳晗的辛勤工作。從《朱自清日記》可知，1947和1948這兩年裏，吳晗頻頻來動員朱自清在那類政治性的宣言上簽字。朱自清在拒絕美國「救濟糧」的宣言上簽字從而進入毛澤東的視線，成為反美的「民族英雄」，也可算是吳晗一手促成。

　　學者王彬彬在〈哪得夕陽無限好——朱自清的不領美國救濟糧〉一文中，對吳晗找朱自清簽字拒領美國「救濟糧」之舉表示質疑：

　　　　吳晗們動員教師在這種拒絕救命糧的聲明上簽字時，是否應該多少選擇一下對象。這種性質的聲明，簽名者當然是多多益善，但多幾個少幾個，無關抗議宏旨。因此，那種家累過重、身患重病、特別需要這種「救濟糧」的人，是否就應該不動員他們簽名，甚至他們主動要求簽名也應該婉言謝絕呢？而朱自清就是這樣一個應該「放過」的人。在吳晗們發動簽名時，朱自清其實已陷入嚴重的生活困境。營養不良使

得病情日逐惡化，全家也處於半饑半飽狀態。（王彬彬《往事何堪哀》，長江文藝出版社2005年版第68頁）

後來，有人在紀念朱自清的文章中提到這樣一個細節：朱自清餓著肚子、帶著病扭秧歌。吳晗的紀念文章也提到這件事，認為朱自清這是表明態度的一種方式。時代的潮流是如此強大，幾乎沒有學者能置身其外，原來的自由主義知識份子，多數被捲入解放的潮流中去了。

1948年10月，吳晗為躲避國民黨的逮捕進入「解放區」。「解放區」的許多事物都使他感到新鮮、激動，但以前數十年所受的教育和經歷使他對某些事情，如喊「萬歲」之類卻感到難以理解，很不習慣。但只經過幾個月的時間，此前數十年的教育就迅速被當成「包袱」扔掉，他對這些事物就完全理解、適應、習慣，並對以前的不理解、不習慣深感愧疚。同年12月，吳晗向黨中央呈送入黨申請書。在一篇「自傳」中，他對這一過程有較為細緻的描述。

吳晗的這篇「自傳」大約寫於1956年，當時47歲的他擔任北京市副市長、民盟中央常委兼北京市主任委員、全國人大代表、中科院學部委員、全國青聯秘書長……等多項職務，正是春風得意之時，這篇「自傳」也寫得非常自然、坦誠。談到自己思想、感情的轉變時他寫道：「在蔣介石統治區生活的日子裏，對蔣介石的以黨治國，獨裁專政，萬歲百歲，極端厭惡，聽了噁心。初到解放區，聽到專政，擁護共產黨，毛主席萬歲，很不習慣，心裏以為好是好，何必搞這套形式……其實是我當時還沒有和解放了的人民感情完全在一起，還沒有體會到解放了的人民的真實感情。一句話，是小資產階級知識份子的感情，而不是解放了的勞動人民的感情。但是，這種錯覺很快就糾正了。經過學習，我用自己眼見的親身的感受，糾正了自己的錯誤。不多日子以後，我從心坎裏喊出毛主席萬

歲了，衷心擁護人民民主專政了……」（《吳晗自傳書信文集》，蘇雙碧主編，中國人事出版社1993年版）

　　學者雷頤認為，吳晗的轉變無疑是真誠自然、發自內心的，以後確是一心一意，指向哪裡，就走向哪裡，用他自己的話說是「一路跟著走，一邊扔包袱」。

　　吳晗一旦完成思想的轉型，完成從學者到高官的身份轉變之後，他的言行和做派，可能在學者眼中已是非常陌生了。

　　1953年，已經出任北京市副市長的吳晗，遇上了要拆除朝陽、阜城等有數百年歷史的城門和東四、西四帝王廟的牌樓。按常理，作為知名的史學家，且又居於主管官員的位子上，完全可以從保護歷史文物的角度阻止事件的發生。可料想不到的是，吳晗不但積極支持拆除，還擔任了向群眾和有關人士解釋的任務。於是就理所當然地和文物保護專家梁思成發生了爭論。吳和梁都是大學者，兩人平素的交情也不錯，梁還是吳十分崇敬的老兄（梁長吳8歲）。一開始，吳說之所以要拆這些建築物，是因為要改善首都的交通狀況。梁認為吳的理由是站不住腳的無知之談，兩個人的語言交鋒便激烈起來。誰知，作為小弟弟的吳，便以高官的姿態壓梁，嚴厲地批評梁：「你是個老保守，將來北京城到處建成高樓大廈，你這些牌坊、宮門在高樓的包圍下，豈不都成了雞籠鳥舍，有什麼文物鑒賞可言！」對梁思成來說，他根本沒有想到，一個著名的歷史學家，竟說出如此外行的話，且盛氣凌人，簡直叫他難以接受。想起過去的友誼，面對今天對方的無理與輕慢，梁思成竟氣得當場痛哭。兩人爭論之後，那些城門、牌樓，很快就被拆除了。

　　1957年，在「反右派」戰鬥中的吳晗，「衝殺」在最前線，既寫文章又發言，都表現得異常積極，尤其是對羅隆基的揭發。羅隆基解放後說過如下的話：「周恩來是南開出身，毛澤東是北大出身，我是清華出身，為什麼他們就能代表無產階級，而我卻代表資

產階級和小資產階級呢？」公允地講，羅的這話是不恰當的（也不夠準確），多多少少反映出他某些近乎牢騷的情緒。但若就此而得出反黨的結論，實在是無限度地給人上綱。更何況，羅的話是私下裏和朋友聊天時説的。然而，吳晗先生卻把羅私下説的這話公開在揭批「章羅聯盟」的場合。（屆超耘〈可憐的吳晗先生〉）

此時的吳晗已經和學者的形象判若兩人了，他失去了學者的獨立性，成為政客，迷失在歷史的棋局之中。於是，吳晗成為政治鬥爭的一顆棋子。1959年4月，毛澤東提倡要學習海瑞「剛正不阿，直言敢諫」的精神。之後，吳晗發揮自己「明史專家」的專長，發表了〈海瑞罵皇帝〉、〈論海瑞〉，1960年創作新編歷史劇《海瑞罷官》，以響應號召。他萬萬不會想到，在「文革」中反成為他「反對毛主席」的「罪證」！

評吳晗《海瑞罷官》的文章成了「文革」的導火線，「文革」開始後，吳晗被揪鬥、毒打，並被投入監獄。吳晗身陷囹圄時，不知會不會想起胡適在中國公學對畢業生的贈言：「不要拋棄學問，努力做一個學者！」1969年10月10日，吳晗被迫害致死，終年60歲。吳晗的妻子袁震被折磨至死，「文革」後期，養女吳小彥神經錯亂在精神病院自殺。

吳晗的思想轉型和悲劇，成為20世紀中國政治風雲的縮影。新中國成立以後留在大陸的學者有兩種極致：第一種恃才自傲，抱著「寧為玉碎，不為瓦全」的想法，不與現政權合作，死守獨立之思想、自由之精神，如陳寅恪，在孤寂鬱悶中不得善終；第二種八面玲瓏，成為政壇不倒翁，如郭沫若，後半生幾乎成了「南書房行走」，雖得善終，身後終究會被人指點和非議。吳晗既不能像陳寅恪堅守自己的氣節，看風使舵的本領也不如郭沫若，是一個學術被政治異化的典型。吳晗們的最大悲哀在於，按照最高指示衝鋒在前

「反右」，「右派」被打倒之後，在重新排列的政治位置中，自己也成了「右翼」分子。

學者朱宗震認為，吳晗從政是傳統士大夫「治國平天下」的意識驅使，把學術當作政治的附庸。「一百年的經驗證明，學者不應該糾纏在政治的正確性上，因為政治是一種社會利益分配，與學術的功能不同。吳晗一生就沒找到政治上正確的學術，他也永遠找不到。」

吳晗的思想轉型之謎中，有太多歷史的黑暗與光明，有太多中國的苦難與憂思。吳晗生於1909年，那時腐朽的清王朝搖搖欲墜，辛亥革命的曙光即將展現，從那時起，革命就成為20世紀中國歷史宏大的主題。吳晗的生與死，之間的距離是一個甲子。1969年，吳晗死於神州浩劫，那也是以「革命」的名義進行的運動。以史為鏡，吳晗的悲劇，需要後人的省察，才能避免重蹈覆轍。

張蔭麟之死

民國史家中，有一顆璀璨的流星劃過，生前因其才華過人震撼史學界，身後是長久的沉寂。他被熊十力、梁啟超等大家稱為中西會通的天才。錢穆甚至稱他為「天才英發，年力方富、又博通中西文哲諸科，學既博洽，又復關懷時事，不甘僅僅為記注考訂而制。然則中國新史學之大業，殆將於張君之身完成之。」這位張君，就是清華文學院四才子之一的張蔭麟。上世紀20年代，在清華文學院求學的四才子是錢鍾書、張蔭麟、吳晗、夏鼐。

1933年11月，陳寅恪致函傅斯年：「頃閱張君蔭麟函，言歸國後不欲教授哲學，而欲研究史學，弟以為如此則北大史學系能聘之最佳。張君為清華近年學生品學俱佳者中之第一人，弟嘗謂庚子賠款之成績，或即在此一人之身也……北大史學系事，請兄轉達鄙意

於胡（適）、陳（受頤）二先生，或即以此函轉呈，亦無不可也。」這是史學大師陳寅恪為「張君蔭麟」所寫的推薦信，其對這位後生晚輩的讚譽之情溢於言表。得到陳大師此等獎掖的張蔭麟，時年28歲，正準備留學歸國。

張蔭麟回國後，在清華大學史學、哲學兩系任教，兼在北京大學講授歷史哲學課，兩年後，他便由講師升為教授。1935年，當時的教育部委託他編寫高中的歷史教材，於是他向學校請假，專心編撰，張蔭麟的代表專著《中國史綱》（上古篇）由是問世。該書雖為學生教材，然而其中浸透了張蔭麟的史學功力，學術價值極高，加上文字通暢明晰，實稱得上史學名著。地理學家、歷史學家張其昀說：「《中國史綱》一書是嘔心瀝血的著作……世人多驚羨其文筆之粹美，以為勝過一般文學創作，不知其字字珠璣，皆為潛心涵泳幾經錘煉而後成。」然而也正是因為此書的撰寫，張蔭麟的健康大為受損。據稱，他常常為了寫一篇文章，幾天幾夜不睡覺，直到文章完成，才大

張蔭麟1941年攝於遵義。

睡幾天、大吃幾頓。（〈霸才無命歎蔭麟　名山有成詠《史綱》〉，《南方都市報》2008年5月7日）

　　1937年盧溝橋事變發生後，國勢艱危，張蔭麟於戰亂中隻身南下。先是應浙江大學所聘，在天目山禪源寺為新生講中國通史。1938年，國立西南聯合大學在昆明開學，張蔭麟受聘為教授，赴昆明任教，為歷史系、哲學系兩系合聘。1939年年初，正值聯大寒假，張蔭麟忽然接到重慶軍委政治部陳誠部長的一個電報，請他立即飛渝，他去了，並受到蔣介石的召見，受到陳誠的禮遇。張蔭麟原以為此去能對抗戰大業有所貢獻，哪知只是備顧問、資清談。他覺得事無可為，於是，不辭而別，仍回到聯大教書。回校不久，他的夫人奉母攜幼自東莞來昆明。張蔭麟租房小東城腳金鳳花園，與馮友蘭先生同住一院。

　　1940年，浙江大學遷校到遵義，張蔭麟又受聘再次擔任該校的國史教授兼史地研究所史學組主任導師。1942年10月24日，張蔭麟因腎炎在遵義病逝，年僅37歲。

　　張蔭麟由昆明去遵義之前，和妻子倫慧珠離婚。離婚原因是夫妻情感不和諧。張蔭麟南下昆明後，夫婦關係已日益緊張。有文章說，在昆明時，有一次張蔭麟嫌倫慧珠做飯不好吃，倫慧珠提議各人做各人的，無奈之下，張蔭麟只好同意。張蔭麟離婚，和愛上容庚教授的女兒容琬也有關係。1939年夏，張蔭麟自重慶復歸昆明，恰逢容琬於西南聯大畢業。張蔭麟愛上容琬並一發不可收。然而容琬不愛他，回北平嫁給了一名醫生。據傳張蔭麟曾對賀麟說：「她早已訂婚了，她的未婚夫在北平。我勸她回北平與他結婚。」是不是在掩飾自己的失落呢？

　　張蔭麟不幸去世的消息傳到昆明，西南聯大的教師30多人在昆明北門街為他舉行追悼會。據《梅貽琦日記》可知，1942年12月4日下午四點，「校中同人追悼張蔭麟君於北門街宿舍，到約三十

人」，致辭者有梅貽琦、馮友蘭、雷海宗、吳晗、吳宓等人，吳宓的話語尤其沉痛，有兔死狐悲之語。最後，張蔭麟的弟弟大略述説了張在浙江大學臨終情形。

好友吳晗撰寫悼念文章〈記張蔭麟〉，悲憤地説：「張蔭麟平時營養壞，離婚後心境壞，窮鄉僻壤醫藥設備壞，病一發就非倒下不可，非死不可，假使沒有這戰爭，假使這戰爭不能避免，而有一個好政府；或者是不太壞的政府，能稍尊重學者的地位和生活的時候，蔭麟那樣胖胖苗壯的身體，是可以再工作二十年以至三十年的。」

張蔭麟去世，是1942年震動中國學術界的大事。戰事艱苦，物價飛漲，傷貧日甚，士人的生活窮困至最低點，我們從時在桂林廣西大學任教的陳寅恪的輓詩中可以看出。陳寅恪寫有〈輓張蔭麟二首〉：

> 流輩論才未或先，著書曾用牘三千。
> 共談學術驚河漢，與敘交情忘歲年。
> 自序汪中疑太激，叢編勞格定能傳。

張蔭麟致陳鍾凡信。

孤舟南海風濤夜，回憶當時倍惘然。

大賈便便腹滿腴，可憐腰細是吾徒。
九儒列等真鄰丐，五斗支糧更殞軀。
世變早知原爾爾，國危安用較區區。
聞君絕筆猶關此，懷古傷今並一呼。

第一首寫張的才華和著述，以及陳寅恪與張蔭麟的交遊。頷聯陳寅恪以汪中、勞格二人生平命運比擬張蔭麟。汪中是清代學問大家，幼年孤貧，賴母親教讀。而張蔭麟幼年喪母，二十一歲又喪父，還要負擔教養弟弟，生活十分艱苦。汪中在〈自序〉中，把自己比作南朝劉峻，認為自己的命運比劉峻還多舛。陳寅恪在此把張蔭麟和汪中作比，可能還有另外一層含義，劉峻、汪中都家有悍妻，借指張蔭麟與妻子離異。勞格是清代的史學家、藏書家，在太平天國之亂時避難鄉間，憂病而卒，年四十四歲，遺稿多為殘篇。張蔭麟亦在戰亂中病亡，故以勞格為比，兼指張蔭麟的《中國史綱》能傳世。尾聯陳寅恪回憶1938年春節過後，與張蔭麟從香港到蒙自，兩人同船的經歷。第二首詩中，我們可以感受到陳寅恪的憤懣之情。九儒十丐，本是元代社會階層的等級，而當時教授的生活極為清苦，只好透支健康；並對發國難財的奸商和貪官污吏們表示不滿。張蔭麟英年早逝，與生活極端困難和生病乏醫少藥有關。張蔭麟的「絕筆」文章是〈師儒與商賈〉。「聞君絕筆猶關此」，一向溫文爾雅的陳寅恪也大聲疾呼了。

在報紙上獲悉張蔭麟去世，錢鍾書非常震驚，〈傷張蔭麟〉詩云：

清晨起讀報，失聲驚子死。

天翻大地覆，波雲正譎詭。
絕知無佳訊，未忍置不視。
赫然阿堵中，子占一角紙。

錢鍾書和張蔭麟是清華同學，兩人同時在西南聯大有過一段教書經歷，在昆明時，兩人交遊。錢鍾書看到淹沒在報紙文章中小小的一塊訃告，非常傷心。

朱自清〈輓張素癡〉慨歎：

妙歲露頭角，真堪張一軍。
書城成寢饋，筆陣挾風雲。
勤拾考工緒，精研復性文。
淋漓修國史，巨眼幾揮斤。

自古才為累，天慳狷與狂。
明鐙宵作晝，白眼短流長。
脫穎爭終賈，傷心絕孟光。
黑頭戕二豎，鴻業失蒼茫。

施蟄存〈壬年之冬張蔭麟沒於遵義校齋越歲方獲凶訊念在昆明時有遊從之雅作詩輓之〉：

海內張公子，臨文不肯休。
茂先稱博物，平子號工愁。
論史書奔馬，尊生失解牛。
笑談無適莫，道業在春秋。
才命難兼濟，彭殤豈自由。

夜郎初避地，潛隱遽銘幽。

閩嶠驚凶問，蜓川愴舊遊。

何當烽火靖，杯酒酹松楸。

施蟄存詩章節附註：「余此詩原作喻解牛，朱自清見之曰：誤矣，蔭麟饕餮飲食無度，起居不節，豈能喻解牛之旨乎。遂改作失解牛。識之以存此一段故事。」關於張蔭麟饕餮飲食無度，筆者看到一段文字：在衣食住行四大件事中，張蔭麟對「食」最講究，不僅愛吃且食量驚人，胃量極大，一隻清燉雞，他一人可獨自吃完，水果也可以一次吃二三斤。可能用腦過度的緣故。可是，飲食、起居如此沒有規律，再加上婚姻生活不和諧，心情抑鬱，成為早逝的部分原因。

對於馮友蘭《中國哲學史》中的史實錯誤，張蔭麟曾提出過嚴厲而中肯的批評。遭其批評的馮友蘭在他去世後，和賀麟、吳晗一起集資、主持設立了「張蔭麟獎學金」。對這件事吳晗曾有過一段心酸的記述：

> 最痛心的一件事，為了給蔭麟留個永遠紀念，我和賀麟先生、馮友蘭先生一些朋友，在那生活極端困難、教書人無法支撐下去的年代，一百元二百元地募捐了一萬元基金，決定在清華大學歷史系和哲學系合設一個蔭麟紀念獎學金，以利息所得大約每年二千元來補助兩系的高材生。因為金額少，而蔭麟又兼兩個系的工作，因之，決定兩系輪流，隔年補助。這筆錢交由馮友蘭先生保管。可是，如今不但每年兩千元的補助無濟於事，即連基金總數也不夠一個學生一星期的伙食。

這項紀念獎學金，由於物價飛漲，貨幣貶值，而無形消失了。張蔭麟之死，讓聯大學者感到心寒，對國民黨當局感到失望和憤慨，儘管有「（蔣）委員長送賻儀萬元，又教育部喪葬費五千元」（見《竺可楨日記》）這樣的善後舉措。

張蔭麟本人終究沒有躲過俗世的健忘。聯大北返回北平，吳晗看到好友的墳墓冷落在遵義的郊區，藏書堆積在北平東莞會館，不由悲痛寫道：「中國的學者如此的稀罕，已有成就的學者如此的被糟蹋，蔭麟就如此寂寞地死去，寂寞地被人遺忘了。」

也許，這位生性散淡的學者自己倒並不在意是被記住或遭遺忘，正如他在病危時刻大段念誦的《莊子》〈秋水〉篇所說，「天下之美，為盡在己。」

噶邦福：「中國的事情我一樣懂。」

歷史家學季平子是西南聯大的學生。抗戰爆發後，他隨學校南遷，途經湖南，在長沙親歷了敵機的轟炸。90歲的季老坐在上海師大新村的新屋裏，回憶起這段往事時仍記憶猶新：

> 那天日本飛機第一次轟炸長沙時，我剛從聖經學校走出來，看見兩架飛機飛得很高，我很納悶：平常飛機飛得沒有這麼高。我正和同學說：「今天飛機飛得很高……」話還沒說完，就聽不遠的地方驟然響起爆炸聲，敵人炸彈扔下來了！當時還沒有防空洞，聽到警報聲，大家都衝往郊外。但當時事發突然，我們已經來不及了，只得在學校裏找避處。聖經學校有一處地下室，但很快，我們跑過去時裏面已經擠滿了人，我們只能站在樓梯上。在我們旁邊還有一個俄籍教授，叫噶邦福，教世界上古史。一戰時，他曾在俄國當兵。有一

次在執行空中任務時，與德軍遭遇，遇到地面德軍炮火的猛烈射擊，初上戰場的他非常害怕，躲在飛機裏不敢抬頭，極度恐懼之下，第二天，他的頭髮全白了，這種現象被稱作「彈震症」。也許日機的轟炸又讓他回想起一戰時的情景，那天他在地下室裏，表情十分緊張，恐懼萬分，那種神情讓我至今還記憶猶新，永遠不會忘記。戰爭對人身心的摧殘太大了！

蒲薛鳳在〈蒙自百日〉中也寫到噶邦福。1938年7月7日，是抗戰紀念日，聯大文法學院的師生在蒙自舊海關曠地集會。噶邦福參加了集會，觸景生情，勾起他在第一次世界大戰中的痛苦回憶。「俄人噶邦福（清華歷史系教授）想起歐戰，大生感觸，幾幾昏仆。歸家延醫打針。蓋歐戰時噶邦福為軍官。西線之役率眾衝鋒，遇機關槍掃射，乃發令避臥。及槍聲停止再令前進，則起立者唯自己一人。戰爭殘酷彼曾身經目擊，故不免感觸。暑假前伊又發腎臟病。此君身世遭遇，亦云苦矣。其夫人離平來時，亦遇多方留難。」

查《國立西南聯合大學校史》，有噶邦福簡介：噶邦福（1891-?）舊俄貴族，畢業於彼得堡大學，抗戰前為清華大學歷史系教授。盧溝橋事變後，全家隨校播遷，先後在長沙臨大、西南聯大任教。他用英語講課，在外文系兼教俄語，1946年聯大結束後回清華大學任教。20世紀50年代移居澳大利亞，在澳去世。

在長沙臨大和西南聯大，噶邦福開設的課程有《希臘羅馬史》、《西洋上古史》、《俄國近代史》、《戰爭史》、《歐洲海外發展史》和《俄國史》等。噶邦福不會説中文，全部用英文上課。何兆武的《上學記》中有筆墨寫噶邦福，據何兆武的回憶，噶邦福先生講希臘、羅馬的歷史，很偏僻，只有七八人上課，何兆武想學點英文，所以就選了他的課。在所有的外籍教師中，噶邦福先

生在華服務時間較長，他先後在清華和聯大執教十餘年，對中國的國情有一定的瞭解。聯大期間，有同學常向別的教授問政治意見，這位先生頗不以為然，他說：「不要因為我是外國人，我一樣懂中國的事情。」

噶邦福先生對歷史理論感興趣，用英文寫過一本The Synthetical Method of History（《歷史學的綜合方法》），1938年商務印書館出版。「此書有些見解足以啟人深思，不過此書不太流行，很少有人提到。」何兆武說，「比如他談到，人生有兩個方面，有衣食住行物質方面的生活，也有吃喝之外的感情、思想等精神方面的生活，兩者有時很難協調。有人只知道撈錢享受，但也有人過分追求精神生活，比如宗教信徒，或者某些熱心的理論家、哲學家。他說，文化似乎也是這樣，有的民族文化偏重精神方面，有的偏重物質方面。」噶邦福書中的這段話，拿到戰時聯大師生的生活很適用，那些教授不在乎貧困的生活，專注於學術的建設。在戰時的大後方，有的達官貴人醉生夢死，而清貧的聯大教授以治學為樂。

根據國立西南聯合大學三十三年度教員名冊（1944年12月）中的記錄，噶邦福家眷中，除妻子外，尚有三子二女，薪水590元，在當時聯大的教授中屬中上水平（三常委的工資為710元，一般教授430-600元不等，教員在140-240元左右，助教在120-200元不等）。1944年的昆明，物價飛漲，通貨膨脹得非常厲害了，教授一個月的薪水，購買能力只能相當於戰前十元錢。

噶邦福一家於20世紀50年代移居澳大利亞，在澳大利亞去世。噶邦福先生有一個女兒叫噶維達，在昆明的時候才五六歲，挺活潑的一個小女孩，中國話說的非常好，還會用中文罵人。1988年，西南聯大五十周年紀念活動在昆明舉行，噶邦福的夫人和女兒都來了，噶維達女士在澳大利亞國立大學教中文。（朱俊、李紅英〈西南聯大的外籍教師噶邦福〉）

外文系教授

葉公超太懶？

「喜畫蘭，怒畫竹。」他精通英國語言文學，也有深厚的國學根底，擅長書法和繪畫。這就是西南聯大外文系葉公超（1904-1981）教授。1961年，葉公超在臺灣被蔣介石軟禁，連在大學授課都不得，只好以書法繪畫消遣度日。我們不難想見，晚年葉公超畫竹多一些吧。不知此時，這個高傲的學者是否後悔從政。

圖左：上世紀30年代的葉公超。
圖下：從政後的葉公超在批閱文件。

在聯大外文系學生趙瑞蕻的印象中：「葉先生在外表有副西方紳士的派頭，彷彿很神氣，如果跟他接觸多了，便會發現他是一個真誠、極有人情味兒的人，一個博學多才的知識份子。他並沒有什麼架子，相反的跟年輕同事相處得挺好，樂於助人，而且十分重視人才，愛護人才。」

在西南聯大外文系，流傳著這樣一句話：「葉公超是太懶，吳宓太笨，陳福田太俗。」不少當年聯大的學生認為這是錢鍾書的言論，儘管楊絳撰文否認。許淵沖認為：「這句話看起來像是錢先生說的，因為它是一個警句。」與其探討這話是不是錢鍾書說的，不如看一看這話說的是否準確。葉公超是不是太懶？許淵沖在〈錢鍾書先生和我〉一文中，列舉了很多證據：

> 他的學生季羨林說：「他幾乎從不講解」；另一個學生趙蘿蕤說：「我猜他不怎麼備課」；他的同事柳無忌說：「這時的西南聯大尚在草創階段，三校合併，人事方面不免錯綜複雜，但我們的外文系卻相安無事，那是由於公超（系主任）的讓教授各自為學，無為而治的政策──我甚至不能記憶我們是否開過系務會議。」我（許淵沖）還記得1939年10月2日我去外文系選課時，系主任葉先生坐在那裏，吳宓先生站在他旁邊，替他審查學生的選課單，他卻動也不動，看也不看一眼，字也不簽一個，只是蓋個圖章而已，真是夠懶的了。

1938-1939年，楊振寧和許淵沖在昆明西南聯合大學讀一年級，兩人都上過葉公超教授的英文課。他們都認為聯大絕對是一流的大學，「我們兩個後來的工作都要感謝聯大給我的教育」。據楊振寧回憶，葉公超教授的英文極枯燥，他對學生不感興趣，有時甚至要作弄我們。「我不記得從他那裏學到什麼。」

當然，對一位教授的評價和印象，因人而異。李賦寧總結葉公超先生授課的特點是：「先在黑板上用英文寫下簡明扼要的講課要點，然後提綱挈領地加以解釋說明。接著就是自由發揮和當機立斷的評論。這種教學法既保證了基本理論和基本知識的傳授，又能啟發學生的獨立思考和探索，並能培養學生高雅的趣味和準確可靠的鑒賞力。葉公超語言純正、典雅，遣詞造句幽默、秀逸，講授生動。」

1925年，葉公超來到英國，幸運地認識了艾略特，後成為我國第一位介紹艾略特詩與詩論給國人的人。早在1934年葉公超就寫過一篇相當深入的評論，題為〈艾略特的詩〉，發表於當年四月出版的《清華學報》第九卷第二期。1936年底，趙蘿蕤在清華大學外國文學研究所讀研究生的最後一年，戴望舒聽說她曾試譯過《荒原》的第一節，就約她把全詩譯出，由上海新詩社出版。在此之前，她已經聽過美籍教授溫德（Robert

葉公超畫竹。

Winter）老師詳細地講解過這首詩，所以她的譯者注基本就採用了溫德的講解。她還請其師葉公超教授寫了一篇序，序言顯示出葉公超對其作品及作品的影響有著超出一般水平的理解，其中還說了這樣一句話：「他的影響之大竟令人感覺，也許將來他的詩本身的價值還不及他的影響的價值呢。」

趙蘿蕤在〈懷念葉公超老師〉一文中描寫葉公超的家庭說：「一所開間寬闊的平房，那擺設說明兩位主人是深具中西兩種文化素養的。書，還是書是最顯著的裝飾品，淺淺的牛奶調在咖啡裏的顏色，幾個樸素舒適的沙發、桌椅、臺燈、窗簾，令人覺得無比和諧。吃起飯來，不多不少，兩個三個菜，一碗湯，精緻，可又不像有些地道的蘇州人那樣考究，而是色味齊備，卻又普普通通，說明兩位主人追求的不是『享受』，而是『文化』，當然『文化』也是一種享受。」趙蘿蕤所寫的情形，大概是戰前的北平生活。在昆明，優雅、舒適的生活不再有。在趙瑞蕻的記憶中，葉公超窮得還向學生借五十元錢呢。

在此一提，葉公超和他的夫人袁永熹。上世紀30年代初，葉公超和畢業於燕京大學的袁永熹喜結良緣。在西南聯合大學時期，一直單身的吳宓教授常在葉公超家中吃飯，並和葉家的孩子嬉戲，感受到家庭生活之樂趣，多少對吳宓的生活是一種補償。關於袁永熹，《吳宓日記》中有多次記錄，1940年10月19日有評論：「葉（公超）宅晚飯。近一年來，與（袁永）熹恒接近，深佩熹為一出眾超俗之女子。……設想（葉公）超昔年竟娶賢（陳仰賢，南洋華僑，燕京大學女生，葉公超的追求者——引者注），則宓在超家其情況又自不同。……又覺熹之性行頗似彥（毛彥文）。使宓以昔待彥者對熹，必立即逕庭。」吳宓不但愛慕陳仰賢，而且也欣賞袁永熹。許淵沖曾在葉公超先生家見過葉夫人，他在〈一代人的愛情〉文中寫道：「知道她（葉夫人）是我同班同學袁永熙（後來成了清華大學黨委書記）

的姐姐，那時已有一女一子，她叫女兒給我們唱英文歌，可見她是一位賢妻良母。」

許淵沖提到的袁永熙，就讀聯大經濟系，是地下中共黨員。1939年春任西南聯大黨支部書記、總支書記。袁永熙讀聯大時，和就讀於聯大地質系的陳璉（陳布雷之女）戀愛。皖南事變後，這對戀人曾到個舊隱蔽。1947年8月10日，陳璉和袁永熙在北平六國飯店舉行婚禮。

再回到「葉公超太懶」這個話題上來。有人認為，葉公超述而不著，可惜了一肚子學問。這也從另一方面說明他「懶」。1941年葉公超離開西南聯大，到重慶外交部任職。那一代學者從政，鮮有成功的個案。連王雲五也說，自己從政不過是客串。葉公超的這個轉型，很難說成功，倒是接近悲劇。

這個「懶」字後來給他惹下了大禍：1961年11月他任國民黨政府「駐美大使」，在聯合國開會時，他懶得向蔣介石請示，就舉手贊成了外蒙古入聯合

葉公超信札。

國案，結果立刻被蔣介石召回臺灣，軟禁終身。這能說是不「懶」嗎？（許淵沖〈錢鍾書先生和我〉）

葉公超曾對人說：「他（蔣介石）懂什麼外交！」未免書生意氣。葉公超晚年被軟禁時，不知會不會想起昆明的歲月，因為聯大被看作民主、自由的象徵。

【補記】葉公超也有幽默的一面。據易社強的描述：葉公超是外文系第一位系主任，或許也是一位出色的教師。他有不可思議的語言天賦。每學期開始，他會在黑板上寫一句話，「I am very well」，然後請每個學生大聲朗讀。由此，他能馬上判斷出學生的籍貫，只有一次沒有猜對。他在私底下模仿馮友蘭的口吃和劉文典的安徽口音，使朋友們樂開懷。

吳宓的嚴謹與浪漫

抗戰之前，吳宓在清華大學就是一個備受爭議的人物。

吳宓留學美國時，和陳寅恪、湯用彤並稱為「哈佛三傑」。1921年，吳宓哈佛大學文學碩士學位，是白璧德（Irving Babbitt）「新人文主義」的堅定擁護者。1922年，作為《學衡》雜誌的創辦人和主編，他用文言文寫作，批判白話文。1925年，吳宓被聘

早年吳宓。

為清華外文系教授，制定了清華外文系的課程設置和培養方案；並參與籌辦清華國學研究院，聘請王國維、梁啟超、陳寅恪、趙元任四大導師。

　　吳宓本來有一個外人看來幸福美滿的家庭，他和陳心一結婚後，生了三個女兒，卻公開宣佈自己愛上了同學朱君毅的表妹——毛彥文。1929年，吳宓和陳心一結婚7年後協議離婚，三個女兒跟母親，吳宓出撫養費。離婚之後，吳宓在追求毛彥文的同時，又和清華大學的女生、燕京大學的女生傳出緋聞。1935年2月9日，毛彥文嫁給了大自己33歲的熊希齡（民國初年的國務總理）。

　　吳宓天生情種，雅好戀愛，但在這方面屢敗屢戰。戀愛固然可以產生佳話，但也不斷催生笑話。吳宓有一首詩，開頭說：「吳宓苦愛×××（原文如此），三洲人士共驚聞。」儘管沒有寫出真名實姓，從押韻上看，卻是欲蓋彌彰。×××者，毛彥文也。吳宓還有一組《空軒十二首》，他在授「中西詩之比較」課時，分發給學生，據說，每首影射一位女子——吳宓酷愛《紅樓夢》，這種寫法，令人想起「金陵十二釵詩謎」。錢鍾書在評論其師吳宓的詩集時，一語道破：吳詩中「太多自己」，簡直像作者的履歷表，甚至「偶而當眾外揚家醜」。

　　吳宓生活上風流韻事頻出，學術上嚴謹，授課一絲不苟。他的性格是浪漫與嚴謹的矛盾的統一。我們不妨看看當時他的同事和學生對他的評價。先來看關於他性格浪漫的評價。

　　溫源寧的〈吳宓〉文這樣評說吳宓：「他立論上是人文主義者，古典主義者，但是性癖上卻是徹頭徹尾的一個浪漫主義者。」

　　吳先生是一個奇特的人，在他身上表現出不少矛盾，季羨林曾對他作如此評價：「他古貌古心，同其他教授不一樣，所以奇特；他言行一致，表裏如一，同其他教授不一樣，所以奇特；別人寫白話文，寫新詩，他偏寫古文，寫舊詩，所以奇特。他反對白話文，但又十分推崇用白話寫成的《紅樓夢》，所以矛盾。他看似嚴肅、古板，但又頗有一些戀愛的浪漫史，所以矛盾。他能同青年學生來往，但又凜然、儼然，所以矛盾。」

趙瑞蕻在〈我是吳宓教授，給我開燈〉文中說：「西南聯大外文系裏有五位老師給我的印象最深。……那就是吳宓、葉公超、柳無忌、吳達元和燕卜蓀這五位先生。其中吳宓先生可說是最有意思、最可愛、最可敬、最生動、最富於感染力和潛移默化力量，也是內心最充滿矛盾、最痛苦的一位了。吳先生外表似是古典派，心裏面卻是個浪漫派；他有時是阿波羅式的，有時是狄俄尼索斯式的；他有時是哈姆雷特型的，有時卻是堂吉訶德型的；或者是兩種類型、兩種風格的有機結合。」

　　再看他的治學之嚴謹，這從他的教學中體現得淋漓盡致。

　　在南嶽時，教授宿舍緊張，於是合併，吳宓、沈有鼎、聞一多、錢穆四人同住一室。在錢穆看來，三人平日孤僻，不愛交遊。每天晚上，聞一多自燃一燈放在座位上，默默讀《詩經》《楚辭》，每有新見解和新發現，就撰寫成篇。吳宓則為明日上課抄寫筆記寫綱要，逐條寫，又合併，有增加，寫好後，用紅筆加以勾勒。吳宓嚴謹備課給錢穆留下非常深刻的印象。次日，吳宓一早最先起床，一人獨自出門，在室外晨曦微露中，拿出昨晚備課所寫條目，反覆誦讀。等他人都起床後，回到宿舍。

　　錢穆和吳宓同住一宿舍，瞭解其為人之後，慨歎：「余與雨生（吳宓字雨生，又作雨僧）相交有年，亦時聞他人道其平日之言行，然至是乃始深識其人，誠有卓絕處。非日常相處，則亦不易知也。」

　　吳宓先生記憶驚人，許多文學史大事，甚至作家生卒年代他都脫口而出，毫無差錯。吳先生還為翟孟生的《歐洲文學簡史》作了許多補充，並修訂了某些謬誤的地方。他每次上課總帶著這本厚書，裏面夾了很多寫得密密麻麻的端端正正的紙條，或者把紙條貼在空白的地方。每次上課鈴聲一響，他就走進來了，非常準時。有時，同學未到齊，他早已捧著一包書站在教室門口。他開始講課時，總是笑眯眯的，先看看同學，有時也點點名。上課主要用英

語，有時也說中文，清清楚楚，自然得很，容易理解。（趙瑞蕻〈我是吳宓教授，給我開燈〉）

吳宓的陝西同鄉、弟子李賦寧也有類似的回憶：「先生寫漢字，從不寫簡筆字，字體總是正楷，端莊方正，一絲不苟。這種嚴謹的學風薰陶了我，使我終生受益匪淺。先生講課內容充實，條理清楚，從無一句廢話。先生對教學極端認真負責，每堂課必早到教室十分鐘，擦好黑板，做好上課的準備。先生上課從不缺課，也從不早退。先生每問必答，熱情、嚴肅對待學生的問題，耐心解答，循循善誘，啟發學生自己解答問題。先生批改學生的作業更是細心、認真，圈點學生寫的好句子和精彩的地方，並寫出具體的評語，幫助學生改正錯誤，不斷進步。」（李賦寧〈懷念恩師吳宓教授〉）

鑒於吳宓的突出成就，1942年8月，國民政府教育部聘他為英國文學部聘教授，與陳寅恪（歷史）、湯用彤（哲學）同時獲得「部聘教授」殊榮，後又被聘為教育部學術審議委員會審議委員。這是對吳宓學術成就的一種肯定。

1944年秋，吳宓離開求學執教三十年的清華大學，追隨他的好友陳寅恪，去了成都。據說，與系主任陳福田之間的矛盾是他離開的原因之一。

吳宓和聯大的《紅樓夢》熱

吳宓是一位熱心的老師，對學生的請求幾乎有求必應。他在聯大開設的「歐洲文學史」就是一門很重要的基礎課。他還教英國文學史、希臘羅馬文學選讀、歐洲名著選讀、中西詩之比較、文學與人生等課。除了教課一絲不苟、兢兢業業，吳宓還推動了聯大的《紅樓夢》熱。

據余斌考證，1940年至1942年間，聯大出現了一次《紅樓夢》熱，這股熱潮大概由陳銓的一次演講引起的，吳宓和劉文典推波助瀾，使之升級。

1940年4月11日晚，陳銓大西門內文林堂演講《叔本華與紅樓夢》，反應熱烈。這次演講吳宓幫助張羅，他在日記中記下講演之盛況：「聽者極眾，充塞門戶。其盛夙所未有也。」

一個月後，「以研究《石頭記》為職志」的「石社」成立，核心人物黃維等歡宴於同仁街曲園，行紅樓夢酒令，吳宓應邀參加。吳宓是「石社」的重要成員。想要入社的聯大學生需提交一篇對這部小說的鑒賞文章，最好用第一人稱寫，因為這樣可以把自己比作書中的某個人物。這個社團夜間在南食堂舉辦的活動生氣勃勃，逸趣橫生，話題常常不知不覺從品評《石頭記》轉到各自閱讀的詩文及個人戀愛故事。在這種場合，吳宓如魚得水。

在汪曾祺的記憶中，吳宓先生講「紅樓夢研究」，經常有後來的女生沒有椅子坐，他看到後，馬上就去旁邊的教室搬來椅子，等學生都坐好，才開始講課。吳先生此舉，也引來一些有騎士風度的男生追隨學習。

其實，早在美國留學之時，吳宓就為哈佛大學中國學生會之邀，做過《紅樓夢新談》的演講。吳宓研究紅樓夢的最大貢獻，是從比較文學的角度，聯繫人生去尋找人生的哲理。他對《紅樓夢》的研究成果，不僅是我國比較文學研究的典範，也深深影響著自己的一生。正所謂「一代文學矜四海，半生騷願寄紅樓」。

吳宓有曲折的戀愛情史，他經常把自己比作《紅樓夢》中的賈寶玉。顧毓琇有「千古多情吳雨僧」句，吳宓字雨僧，讓人想起蔣捷的〈虞美人·聽雨〉：「而今聽雨僧廬下，鬢已星星也！悲歡離合總無情，一任階前點滴到天明。」事實上，吳宓一生的苦戀和癡

情，也的確如這半闋詞所寫，「悲歡離合總無情」。有同事取笑他是「情僧」。吳宓並不因此惱怒。

不要以為吳宓多情，就是好色之徒和輕浮的浪子，事實上他對女性的愛慕和尊重，發乎情，止乎禮。他處處對女士設身處地著想，照顧非常細緻：「遇有車馬疾馳而來，他就非常敏捷地用手杖橫著一攔，喚著蘇生和我，叫我們走在街道裏邊，自己卻紳士派地挺身而立，站在路邊不動。等車馬走過才繼續行走。他這種行動不禁令人想起中世紀的騎士行徑。」（茅於美〈懷念吳宓導師〉）

在西南聯大，廣為流傳著吳宓教授的一個故事。聯大新校舍對面（曾在聯大求學的郭冠球回憶說是聯大附近的府甬道）有一家湖南餐館，名曰「瀟湘館」。吳宓見後大怒，認為是玷辱了冰清玉潔的林黛玉，竟然動粗砸了那家店的碗碟，強令改名。

這個故事的另一種版本是這樣：有一天，吳宓發現有個飯館，上面寫「瀟湘館」，他一進去，裏面都是喝酒劃拳的，就說，叫老闆來一下。老闆說，先生有何指教？吳宓就說，你看這樣行不行？我給你一些錢，你把這個名字改了，別叫瀟湘館。老闆說怎麼了，「林妹妹會難受的」，吳宓回答。因為林妹妹的瀟湘館是有幽幽篁竹，適宜吟詩的地方，怎麼能劃拳？

筆者猜想，吳宓酷愛《紅樓夢》，以此自況也，他時常陷入情感的衝突與矛盾之中。1942年，劉文典在聯大講《紅樓夢》兩次，吳宓都去捧場。一次，「聽典講《紅樓夢》並答學生問。時大雨如注，擊屋頂錫鐵如雷聲。」另一次：「聽典露天講《紅樓夢》。見瓊在眾中。宓偕雪梅歸途。」瓊是聯大生物系助教張爾瓊，有一段時間她在昆華中學教書，與吳宓關係時冷時熱，若即若離。雪梅即貴州女詩人盧雪梅，多次婚戀失敗後轉向吳宓。吳宓陪她聽劉文典講演《紅樓夢》，卻心猿意馬，張望人群中的張小姐。

吳宓寫過一篇文章，名為〈紅樓夢評贊〉，有一部分將太虛幻境與但丁的《神曲》中地獄、煉獄和天國相比較，引導人從幻滅和痛苦中解脫。這是吳宓的拿手好戲。他在一種文化與別的文化之間來回穿梭，跨越好幾個世紀，還經常朗誦同一主題的英詩和唐詩，讓本科學生驚歎不已。那天晚上，「聽者填塞室內外」，在回答學生的提問時，「因暢述一己之感慨，及戀愛婚姻之意見，冀以愛情之理想灌輸於諸生。而詞意姿態未免狂放，有失檢束，不異飲酒至醉云」。又有一次上《文學與人生》課，不知不覺講到《紅樓夢》，將自己的情史作為「反面教材」，講自己「訂婚、結婚及早年認識彥（毛彥文）之往事。聽者擁塞。」下課後，吳宓細思量，覺得對學生敘生平，不妥當，很後悔。

　　在對《紅樓夢》人物的評價方面，吳宓處處表達了對強者的蔑視和弱者的同情，他說：「賈政是個偽君子、假道學、假正經，一個庸俗不堪的人。」

　　據卜保怡文章〈吳宓的昆明歲月〉可知：吳宓非常讚賞林黛玉，他覺得世上所有人（包括他自己）都不能免俗，而黛玉身上是沒有一點俗氣的，誰能有資格到黛玉的身邊能夠做紫鵑，從早到晚服侍黛玉，就非常幸福，足夠幸福了，那是求之不得的幸福了！

　　吳宓說自己要像紫鵑那樣，畢其一生，全心全意地為林黛玉服務，因為林黛玉是美的象徵、美的化身、美的極致。她決心為美而活，為美而死。他說：「愛情最重要的就是熱烈誠摯，甘願犧牲，為所愛的人奉獻一切，豈能自己一毛不拔，只想讓對方來百依百順呢？黛玉的愛情是真正的愛情、理想的愛情、偉大的愛情。至於寶玉，作為一個年輕男子，性情變動不居，也是正常的。要是因為他還沒有找到那個冥冥中的理想伴侶，一旦找到了他就會徹底按下心來，始終不渝。」

　　1942年暑假，吳宓為聯大學生講《紅樓夢》共七次。第一次，毛子水教授也來聽講。在此期間，吳宓應昆明廣播電臺邀請，播講《紅樓夢之文學價值》，並獲得不菲報酬。據說一家影劇院在中間休場時，還請他走上舞臺，講了一段以活躍氣氛。可以想見，吳宓講演《紅樓夢》，成為聯大和昆明的公眾人物，這情形，大概和如今在央視《百家講壇》講紅樓夢的劉心武類似。

　　吳宓對演講《紅樓夢》活動樂此不疲。每次演講之前，他都要認真寫好講稿，而講的時候則完全脫離講稿，背誦是他一生最得意、也是最高明的長處。

　　不久，這股「吳宓風」幾乎吹遍了整個西南。樂山的武漢大學、貴陽的清華中學、遵義的浙江大學等紛紛邀請他去講演《紅樓夢》，每個地方都引起轟動。

　　吳宓的性格雖然有一絲古怪，一點迂腐，但他的確是個儒雅的君子，他對中國傳統文化的守護，酷愛《紅樓夢》，發自真性情。正如易社強所說：「在他鑽研的各個領域，吳宓都不愧是個博學的怪才，而學識淵博、性情怪僻是文科教授的顯著特色。他集思想的多樣性與人類的感性於一身，展現了聯大的最大特色。」

吳宓的交際圈

　　《吳宓日記》忠實地記錄了吳宓在西南聯大的生活，我們可以看到聯大大多數教授的身影，同時，也留下了戰時昆明的文化、娛樂、飲食等多方面的細節和社會風情。我們考察一下吳宓的交際圈，可以看到諸多湮滅在時光深處的文化記憶。

　　吳宓和陳寅恪、劉文典交往甚密，常有詩歌唱和。與賀麟、張蔭麟、陳銓、錢鍾書等人的談話、宴請都記錄在日記中。

1938年，吳宓與生父芷敬公及侄女攝於香港。

　　1942年9月的一天，吳宓陪同陳銓去雲南大學做《民族運動與文學運動》的演講。這段時間，吳宓忙於瓊、彥的感情糾葛，不像他昔日的學生陳銓，忙著寫劇本，辦雜誌，致力宣揚民族主義思想。但兩人關係親密。不經常見面，陳銓偶爾來訪，看望老師。他們一起到聯大校園外面的新新飯店吃飯，邊吃邊聊；或者到同記茶館討論讀陳銓小説的《狂飆》感想。那時，陳銓住在昆明的北門街98號，吳宓有時也去他這裏。一起吃午飯，喝杯咖啡，或者去看陳銓編劇的《黃鶴樓》。

　　吳宓不僅和聯大、雲大、藝專的教授、文人、藝術家交遊，他的交際圈裏還有不少軍人和將領。以軍人而論，除了關麟徵外，還有杜聿明、黃維（第五十四軍長）、宋希濂、張耀明（第五十二軍軍長）等。除軍人外，如雲南財政金融首腦繆雲台，「裝飾摩登而別致」的著名女士司高玉柱，等等，吳宓與他們也都有或深或淺的交往。

　　吳宓在昆明時期交往的上層軍政人員，關麟徵是主要的一個。當時關麟徵是抗日將領，和吳宓都是陝西人，有鄉誼，交往自然多一點。兩人交往多是閒談，但有時也有求辦的事，諸如請關介紹搭乘軍車或托運衣物，辦通行證，諸如此類的事情。

　　吳宓離開昆明赴成都前，關先後兩次贈金共兩萬元，「宓略辭而後受之」（1944年9月1日）。天下沒有免費的午餐，吳當然也不是白拿。半年前，吳當了一次槍手，「代關將軍作賀中央憲兵十三團龍團長夫人三十壽詩云：『妙譽英才伉儷堅，天真揮灑對嬋娟。簫新劍氣衝牛斗，三十功名奏捷先。』」隨後，吳又代第九集團軍兵站分監葛某「撰關麟徵將軍太翁壽詩云：『一鄉欽德望，廿載侍戎機。教子成名將，摧胡屢合圍。天應賜壽考，人共説神威。忠孝心如鏡，終難萬古霏。』」代做諛詩當然要説些吹捧的話，心裏未必這樣想。吳宓為人代做諛詩，大概是和昆明上層交往的一種手段。想想歷史上的詩人，寫諛詩，為名人撰墓誌銘，似乎不算丟份、失名節的事情。吳宓在抗戰時期的昆明，生活艱難，做出此舉，也無可厚非。

　　當然，在聯大教授中，也有非常愛惜自己羽毛的。1945年「一二·一」慘案以後，鎮壓昆明學生運動的禍首李宗黃慕聞一多之名，托人送來一枚圖章，並附上豐厚的潤資，請聞一多為他治印，被聞一多斷然拒絕。吳宓為昆明的將領代寫諛詩，雖然不能和聞一多凜然退李宗黃治印玉石相比，但可以看出聯大學者對權貴的態度。

　　事實上，吳宓對關麟徵在骨子裏是瞧不起的，且對他腹誹。舉一例：「關將軍糾合昆明畫家，強其作畫140幅，以遍贈在文山訓練中國軍官之美國軍官140人。且各另畫一幅，以贈關將軍。（當場發紙）噫嘻，職之不修，軍不能戰，見譏於美人，而徒以私情交歡。且慷他人之慨，勒令畫家獻納，未免貪且暴。將軍過矣！」（1944年3月22日）

　　吳宓是一位頗有儒家風範的學者，儘管他有一顆為情所困的內心。小偷偷了他的西服，他就穿舊式的長袍和夾克。他走路時總是自豪地挺起胸脯，持手杖，堅持走直而窄的路，絕不抄近路橫穿草

坪。下午三點的約會，他會在兩點五十出現，但禮節意識不允許他在三點整之前敲門。

吳宓為了生活中的小事煩惱，葉公超借了他的錢，卻忘了還。《吳宓日記》1938年2月25日說：「公超陪宓至交通銀行，以國幣三十五元，換得港幣三十二元，公超借去宓港幣十元$10H・K・（始終未還）。」是不是在這方面有了教訓，此後，吳宓借給別人錢要催人還。他說：「我應當催他還，這是幫助他，怕他萬一忘掉成為品德上的污點。」大概是受了《哈姆雷特》中波洛涅斯的啟發。因為債款放了出去，往往丟了本錢，而且還失去了朋友。

當然，吳宓心中永遠的永久的痛就是毛彥文，他經常與賀麟、浦江清等人談他心中的遺憾與矛盾。1943年8月20日，已是知天命之年的吳宓於昆明寫下一首五言長詩〈五十自壽〉，對毛彥文的感情一如既往：

> 平生愛海倫，臨老亦眷戀。
> 世裏音書絕，夢中神影現。
> 憐伊多苦悲，孀居成獨善。
> 孤舟泛黃流，群魔舞赤縣。
> 歡會今無時，未死思一面。
> 吾情永付君，堅誠石莫轉。
> 相抱痛哭別，安心歸佛殿。
> 即此命亦慳，空有淚如霰。

吳宓的內心深處有一種悲天憫人的情懷，他的靈魂對愛情也有宗教般的執著，他的性格裏的偏執和猶豫是一枚硬幣的兩面。他在昆明結交的任何一個人，都不曾瞭解他靈魂裏的孤獨和熱烈。

錢鍾書離開西南聯大的「難言之隱」

錢鍾書1937年從牛津畢業後，又去法國巴黎大學做研究，本想攻讀博士學位，但後來放棄了。1938年，錢鍾書將要回國時，不少大學想聘他，最後，還是他的母校清華大學佔了上風，當時竭力促成錢鍾書回清華任教的是西南聯大文學院院長馮友蘭。請錢鍾書來西南聯大教書的除了馮友蘭，還有錢鍾書的老師吳宓。

西南聯大聘請錢鍾書為教授，在外文系執教，是破格聘請的。其時，錢鍾書剛過28歲。馮友蘭給梅貽琦的信中說：「弟意名義可與教授，月薪三百，不知近聘王竹溪、華羅庚條件如何？錢之待遇不減於此二人方好……」

1938年10月下旬，錢鍾書抵達昆明，他為聯大外文系學生開了三門課：大一英文（六個學分）、文藝復興時期的文學（四個學分）、現代小說（二個學分）。

在許淵沖的印象中，「錢鍾書先生讀中文書、外文書數量之多，冠絕一時」。在何兆武的印象中，錢鍾書眼界極高，一般人難入其法眼，與同事相處並不好。當時《大一英文》分3個組，A組的陳福田注重美國英文，B組的錢鍾書注重英國

1932年，錢鍾書在清華大學氣象臺。

錢鍾書、楊絳和錢瑗，他們
三人。

英文，C組的潘家洵注重中文翻譯。在學生中最受歡迎的是潘家洵，很多人在窗子外面聽他的課，聽他翻譯易卜生的作品。許淵沖聽過錢鍾書的大一英文課，他記錄了錢鍾書上課時的情形：「錢先生只說英文，不說中文；只講書，不提問題；雖不表揚，也不批評，但是臉上時常露出微笑。」許淵沖還記得課堂上的一個細節：當時昆明的電影院正放映莎士比亞的名劇《羅密歐與茱麗葉》，錢鍾書微笑著說：「有許多人看了這部電影，男的想做羅密歐，女的想做茱麗葉。」錢鍾書口才極好，人很風趣，許淵沖說，錢先生妙語如珠，大有「語不驚人死不休」之慨。

　　文藝復興時期的文學和現代小說是為高年級的學生開設的選修課。據王佐良的回憶，錢鍾書第一天上課時，葉公超親自至教室介紹錢鍾書，說錢是他的學生，得意之狀，喜形於色。吳宓借閱了李賦寧記錄的這兩門課程的筆記，對錢鍾書授課非常佩服。由此可見，聯大的教授都是愛才的。

　　錢鍾書住文化巷11號，鄰居有顧憲良、周玨良、李賦寧、楊武之等人。此時，楊絳在上海，夫妻兩人異地分居，錢鍾書自然想念妻子和女兒。錢的〈昆明舍館作〉第一首、第二首是懷人的：

萬念如蟲競蝕心，一身如影欲依形。
十年離味從頭記，爾許淒涼總未經。

屋小簷深晝不明，板床支凳兀難平。
蕭然四壁埃塵繡，百遍思君繞室行。

聯大在文化巷的宿舍很小，錢鍾書說「屋小如舟」，他為棲身之所取了名為「冷屋」，寫了一系列嬉笑怒罵的妙文，輯為「冷屋隨筆」。錢鍾書在此寫的隨筆〈一個偏見〉開頭說：「偏見可以說是思想的放假。」錢鍾書本人有沒有傲慢與偏見呢。

　　不少論者認為，錢鍾書在西南聯大只教了短短一學年，因和同事關係緊張，不辭而別。錢鍾書為什麼離開西南聯大，現在有許多說法。其中有代表性說法是錢鍾書在聯大罵遍了人，待不下去了。據說他曾有此言：「西南聯大的外文系根本不行；葉公超太懶，吳宓太笨，陳福田太俗。」葉公超和錢鍾書的矛盾是否因此而起，不敢貿然下結論，但兩人之間貌不和、神已離，這是事實。據學者李洪岩考證，《圍城》中詩人曹元朗的原型是葉公超。所以，當若干年後有人向葉公超問起錢鍾書在聯大的情況時，葉公超竟回答說他不記得錢鍾書曾在那裏教過書。

　　葉公超和錢鍾書這曾經的師生因何不甚和諧。吳學昭的《聽楊絳談往事》披露：聯大外文系裏收購錢鍾書從國外帶回的西書，沒有依價償付書款。這事情和外文系主任葉公超有關。《吳宓詩集》中收錄了錢鍾書致吳宓的一首詩，讓我們隱約看到事情的原委：「清繕所開目，價格略可稽。應開二百鎊，有羨而無虧；尚餘四十許，待師補缺遺。縢書上葉先，（公超）重言申明之。（周）玨良所目睹，皎皎不可欺。朝來與葉晤，復將此點提；則云已自補，無復有餘資。」這件小事可能影響到兩人的關係。

1939年暑假，錢鍾書去上海探親，再也沒有回聯大。這是錢鍾書人生中的一個重要轉捩點，錢鍾書為何捨棄了聯大，選擇去湖南藍田師院執教？當時他父親錢基博已在湖南藍田國立師範學院任教，想讓錢鍾書也往藍田師範，一面任教，一面照顧自己。楊絳晚年撰文回憶說：「鍾書的母親、弟弟、妹妹，連同叔父，都認為這是天大好事」。主要是不忍拂逆父親意願，錢鍾書寫信給聯大外文系主任葉公超，說他因老父多病，需他陪侍，這學年不能到校上課了。楊絳說：「鍾書沒有給梅校長寫信辭職，因為私心希望下一年暑假陪他父親回上海後重返清華。」

　　葉公超沒有回信答覆，想來他將此事向梅貽琦彙報。所以才有了梅貽琦兩次電報挽留。葉公超為何沒有回信答覆，是不屑一顧懶得回，還是得知錢罵自己「太懶」意氣難平、故意不回？這是個謎團。1939年9月21日，吳宓的日記中透露出這樣一個資訊：「八點三十分回舍，接（葉）公超片約，即至其宅，悉因錢鍾書辭職別就，並商談系中他事。」

　　錢鍾書暑假沒有收到也葉公超的回覆，楊絳回憶，在這樣的情形下，「十月十日或十一日，鍾書在無可奈何的心情下，和藍田師院聘請的其他同事結伴離開上海，同往湖南藍田。」誰知，錢鍾書剛走一兩天，楊絳就收到沈茀齋（沈履，楊絳的堂姐夫）來電，好像是責問的口氣，怪錢鍾書不回覆梅校長的電報。

　　不知哪個環節出了問題，錢鍾書和楊絳夫婦沒有收到梅貽琦的第一封電報。楊絳立即寫信告訴鍾書梅校長發來過電報，並附去茀齋哥的電報，一起郵寄到藍田師院。錢鍾書從上海去湖南藍田的這段旅程，走了三十四天，可謂「道路阻艱，行李繁重，萬苦千辛」。12月5日，錢鍾書致信梅貽琦和沈履，說明事情的原委，不妨將錢鍾書致梅貽琦信抄錄如下：

月涵校長我師道察：七月中匆匆返滬，不及告辭。疏簡之罪，知無可逭。亦以當時自意假滿重來，侍教有日，故衣物書籍均在昆明。豈料人事推排，竟成為德不卒之小人哉。九月杪屢欲上書，而念負母校庇蔭之德，吾師及芝生師栽植之恩，背汗面熱，羞於啟齒。不圖大度包容，仍以電致。此電寒家未收到，今日得婦書，附蒪齋先生電，方知斯事。六張五角，彌增罪戾，轉益悚惶。生此來有難言之隱，老父多病，遠遊不能歸，思子之心形於楮墨，遂毅然入湘，以便明年侍奉返滬。否則熊魚取捨，有識共知，斷無去滇之理。尚望原心諒跡是幸。書不盡意。專肅即叩。

鈞安

門人錢鍾書頓首上
十二月五日

楊絳撰文指出，錢鍾書的難言之隱、不堪為外人道的隱情，說白了，只是迫於父命，「而鍾書始終沒肯這麼說。做兒子的，不願把責任推給父親，而且他自己確也是毅然入湘」。雖然錢鍾書是在沒有收到梅貽琦電報的情況下去了湖南藍田，但在情理上，錢鍾書也意識到，「不才此次之去滇，實為一有始無終之小人」。（錢鍾書致沈蒪齋信）

我們從錢鍾書離開聯大這件事情上，可以看到聯大的氣度，也可以看出錢鍾書為人處世的態度。

梅貽琦愛才心切，仍馳電挽留，由此可見，西南聯大確是愛才心切，不計較私嫌、廣納人才。這種胸襟，令人佩服。另一方面，聯大的機制和學術環境，允許教授自由流動。錢鍾書離開西南聯大，大概不是發自內心，是尊父親之命。另一方面，錢年少氣盛，

恃才傲物，言語有點刻薄，話鋒帶諷刺，自然會得罪某些聯大同仁，有的是他清華園昔日的老師。人生就是這樣，有得有失。錢鍾書去藍田師範學院任教的經歷，是他創作《圍城》的素材。

錢鍾書離開聯大隱約折射出聯大外文系人際之間的矛盾。1940年春，吳宓因清華外文系主任陳福田先生不聘錢鍾書，憤憤不平，斥為『皆妄婦之道也』。他奔走呼籲，不得其果，更為慨然，『終憾人之度量不廣，各存學校之町畦，不重人才』。又怨公超、福田先生進言於梅校長，對錢等不滿。」另據《吳宓日記》記載，吳宓曾和陳寅恪說到此事，陳的意見是「不可強合，合反不如離」。

有了西南聯大和藍田師範學院的經歷和遭際，錢鍾書後來在小說《圍城》中塑造了很多學者的形象，雖然是小說，但也暗含他對當時的學者的評價，小說曲折地映照現實。

陳銓與戰國策派

陳銓是20世紀40年代名噪一時的「戰國策派」的代表人物，也是中德文學交流傑出的開拓者與先行者。可是，由於歷史的誤會，陳銓長期退隱於歷史深重的帷幕之後，少人問津。

作為劇作家、文學評論家、研究尼采和叔本華的專家、《浮士德精神》的作者，1934年，陳銓回國時身懷奧柏林（Oberlin）大學碩士和基爾大學（Kiel）博士文憑。因此，他在清華大學同時講授英國和德國文學。

1937年，陳銓舉家隨清華大學南遷。由於歷史的風雲際會，陳銓、雷海宗、林同濟相聚在昆明，為「戰國策派」的誕生創造了條件。

「戰國策派」，得名於陳銓、雷海宗、林同濟等人於1940年4月創辦於昆明的《戰國策》半月刊。除了陳銓、雷海宗、林同濟、

賀麟等人之外，還有一批自由主義知識份子被聘為刊物的特約撰稿人，比如朱光潛、馮友蘭、陶雲達、沈從文、費孝通等。主持人是林同濟和何永佶，何當時是雲南省財政廳廳長繆雲台的秘書，何説動繆出錢，支持每期刊物的費用。後來，由於日本人空襲頻繁，紙張印刷遇到問題，再加上其他問題，這份刊物於1941年4月宣佈停刊。而後，林同濟、陳銓和雷海宗與設在重慶的《大公報》商議，得到《大公報》總編輯王芸生的支持，開闢了《戰國》副刊，每週一期，編輯部設在雲南大學政治系，從1941年12月到1942年7月，共出版了三十一期。1943年7月，陳銓又創辦了名為《民族文學》的雜誌，出版了五期之後，不得不宣佈停刊。這幾份刊物就是「戰國策學派」的主要陣地。

　　「戰國策派」為何一呼百應，得到諸多聯大學者的支持？顯然和其誕生的時代背景有關係，他們在抗戰的旗幟下，其初衷是致力戰時的文化重建，「抱定非紅非白，非左非右，民族至上，國家至上之主旨。」正是這樣一種思想，不同的文化背景，不同社會階層的人才走到一起，因為無論是保守主義，還是自由主義，無論是民族主義，還是激進主義，都會對中國的危機有相同的歷史感受，「戰國策派」所集中的這批知識份子，他們思考的中心問題就是——如何在世界民族生存競爭中保存自己的民族。（季進、曾一果著，《陳銓：異邦的借鏡》）

　　「戰國策派」用「文化形態學」來解釋中國歷史文化和世界格局，批評中國柔性主義文化傳統和國民劣根性，大力倡導尚力精神和英雄崇拜，主張恢復戰國時期文武並重的文化，以適應激烈的民族競爭，並主張戰時在政治上實行高度集權。

　　「戰國策派」的三員主將陳銓、雷海宗、林同濟都曾留學歐美，他們意識到整個世界處於一個崇尚武力的時代，要在這個競爭的世界中不被滅亡，那就要重新鑄造「民族精神」，輸入強健的種

族觀，改變柔弱的民族文化基因。陳銓和雷海宗、林同濟的思想有些不同，他宣揚尼采的思想，儼然是尼采在中國的門徒。陳銓的思想激進，尤其是他的「英雄崇拜」和歷史觀，潛伏這諸多危險的因素。「軍事第一，勝利第一，國家至上、民族至上，意志集中、力量集中。」這樣的觀點，也的確為人詬病。

「戰國策派」學人由於深受德國思想家尼采、斯賓格勒等人之影響，推崇近代「尚力」主義思潮，認為他們所處的時代只是「戰國時代之重演」，要想使中國在列國之激烈競爭中獲得獨立和生存，就必須強調國家、民族利益，強調民族精神的「力」，因而被認為有「法西斯主義」傾向。又因為「戰國策派」在抗戰中曾經提出「國家至上」、「民族至上」，因而被認為是與國民黨的集權體制相呼應，「反對民主」。（黃波《作為「戰國策派」文人的陳銓》）

「戰國策派」在戰時的昆明和重慶，就引起爭議，受到左翼文人的強烈攻擊。建國後，在幾次政治運動中，「戰國策派」的思想連同毒素一起更是被批判和清理。1957年，陳銓被打成「右派」，下放到南京大學外文系資料室。「文革」期間，陳銓受到批鬥和摧殘。陳銓被歷史的偏見淹沒了。連美國漢學家易社強在《西南聯大：戰爭與革命中的中國大學》一書中，也給陳銓貼了一個標籤：法西斯主義者。他這樣描述陳銓：「作為聯大教員中唯一羽翼豐滿的法西斯主義者，這是陳銓很可疑的特徵。」

季進和曾一果在《陳銓：異邦的借鏡》一書中，認為把「戰國策派」等同法西斯，或者視為國民黨的政治幫兇，這是歷史的誤會，也有失公允。「戰國策派」是一種知識份子式的單純的民族主義情懷，絕大部分成員並無政治野心，也並不是想利用民族主義來達到某種政治目的。

陳銓一生都不願意做官，抗日戰爭前夕，國民黨政府行政院秘書長翁文灝曾推薦陳銓擔任政府要職，但被陳銓婉言拒絕。1937年

抗日戰爭爆發前夕，蔣介石邀請國內知名人士到廬山會談，林同濟在在其中，但在臨走之前，林同濟的父親告誡他不要加入國民黨，父親的話讓林同濟終生牢記，一生都沒有參加任何政治團體。

值得一提的是，沈從文在昆明時期，參與了《戰國策》的編輯工作，負責處理文藝部門的稿件，並多次在刊物上發表文章，因此，沈從文當時給以一個錯覺，「人們以為他是戰國派」。夏衍談到沈從文為何沒能參加1949年的第一次文代會，原因據說是周揚認為沈和戰國策學派陳銓他們關係密切：「沈從文的問題主要是《戰國策》，這就不是一個簡單問題了。那個時候，刊物宣揚法西斯，就不得了。再加上他自殺，這就複雜了。這個問題，不僅是郭沫若罵他的問題。」直到上世紀80年代，沈從文對編輯《戰國策》還心存忌諱。對來訪的美國學者金介甫堅決否認這一段經歷，顯然是對「文革」心有餘悸。（吳世勇編《沈從文年譜》，天津人民出版社2006年6月版）

從當時文人對沈從文參加編輯《戰國策》的態度，以及沈從文對這件事情諱莫如深，我們可以感知陳銓的歷史處境。

> 世界是一個舞臺
> 人生是一本戲劇
> 誰也免不了要粉墨登場
> 誰也不能在後臺休息

這是1942年陳銓在劇本《藍蝴蝶》中引用的莎士比亞戲劇中的名言。曾經「粉墨登場」過的陳銓不能不到「後臺休息」。1969年1月31日，在時代的風暴中，陳銓孤寂地離開人世，永遠地休息了。（黃波〈作為「戰國策派」文人的陳銓〉）

陳銓與話劇《祖國》

　　1939年2月20日晚，朱自清看話劇《祖國》，他覺得舞臺設計佳。朱自清對話劇《祖國》的表演和劇中人物評論道：「吳伯藻、潘有才取得相當成功。佩玉是個相當可憐又可恨的人物。」

　　話劇《祖國》是陳銓根據德國劇作家弗雷德里希·沃爾夫的劇本《馬門教授》改編的。這個劇本上演還得從西南聯大的聯大劇團説起。1938年11月，聯大劇團成立，陳銓被聘為劇團的名譽團長，從1938年開始，陳銓陸續編導了《黃鶴樓》、《無情女》、《藍蝴蝶》、《野玫瑰》、《金指環》等劇作。當時有人寫了一幅對聯：「藍蝴蝶插野玫瑰，無情女戴金指環。」

　　據參加《祖國》演出的聯大女生張定華回憶，這個劇本描寫日寇佔領的某個城市裏，一位大學教授不顧個人安危，不計個人恩怨，和他的學生與工人們在一起，向日寇、漢奸進行頑強的鬥爭，為祖國英勇犧牲的故事。《祖國》由孫毓棠擔任導演，聞一多擔任舞臺設計和製作。劇中的女主角——教授夫人由孫毓棠的夫人、著名話劇演員封鳳子飾演，其他角色由聯大的學生扮演。汪雨演教

聞一多（右一）、鳳子（左二）與陳銓（左一）合影。

授，劉雷演教授的學生，高小文演日偽警察局長，勞元幹演打鐘的老工人，張定華演教授夫人的婢女小雲。（張定華〈回憶聯大劇團〉）

1939年1月，《祖國》在昆明市內的新滇大舞臺上演，演出非常成功，當劇中教授英勇就義前高呼口號「打倒日本帝國主義」的時候，臺上臺下高呼口號，與掌聲響成一片。演出結束後，陳銓和聞一多還上臺和演員合影留念。《祖國》在昆明市引起轟動，一時成為人們談論的話題。

《祖國》排練、上演，聯大劇團的學生都是利用的課外時間。張定華的回憶文章提到了一些有意思的花絮。

演員不分角色輕重，早早化好妝，安靜地候場，一時無事的人就抓緊時間準備功課，復習筆記，解答習題和作業。有一天歷史系教授皮名舉來看戲，到後臺看到張定華在一個角落裏做他講授的西洋通史課作業，他笑著對另外一個老師說：「她的作業字跡潦草，我準備考試成績中扣她十分，原來是這樣做的，不扣了。」

演出成功，臨近春節，《祖國》劇組成員一起聚餐。聞一多舉杯祝願抗戰早日取得勝利，說，到了那一天，他就要剃掉自己的飄然長鬚。封鳳子不善飲酒，難卻學生的盛意，只少喝了一點，卻已滿面通紅，有一個同學請她在紀念冊上題字留念，她寫了一句：「眾人皆醉我獨醒！」《祖國》劇組聚餐會上，大家相約要為抗戰演出更多的好戲。

話劇《祖國》可能也引起了爭論。據朱自清日記記錄，1939年3月27日，朱自清參加聞一多倡議的龐薰琹西洋畫展覽會，地點在昆明原日本領事館羅念生家。朱自清這天的日記寫道：「據錢鍾書意見，龐之顏色鮮明，然線條不夠穩定。羅太太甚活潑。」然後，參加畫展的聯大學者話題轉到話劇《祖國》，『林徽因對《祖國》一劇的演出熱烈發表意見。陳銓是受害者』。

陳銓與《野玫瑰》風波

陳銓從事話劇活動，從長沙就開始了。陳銓利用教學之餘的時間，給學生編導了老同學陽翰笙的劇本《前夜》和于伶的《夜光杯》。《夜光杯》是一個以女間諜為中心的戲，這種戲劇在當時很流行，陳銓後來在昆明創作的《野玫瑰》，就直接受到了《夜光杯》的影響。

《野玫瑰》的陳銓的劇作中影響最大、爭議最大的劇本，甚至演變成一場《野玫瑰》風波。

《野玫瑰》脫胎於陳銓的短篇小說〈花瓶〉，而小說〈花瓶〉的創作靈感來自在報紙上偶然看到的一則消息，消息稱在偽北平市市長家中發現了竊聽器。

建國以後，陳銓在政治運動中受到批判，他在未刊的〈「文革」交待材料〉中，回憶當時創作《野玫瑰》的過程：

> 一九四一年我在昆明西南聯大寫第二本反動戲劇《野玫瑰》，那時我擔任聯大學生劇團的名譽團長，先後上演《祖國》和《黃鶴樓》兩劇，但是《黃鶴樓》人物太多，服裝佈景道具太花錢。他們要我再寫一個人物較少，佈景簡單的劇本。我想人物佈景既然簡單，內容必然要富於刺激性，才能抓住觀眾。我早知道當時軍事間諜劇本，如像《黑字二十八》、《這不過是春天》、《女間諜》、《反間諜》、《夜光杯》都非常受人歡迎。並且我當時戲劇方面，還沒有地位。我決心寫一個軍事間諜劇本。為著要把它寫好，我從圖書室借了幾本英文間諜故事來仔細研究。頭一幕寫完，北大數學系教授申有誰看，他說「太像李健吾的《這不過是春

天》」。我知道要失敗，放棄不寫了。正好這個時候，昆明
傳遍了漢奸王克敏的女兒，逃到香港，登報脫離父女關係的
故事。我認為這是一個戲劇的好材料。我立刻寫了一個短篇
小說〈花瓶〉，登在《中央日報》副刊（那時是封鳳子主編）。
隔些時候，我根據這篇小說寫《野玫瑰》（我還記得寫〈花瓶〉
時，我還請教過清華大學電機系教授孟昭英，花瓶裏面放收音機是不
是可能，他是無線電專家，他說是可能的，所以後來我寫入《野玫
瑰》）。

據余斌著《文人與文壇》（〈西南聯大·昆明記憶1〉），1941年5月，
《野玫瑰》創作完成。青年劇社和國民劇社都爭著要，結果國民劇
社佔先，馬上油印出來排練。地點在翠湖東路9號樓上，條件相當
好，「臥室面對翠湖，風景極美，客廳鋪花磚，備鋼琴，適於作排
戲之用」。導演是聯大師範學院史地系的孫毓棠副教授。演員除一
人外，都是聯大的學生。劇本《野玫瑰》共四幕，1941年6月至8月
在《文史雜誌》（重慶）正式發表，分三期連載。

1941年8月3日到7日，由昆明國民劇社以「勸募戰債」的名義
在昆明大戲院首演，由姜桂儂主演。吳宓在日記裏記錄了他讀《野
玫瑰》劇本以及觀看話劇時的情形，譬如1941年8月3日，「讀陳銓
新著《野玫瑰》劇本，甚佳」。8月4日，陳銓送給吳宓兩張《野玫
瑰》的劇票，吳宓邀請女友前往觀看。

《野玫瑰》受觀眾歡迎，是因為劇情吸引人──間諜鬥爭加三
角戀愛。《野玫瑰》寫的是抗戰初期，女間諜夏豔華受政府派遣，
打入淪陷區臥底，與北平漢奸頭目王立民結婚。三年後，漢奸王立
民前妻的侄兒劉雪樵露面，住在王家與王的女兒曼麗談上戀愛，而
劉是夏豔華當年在上海的老情人，於是特異的三角戀愛關係出現
了。隨著劇情的發展，原來劉雪樵也是重慶方面派來的特工，他們

不但竊取了敵偽情報，而且利用敵人內部矛盾，致使漢奸頭目將偽員警廳長擊斃，自己服毒自殺。最後，夏豔華指揮眾間諜安全撤離。

《野玫瑰》昆明上演成功後，重慶話劇界也開始了排練、演出，由秦怡主演該劇。1942年3月6日到9日《新華日報》打出的演出廣告詞這樣寫道：「故事──曲折生動；佈景──富麗堂皇。」7到9日的廣告詞則是「客滿，場場客滿；訂座，迅速訂座」。當時的重慶，陳銓的《野玫瑰》與郭沫若的《屈原》是最轟動重慶的演出。（季進、曾一果著《陳銓：異邦的借鏡》）

《野玫瑰》演出成功為陳銓帶來巨大的聲譽。國民黨高級將領接見了陳銓，國民黨宣傳部長朱家驊也在重慶宴請陳銓和西南聯大的蔣夢麟、梅貽琦兩位校長，共產黨領導人周恩來鄧穎超夫婦也觀看了演出。

《野玫瑰》火爆，爭議也隨之而起。爭議的根源在於「戰國策派」學人被指為「法西斯」、「專制政權的幫兇」，創作了抗戰劇《野玫瑰》的陳銓被指為「炮製漢奸理論」。《野玫瑰》存在的最大問題是「隱藏了『戰國派』的毒素」、「包含了法西斯思想」。1942年4月17日，國民黨教育部頒發年度學術獎，華羅庚的《堆疊素數論》、馮友蘭的《新理學》獲得一等獎；金岳霖的《論道》、劉開渠的雕塑獲得二等獎；陳銓的《野玫瑰》、曹禺的《北京人》、常書鴻的《油畫》等獲三等獎。

皖南事變之後，國共兩黨的鬥爭滲透到文藝領域，《野玫瑰》受到左翼文人的強烈攻擊和批判。「糖衣毒藥」《野玫瑰》獲得三等獎後，在左翼文人的抗議下，國民黨迫於壓力，撤銷了對《野玫瑰》的「嘉獎」。

季進和曾一果在《陳銓：異邦的借鏡》一書中，有《野玫瑰》風波的詳細描述和分析，他們認為：「在某種程度上，陳銓的《野

玫瑰》實際上成了當時國民黨和共產黨意識
形態爭奪的一個犧牲品。」

　　即使在昆明寬容的環境下，陳銓的同事
也很難接受他的觀點，尤其是對新文化運動
的否定論調。陳銓於1943年離開西南聯大，
去了重慶，在中央政治學校任教，並被聘為
正中書局總編輯。

　　筆者在寫這篇文章時，由張愛玲的同名
小説改編的電影《色‧戒》，由李安導演、
梁朝偉和湯唯主演，正在上映，也是一場女
間諜與漢奸的戲。《色‧戒》火爆上映的同
時，「美化漢奸」的爭議驟起。想起陳銓在
昆明誕生的《野玫瑰》引起的風波，彷彿是
歷史的一個輪迴。

馮至家的文藝沙龍

　　初刊《新文學史料》1986年1期的〈昆
明往事〉，開篇處，西南聯大文學院外國語
文學系教授馮承植，也就是曾被魯迅譽為
「中國最為傑出的抒情詩人」的馮至，以詩
人特有的敏感與想像力，寫下了這麼一段激
動人心的話：

　　如果有人問我，「你一生中最懷念的
是什麼地方？我會毫不遲疑地回答，是昆
明。」如果他繼續問下去，「在什麼地方你
的生活最苦，回想起來又最甜？在什麼地方

徐梵澄（後）和馮至（前）
1931年在德國海德堡。

1937年的馮至。

你常常生病，病後反而覺得更健康？什麼地方書很缺乏，反而促使你讀書更認真？在什麼地方你又教書，又寫作，又忙於油鹽柴米，而不感到矛盾？」我可以一連串地回答：「都是在抗日戰爭時期的昆明。」這段話可以作為無數「聯大人」的心聲來解讀。

　　1939年暑假後，馮至辭去同濟大學的工作，任西南聯合大學外文系德語教授。馮至來聯大任教，是外語系主任葉公超的邀請。「西南聯大外文系主任葉公超來訪，說西南聯大的北大方面擬聘馮至為外文系教授，特來和他商洽下學期能擔任什麼課程，並約他為聯大一部分教師組織的《今日評論》寫稿。」

　　任教西南聯大後，馮至在城內住東城節孝巷內怡園巷。巷口對面是聞一多、聞家駟的寓所。但為了躲避空襲，8月20日，同濟大學學生吳祥光介紹馮至參觀距昆明15里的楊家山他父親經營的林場，說遇空襲時可到那裏小住。馮至在林場的一座茅屋中安排了簡單的生活用品，週末便去住兩三天，也常邀朋友們到那裏去玩。

　　馮至在聯大任教，如魚得水，這裏朋友和詩有很多，經常在一起雅集和聚會。中文系教授楊振聲、朱自清、羅常培都是他的北大學長。後來，李廣田、卞之琳也都來到聯大教書。李、卞、馮三人

都治外國文學，都是三十多歲，是詩友。在馮至的女兒馮姚平的記憶中，李、卞常到馮家裏來。「卞之琳與眾不同，父親的朋友都穿長衫，只有他總是穿一身咖啡色的西服，還戴著金絲邊的眼鏡，我覺得他特別精神，用現在的話說可能就是『酷』了。常常是來了就坐在桌前，用父親從德國提回來的打字機打字，原來那時他和聞一多正在協助英籍教授白英編輯《現代中國詩選》。」（馮姚平〈父親馮至在西南聯大〉）

1940年10月19日，馮至應西南聯大冬青文藝社杜運燮等人的邀請，作紀念魯迅逝世四周年的講演。這是他和學生社團接觸的開始。後來又有「冬青社劉北汜、王鐵臣、江瑞熙請之琳、廣田及余在福照街大紅樓晚飯」等記載。馮至也時常應邀參加新詩社組織的討論會和朗誦會，並和聯大同學聞山、秦泥等人交往，後成為朋友。

1941年春，馮至在楊家山茅屋裏開始翻譯俾德曼編的《歌德年譜》，詳加注釋。是年11月4日，遷入城內錢局街敬節堂巷，有時也到林場茅屋小住。據馮姚平的回憶，大約是1943年底或1944年春，楊振聲建議，彼此熟識的朋友每星期聚會一次，互通聲息，地點就選在位於錢局街敬節堂巷的馮至家。他們每星期有一個規定的時間，聚在一起，漫談文藝問題以及一些掌故。每次來參加聚會的有楊振聲、聞一多、聞家駟、朱自清、沈從文、孫毓棠、卞之琳、李廣田等人。這樣的聚會不知舉行過多少次，有人從重慶來，向馮至說：「在重慶聽説你們這裏文采風流，頗有一時之盛啊！」這樣的氛圍無疑催生了馮至的創作，例如《伍子胥》。

上述馮至家的文人聚會，很有可能是聯大的「十一學會」。1943年上半年，聯大成立「十一學會」，「十一」兩字，即是「士」的拆字。該會主要為大家提供各抒己見的場合，每隔一兩周舉行一次，常以聚餐會或茶話會的形式進行活動。最初參加的多為教授、副教授，有聞一多、潘光旦、雷海宗、朱自清、吳晗、聞家

馴、馮至、卞之琳、李廣田、孫毓棠、沈從文、陳銓等人，後來一些學生如王瑤、季鎮淮、何炳棣等亦加入進來。因為馮至的家位置比較適中，故聚會常常在他家舉行。

1945年12月，昆明發生「一二‧一」慘案。馮至寫了〈招魂〉一詩呈於死難者靈前。後鐫刻在「一二‧一」四烈士墓前石壁上。

「給我狹窄的心／一個大的宇宙！」這是馮至《十四行集》中的名句。1941年初，馮至在一個下午偶然寫出一首十四行詩，後來在一年內寫了27首，編為《十四行集》，寄給桂林明日社的友人陳占元出版。

李廣田在詩論〈詩的藝術〉中，稱馮至是「沉思的詩人」。「他是沉思的詩人，他默察，他體認，他把他在宇宙人生中所體驗出來的印證於日常印象，他看出那真實的詩或哲學於我們所看不見的地方。」一個看似「恬淡的詩人」，在《十四行集》中卻表現了「強烈的感覺」；一個承載「廣大的寂寞」的詩人，卻擔當了「比歡悅還大的信託來擔當我們的悲哀」；從縱的方面看，他把時間、歷史看作一道永遠向前的洪流，從橫的方面看，他的詩融合了人與人、人與物的生命，而時間與空間本是不可分割的即宇宙人生的本體。

馮至《十四行集》誕生於昆明，是超越庸常的瑣碎與戰亂的苦痛而盛開的花朵。《十四行集》的雄奇與美妙，在李廣田的論述中，呈現出來。聯大的詩人，不僅折射出那個時代的真，也唱響那個時代的歌。

詩人燕卜蓀——播撒現代派詩歌的種子

一位不修邊幅的老人正在都柏林的三一學院低沉地朗誦著自己的詩，突然，從大廳的後頭傳來一個婦人惱怒的叫聲：「大聲點，你這愚蠢的老傢伙。」聽眾震驚，在他們回過頭後，氣氛驟然輕鬆

了很多。這位老人正是英國現代派詩人、著名的文學批評家威廉‧燕卜蓀（William Empson，1906-1984），而那位婦人就是詩人的妻子赫塔（Hetta Empson，1915-1996）。提起燕卜蓀，我國英語界的老前輩幾乎是無人不知、無人不曉。

趙毅衡在〈燕卜蓀：西南聯大的傳奇教授〉文中說：「二十世紀文學，說創作，說理論，無法不討論威廉‧燕卜蓀。他長期與中國共命運，為他的生涯平添了傳奇色彩。」

燕卜蓀是新銳的批評家和詩人，來中國之前，已經以他的詩和1930年出版的《七類晦澀》建立了他在詩壇和文學批評界的地位。據說，劍橋校方因為在燕卜蓀抽屜裏發現了避孕套，因而取消他的教席。1937年，燕卜蓀初來中國，不久就跟著臨時大學，到長沙，南嶽，蒙自，昆明，同中國師生相處融洽。

燕卜蓀在中國播撒了現代派詩歌的種子，培養了一批英語教學的專家。讓我們來追尋他在中國的足跡。

「七七事變」後，平津諸校南遷，燕卜蓀與導師瑞恰慈夫婦由海路南下，趕到長沙。在南嶽，三年級必修的莎士比亞課，連書本都沒有，燕卜蓀上課，憑記憶在黑板上默寫了整出《馬克白》。據巫寧坤回憶，是整部《哈姆雷特》。據趙瑞蕻回憶，是「整段整段《奧賽羅》」。有一點是肯定的：在長沙時期，燕卜蓀只憑記憶上課。趙瑞蕻先生說戰事倥傯之中，上燕卜蓀的課，讓人恍然覺得如秦火之後，天下無書，儒士背誦整部經書授徒。（趙毅衡〈燕卜蓀：西南聯大的傳奇教授〉）

在南嶽時，燕卜蓀和金岳霖同屋（有文章說是葉公超），「四人居室，兩位教授將就，談心，論道，不缺朋友」。

燕卜蓀當時寫了一首題為〈南嶽之秋〉的長詩，共二百三十四行，是他一生最長的詩作。這首詩抒寫的是「同北平來的流亡大學在一起」的經驗，其中有這樣幾句：

哪些珀伽索斯應該培養，

就看誰中你的心意。

版本的異同不妨討論，

我們講詩，詩隨講而長成整體。

珀伽索斯是希臘神話中的雙翼飛馬，足踩過的地方就會泉水湧出，詩人飲了能夠獲得靈感。燕卜蓀用在這裏，特指那些共處的有文學才華的青年學生。

在這些學生中，有王佐良、李賦寧、周珏良、查良錚（筆名穆旦）、金隄、趙瑞蕻等。他們日後成為中國英美文學教授和英語教學專家，這些學生的確配得上燕卜蓀詩中「珀伽索斯」的讚譽。

聯大的青年詩人們，如其中的王佐良後來回憶的那樣，「跟著燕卜蓀讀艾略特的《普魯弗洛克》，讀奧登的《西班牙》和寫於中國戰場的十四行，又讀狄侖·托瑪斯的『神啟式』詩，眼睛打開了——原來可以有這樣的新題材和新寫法！」

燕卜蓀的那門《當代英詩》課，從霍甫金斯一直講到奧登。所選的詩人中，有不少是燕卜蓀的同輩詩友，因此他的講解也非一般學院派的一套。「當時我們都喜歡艾略特——除了《荒原》等詩，他的文論和他所主編的《標準》季刊也對我們有影響。但是我們更喜歡奧登，原因是：他更好懂，何況我們又知道，他在政治上不同於艾略特，是一個左派，曾在西班牙內戰戰場上開過救護車，還來過中國抗日戰場，寫下了若干首頗令我們心折的十四行詩。」

許國璋回憶說：「我永遠不會忘記，1937年秋和1938年春，在南嶽和蒙自他同我們一起研讀過的那些偉大詩篇。讀著美妙的詩篇，詩人燕卜蓀替代了先生燕卜蓀，隨著朗讀昇華為背誦，詞句猶如從詩魔口中不斷地湧出，大家停下了手中的筆記，個個目不轉睛

地盯著詩泉，這時，學生、先生共同沉醉於莎翁精神之中。是的，這樣神為之馳的場面確實存在過。」

燕卜蓀在西南聯大課堂上講的理論學生們不一定都懂，學生對他還是比較歡迎，常常在他的課前上演搶位子的喜劇，趙瑞蕻認為：「燕卜蓀先生的課更有一種引誘人的力量——那是除了敬仰之外，更有新鮮與好奇這兩種潛力。」年輕學子求知若渴，加上一些對「詩人氣質」的崇拜，自然人氣很旺。不過燕卜蓀並不是特別擅長表達，永遠「在黑板上叮叮地飛快寫英文字」。

燕卜蓀為西南聯大的青年詩人架設了一座通往西方詩歌的橋樑。他們通過燕卜蓀架設的橋樑，開始取法奧登、艾略特、里爾克等人的英美現代派詩藝。他們在昆明，一方面處於抗戰時期的艱難境地，一方面是對現代文學派的興奮和迷戀：

> 聯大的屋頂是低的，學者們的外表襤褸，有些人形同流民，然而卻一直有著那點對於心智上事物的興奮。在戰爭的初期，圖書館比後來的更小，然而僅有的幾本書，尤其是從外國剛運來的珍寶似的新書，是用著一種無禮貌的饑餓吞下了的。這些書現在大概還躺在昆明師範學院的書架上吧：最後，紙邊都卷如狗耳，到處都皺疊了，而且往往失去了封面。但是這些聯大的年青詩人們並沒有白讀了他們的艾里奧脫與奧登。也許西方會出驚地感到它對於文化東方的無知，以及這無知的可恥，當我們告訴它，如何地帶著怎樣的狂熱，以怎樣夢寐的眼睛，有人在遙遠的中國讀著這二個詩人。在許多下午，飲著普通的中國茶，置身於鄉下來的農民和小商人的嘈雜之中，這些年青作家迫切地熱烈地討論著技術的細節。高聲的辯論有時伸入夜晚：那時候，他們離開小

茶館，而圍著校園一圈又一圈地激動地不知休止地走著。（王
佐良〈一個中國詩人（穆旦）〉）

燕卜蓀成為西南聯大傳奇人物，還因為他的「詩人風度」：極端不
修邊幅，而且好酒貪杯。在蒙自時，有一夜上床時，把眼鏡放在皮
鞋裏，第二天踩碎了一片，只好「半壁江山，堅持抗戰」。

在所有回憶燕卜蓀的文章中，趙瑞蕻的文章生動地傳達出這位
英國詩人的風采。燕卜蓀講課手舞足蹈，「有些時候，他在黑板上
寫字，忽然跑到窗口，用粉筆尖在玻璃窗上叮叮地敲著；或打開窗
子，對雲天凝視了一會兒，又跑回來在黑板上繼續寫字」。有些日
子，淘氣的粉筆灰抹了他一鼻子，活像一根紅蘿蔔上長了白根鬚。
詩人喝酒以後，那份熱辣辣的激動和豪放氣概，對酒放歌，旁若無
人地談笑⋯⋯

在聯大教了兩年多的書，燕卜蓀經常穿著他那身灰棕色的西
裝和一雙破舊的皮靴。當昆明的雨季來了時，詩人時常撐了一把油
紙傘，擠在一群叮噹響著的馬隊間行走；泥濘的街道和淅瀝的雨聲
似乎更增添了詩人的樂趣。一塊塊的污泥巴沾滿了他的西裝褲，褲
管皺卷起來好像暴風雨過後拆了繩索的風帆，他毫不在乎，也不換
洗，天氣晴朗時，一樣地穿了來上課⋯⋯

當英國受到德國法西斯直接威脅的時候，燕卜蓀將他全部書
籍送給聯大圖書館，拖著他那雙破皮靴，日夜兼程，趕回他的祖國
了。燕卜蓀進入BBC廣播電臺工作，擔任遠東方面的新聞編譯工
作，1941年起任中國部主編。

1947年，燕卜蓀已婚並有兩個兒子，他的妻子是一個雕刻家。
燕卜蓀和家人一起「回到」北京，執教北京大學。幾年後，小兒子
雅可「只會講漢語了」。

　　1949年，燕卜蓀留下與北京大學師生一起迎接解放。後來，朝鮮戰爭爆發，志願軍已與英軍在朝鮮對陣，燕卜蓀也不願意離開。一直到1952年，只是因為中方不願意簽訂合同，他才很不情願地回到英國。

溫德：把中國當作第二故鄉

　　一米八幾的個兒，身材魁梧，金髮藍眼，嘴唇上面蓄著淡淡的鬍鬚，穿著筆挺的西裝，舉止很有風度。這就是美籍教授溫德的形象，封存在聯大學生的記憶深處。

　　談溫德教授來中國的緣起，必然要說到聞一多，是他在美國留學時，認識了溫德，並改變了溫德的人生軌跡。

　　20世紀20年代初期，溫德在美國的一個農場認識了聞一多，當時他在芝加哥大學教書，聞一多是這個大學的留學生，他倆漸漸熟識了，聞一多經常到他的家裏去。溫德說，聞一多開明的政治態度對他發生了很大影響。溫德認為，美國生產了大量技術，但是在人與人的關係方面還需要學習；而幾千年來，中國在人與人的關係方面就是好老師。他在芝加哥大學教書時，因為給了猶太人和黑人學生應得的好分數，就受到校長的斥責，這對他的刺激很大，這種流行於美國人當中的心安理得的種族主義和階級偏見，令溫德深惡痛絕。他說，世界上有兩種文明，一種是以美國為代表的西方文明，一種是以中國為代表的東方文明。中國的文明是沒有被污染的文明。溫德教授自從1923年來中國，60多年來，他只回美國一次，而且只住了一個星期就離開美國，繞道拉丁美洲回到中國來了。（諸有瓊，〈感謝您，溫德教授〉）

　　1922年，聞一多與一位清化同學聯名給清華校長寫信，推薦溫德到清華教法文。第二年，溫德來華，由吳宓推薦任南京東南大學

外文系教授。1925年與吳宓一起轉任清華大學外文系教授，講授法國文學、英國文學和西文藝術史。楊絳先生在〈紀念溫德先生〉一文中說，五十多年前她肄業清華研究院外文系時曾選修溫德的法國文學課，錢鍾書先生在清華本科也上過他兩年的課。

溫德在清華，雖然是美國人，但他並不孤獨。我們可以從《吳宓日記》中多次看到他的行跡和交遊。比如，1926年10月3日，吳宓寫道：「葉崇智（即葉公超）君邀同Winter（溫德）至東城，王府井大街151公司樓上，進西式茗點。二君於美國現今文學極熟！所論滔滔，宓多不知，殊愧。」

1937年七七事變爆發前，溫德避居香港。1938與1939年之交的冬天移居昆明，溫德任聯大外文系教授，講授英詩和莎士比亞等課，深受學生愛戴。上課時，如遇到空襲警報，他和學生一道疏散，從聯大新校舍後門出去，沿鐵路右行，到英國領事館花園中去看書或聊天。有時，學生到他家中，他煮好咖啡招待。話題總離不開抗日戰爭、英詩、莎士比亞等。他不僅是一位受人尊敬的老師，也像一位和藹可親的長輩。1940年雲南省立英語專科學校成立後，溫德又在英專兼課。

彭國濤在〈回憶溫德教授〉一文中寫道：「溫德教授是一位學貫古今，教學經驗極為豐富的好教師。他精通英、法、德、西班牙、希臘、拉丁等文。我們所學英詩中，有時出現拉丁文或古字詞無法在英語詞典中查到，但只要向他請教，他就能給你講解清楚。因此大家都尊稱他為『活詞典』。就連有些英語老師也樂於向他請教。除英語外，他還曾先後開過英國語言史、歐洲文學名著選讀、莎士比亞、西洋小說等課程，都受到學生們的熱烈歡迎。」

溫德教授能憑記憶背誦莎士比亞的全部戲劇，用不同的聲音和語調表現每個人物。他授課非常有感染力，有時情不自禁，像演員

一樣，進入到角色之中。聯大外文系學生郭冠球在〈憶溫德教授〉一文中説：

> 他講到19世紀初年傑出的詩人濟慈（john Keats）時，可以談到中國的徐志摩；從講密爾頓（John Milton）由於積勞過度致使雙目失明，講到中國的左丘明。有次，他給我們講密爾頓《失樂園》長詩，他用假聲裝作魔鬼撒旦反對上帝的權威，發出要求自由的呼喊。我們都被他那惟妙惟肖的表情和清脆悦耳的嗓音所感動。這首長約一萬行的長詩，有些段落，他不是照本朗讀而是在背誦，在歌唱，在疾呼。

溫德到昆明初期，住北門街唐家花園的清華宿舍。那裏原係唐繼堯的私人戲臺，年久失修，只能將就點作為臨時宿舍。住在裏面的有十幾位清華教授，除溫德外，還有朱自清、金岳霖、陳岱孫、陳福田等。

易社強在《西南聯大：戰爭與革命中的中國大學》一書中這樣描述初到昆明的溫德：「他時年52歲，在相當年輕的聯大教師中儼然一位長者，但是，如項美麗（Emily Hahn，美國女作家、《紐約客》雜誌社駐中國記者、邵洵美的情人）所言，他青春永駐，保有活力。在昆明，他住在一家老戲院的樓廳裏，身邊有一群寵物貓和一隻在他肩膀上跳來跳去的猴子相伴。出於天性之愛，他研讀道家經典《莊子》時更加滿足了。」當空襲警報響起的時候，就開始跑警報了。這時，溫德就跑回宿舍，猴子跳到他肩上，他帶著猴子一起跑。

值得一提的是，住在唐家花園清華宿舍的多是單身教授，好幾位都是終身未娶，溫德也是獨身主義者。早在1922年，聞一多給梁實秋的一封信就這樣説到溫德：「他是獨身者，他見了女人要鍾

情於他的，他便從此不理伊了，我想他定是少年時失戀以致如此；因為我問他要詩看，他說他少年時很浪漫的，有一天他將作品都毀了，從此以後，再不作詩了。」

溫德也有其嚴肅的一面。據吳宓日記，1942年5月7日吳請溫德在一家餐館吃晚飯，「Wingter憂時，悲觀。知其老且衰矣。並悉英友France君在港陷後自殺」。

抗戰勝利後政治風雲突變，1945年底發生了震驚中外的「一二·一」慘案，溫德先生滿腔義憤，不顧個人安危，和張奚若教授一起指揮同學搶救受傷學生。事後，他還親自去昆明警備司令部，面斥警備司令關麟徵的罪行。陪同他前往的還有聯大外文系英籍教授白英以及白英的夫人熊鼎女士（英文名字Rose Shiong，熊希齡的女兒），熊鼎女士為他們翻譯。

1946年暑假，民主戰士李公樸被國民黨特務暗殺，溫德擔心聞一多也有生命危險，就自動到聞一多住所門外站崗。他對聞一多說：「我要保護你，我是美國人，他們怕美國人。」經過聞一多的勸阻，溫德不去站崗了。但是，過了不久，聞一多真的被特務槍殺了，這件事使溫德抱憾終生。溫德後來告訴楊絳先生，聞一多遇難後他為張奚若先生的安全擔憂，每天坐在離張家不遠的短牆上遙遙守望，還自嘲說：「好像我能保護他！」

三校復員後，溫德回北平執教清華大學。1952年，全國高等院校調整，溫德執教北京大學西語系。十年內亂，作為一個外國人的溫德也未能倖免。他被隔離「審查」達兩個多月，挨過「紅衛兵」的打罵，他的家也被抄，許多東西被損壞。最使他傷心的是成套的貝多芬、巴赫、莫札特等著名音樂家的交響樂唱片被砸碎。

1984年，曾在西南聯大就讀的諸有瓊採訪溫德教授，對他說：「您為中國人民做了許多好事，我們感謝您。」老教授笑了笑說：

「我做的事，有好的，也有不好的。不過有些外國人到中國來是為了賺錢，我卻沒有從中國賺走一個便士。」

1980年，一位美國遊客在北大發現溫德和一籠金絲雀待在一起，他93歲了，還在教書。百歲誕辰兩周後，他於1987年1月14日離開人世。

哲學心理系教授

馮友蘭的風度

　　一襲長袍，被風微微吹拂的長髯，儒家聖賢的精神氣質，這是馮友蘭留給聯大師生的記憶影像。

馮友蘭在西南聯大。

　　一位留有長髯的長者，穿著灰藍色的長袍，走在昆明西南聯大校舍的土徑上，兩側都是一排排鐵皮為頂、有窗無玻璃的平房，時間約在1942年。這就是二戰時期聞名世界的中國的最高學府昆明西南聯合大學。那位長者正在走向路邊的一間教室；我和我的一位同窗遠遠跟在

我們的老師、哲學家馮友蘭教授的後面，也朝著那間教室走去，在那裏「人生哲學」將展開它層層的境界。

正在這時，從垂直的另一條小徑走來一位身材高高的，帶著副墨鏡，將風衣搭在肩上，穿著西褲襯衫的學者。只聽那位學者問道：「芝生，到什麼境界了？」回答說：「到了天地境界了。」於是兩位教授大笑，擦身而過，各自去上課了。

那位帶墨鏡的教授是當時剛從美國回來不久的金岳霖教授，先生因患目疾，常帶墨鏡。這兩位教授是世界哲學智慧天空中的兩顆燦星，在國內外都深受哲學界同行的敬仰。

這是當年有幸親耳聆聽馮友蘭講課的學生鄭敏的一段回憶。從這段回憶中，我們感受到金、馮兩先生的神韻和風采。宋朝大文學家范仲庵在〈嚴先生祠堂記〉的結尾曾歌頌老師：「雲山蒼蒼，江水泱泱。先生之風，山高水長。」對那些聯大的教授，我們只能用這樣的語言來形容他們：「先生之風，山高水長。」

聯大文學院院長馮友蘭（芝生），是中國哲學史的權威。他一方面講中國哲學史，一方面講哲學研究方法。他的哲學史，陳寅恪在審查報告裏說：「取材謹嚴，持論精確。」他分析內聖外王之道，陸續發表了《新世論》、《新理學》、《新世訓》等在當時頗有影響的著作。

趙瑞蕻聽過馮友蘭講「中國哲學史」。在他的印象中，馮個子較高，一把短鬍子，穿件大褂，慢慢兒講課，有時一句話要講幾分鐘，因為他有點兒口吃。講得可真有意思，妙語連珠噴射，教室裏靜悄悄的，使人進入哲理境界。

1943年秋，聯大開設「倫理課」，由馮友蘭講授，這是教育部根據1942年5月蔣介石「手諭」而增設的，被列為各院系共同必修課。其目的「注意闡述賢者嘉言懿行暨倫理道德方面各種基本概

念，用以砥礪學生德行，轉移社會風氣」。主要內容為馮友蘭所著《新世訓》《新原人》等書，上三四百人大課。後來，由於聽課的學生越來越少，於1945年停開。據梅祖彥的回憶，馮友蘭先生給我們上倫理學，在昆中北院的一個露天講壇上課，大家都説當年孔老夫子一定就是這樣開講的。

吳訥孫（筆名鹿橋，20世紀60年代在臺灣發表小說《未央歌》，反映抗戰時期西南聯大學生生活）在聯大上二年級時，有一個時期感到生命空虛，毫無意義，準備結束自己的生命。忽然想到要去拜訪馮友蘭，請教人生的真諦。經過馮的勸導，吳訥孫改變了他的消極厭世的人生觀，從此積極努力，發憤讀書，後來成為美術史專家。馮友蘭於抗戰期間大講民族哲學，使聯大學子精神煥發、信心倍增。

馮友蘭是一代碩儒，免不了和國民黨政府打交道，但他一直是學者的身份，對於蔣介石邀請請他出任官員予以婉拒。在重慶，他曾為中央訓練團、中央政治學校教過課。何兆武的《上學記》寫道：「馮友蘭對當權者的政治一向緊跟高舉，像他《新世訓》的最後一篇〈應帝王〉等等，都是給蔣介石

馮友蘭在昆明贈施蟄存條幅。

捧場的。」何兆武的個人觀點，或許有偏頗之處；而學生在聯大民主牆上貼了一張諷刺馮的漫畫，可能代表了一些學生的看法。漫畫中，一個長髯老人正在攀登由三本大書疊成的階梯。馮友蘭從教室出來，顯然他注意到這幅人物漫畫所指，便停下來，背著手仔細觀察。他不以為忤，自言自語「樣子很像」。由此可見哲學家馮友蘭的胸懷和氣度。

馮友蘭在西南聯大不僅僅是一名講授中國哲學的教授，他在聯大的公共事務中，參與了聯大校務的重要決策。「從有案可查的歷史記載來看，馮先生在西南聯大是決策管理層的最重要成員之一，教學研究層的最顯要教授之一，公共交往層的最重要人物之一。」（雷希〈馮友蘭先生在西南聯大校務活動考略〉）

1942年6月，陳立夫以教育部長的身份三度訓令聯大務必遵守教育部核定的應設課程，統一全國院校教材，統一考試等新規定。聯大教務會議以致函聯大常委會的方式，駁斥教育部的三度訓令。此函係馮友蘭執筆，上呈後，西南聯大沒有遵照教育部的要求統一教材，仍是秉承學術自由相容並包的原則治校。

1942年，昆明物價飛漲，聯大教授的生活陷入「啼饑號寒」的困境。「九儒十丐，薪水猶低於輿臺，仰事俯畜，饔飧時虞其不給。」教育部提出要給西南聯大擔任行政職務的教授們特別辦公費，聯大25位系主任上書簽名謝絕了。這裏值得一提的是，聯大的教授擔任的行政職務，純粹為校務操勞，全是無報酬奉獻，不拿一分錢，只按教授級別領薪水。李繼侗、黃鈺生兩位教授都當過聯大的十餘種職務。謝絕「特別辦公費」簽名者共25人，他們擔任各學院院長、系主任等行政職務，付出了巨大勞動，不肯領取分文補貼。信中寫道：「同人等獻身教育，原以研究學術啟迪後進為天職，於教課之外肩負一部分行政責任，亦視為當然之義務，並不希冀任何權利。」

讓我們記住這25位先生的名字：馮友蘭、張奚若、羅常培、雷海宗、鄭天挺、陳福田、李繼侗、陳岱孫、吳有訓、湯用彤、黃鈺生、陳雪屏、孫雲鑄、陳序經、燕樹棠、查良釗、王德榮、陶葆楷、饒毓泰、施嘉煬、李輯祥、章明濤、蘇國楨、楊石先、許湞陽。

「君子愛財，取之有道。」「不義而富且貴，於我如浮雲。」這是那一代學人的風骨，也是他們的人格操守，這種光風霽月的精神，令今人嚮往。

宗璞在〈漫記西南聯大和馮友蘭先生〉文中說，這封藏於清華檔案館的原信，經任繼愈先生辨認，認為「此信明白曉暢，用典精當，顯然為馮友蘭先生手筆」。

在抗日戰爭這段艱難的時期，有論者認為，馮友蘭在西南聯大論道德有古賢風，著文章乃大手筆，立功求其實，立德求其善，立言求其優，這就叫至真至誠。這正是馮友蘭作為中國學者的中國氣派。

湯用彤沉潛寡言

20世紀30年代，北大校園流傳這樣一種說法：湯用彤沉潛、錢穆高明、蒙文通汪洋恣肆，是「北大歲寒三友」。從1930年至1937

1936年，湯一介（前排左一）與父親湯用彤（後排右一）和家人在北京中山公園。

年戰前的這段時光，熊十力、蒙文通、錢穆、湯用彤、梁漱溟、林宰平等常聚會，類似學術沙龍。熊、蒙就佛學、理學爭辯不休，熊、梁談及政事，亦有爭議。唯獨湯用彤「每沈默不發一言」。絕對不是無思想無學問見解，性不喜歡爭使然。錢穆稱讚他為「柳下惠聖之和者」。

1937年1月17日，胡適為湯用彤校閱《漢魏兩晉南北朝佛教史》稿本第一冊，贊此書極好，「錫予與陳寅恪兩君為今日治此學最勤的，又最有成績的。錫予訓練極精，工具也好，方法又細密，故此書為最有權威之作」，唯不同意湯用彤否定佛教從海道來中國之說。

1937年夏，湯用彤陪同母親消暑於牯嶺，與錢穆同游匡廬佳勝，讀書著文。不久，盧溝橋事變發生，「時當喪亂，猶孜孜於自學。結廬仙境，緬懷往哲」，頗感「自愧無地」。年底，湯用彤輾轉至長沙臨時大學，因文學院設在南嶽衡山，旋轉赴南嶽。

1938年元旦，湯用彤於南嶽擲缽峰下撰《漢魏兩晉南北朝佛教史·跋》，本書為其傳世名作。跋云：「十餘年來，教學南北，嘗以中國佛教史授學者。講義積年，彙成卷帙。……乃以其一部付梓。」此書於是年由商務印書館印行。

1938年春天，湯用彤、賀麟等取道廣西，隨臨大轉赴昆明西南聯合大學。至昆明，暫住迤西、全蜀兩會館後院樓下大廳。4月，赴蒙自聯大文學院，與賀麟、吳宓、浦江清及子湯一雄同住校外西式二層小樓（天南精舍）。8月1日放暑假，至11月底止。8月底，蒙自聯大文、法學院遷至昆明，湯用彤與錢穆、姚從吾、容肇祖、沈有鼎、賀麟、吳宓仍留蒙自讀書。年底，諸先生推湯用彤為赴昆明旅行團團長，同赴昆明。湯用彤任聯大哲學心理系主任，兼北大文科研究所所長。

　　在西南聯大時，湯用彤一人就開有七門課：印度佛學概論、漢唐佛學概論、魏晉玄學、斯賓諾莎哲學、中國哲學與佛學研究、佛典選讀、歐洲大陸理性主義。汪子嵩先後聽過上述課程，感歎道：「一位教授能講授中國、印度和歐洲這三種不同系統的哲學史課程的，大概只有湯先生一人。」馮契也回憶說：「他一個人能開設三大哲學傳統（中、印和西方）的課程，並且都是高質量的，學識如此淵博，真令人敬佩！……他講課時視野寬廣，從容不迫；資料翔實而又不煩瑣，理論上又能融會貫通，時而作中外哲學的比較，毫無痕跡；在層層深入的講解中，新穎的獨到見解自然而然地提出來了，並得到了論證。於是使你欣賞到理論的美，嘗到了思辨的樂趣。所以，聽他的課真是一種享受。」

　　在聯大學生的記憶中，湯用彤上課提一布袋，著布鞋、布大褂，數年如一日。他上課從不帶講稿，絕少板書，也不看學生，而是徑直走到講臺邊一站，就如黃河長江一瀉千里式地講下去，沒有任何重複，語調也沒有什麼變化，在講到哲學家的著作、術語和命題時，經常是用英語；就這麼一直到響鈴下課。聽講者如稍一走神，聽漏了一語半句，就休想跟上，所以只能埋頭趕記筆記，生怕漏記一字一句。因此，在課堂上，除了湯的講課聲外，都是學生記筆記的沙沙聲。這樣的場景真是令人神往。

　　當年聯大的學生回憶，湯用彤（錫予）教授的《魏晉玄學之研究》、《魏晉文學與思想之關係》、《魏晉時代聖人之觀念》，都是一家之言。他在印度佛學方面也有獨到的研究，胖胖的身材，走起路來一歪一歪的，為人正直誠懇。

　　1939年下半年，周法高考上北大文科研究所研究生。在他的印象中，湯用彤先生跑警報時，拿著一個黃布包袱，簡直像一個鄉下老頭兒，可見他的純樸了。談起湯用彤先生的學術成就，周法高說：「他是中國佛教史的權威，他所寫的《漢魏兩晉南北朝佛

教史》，是一本經典性的著作，博得全世界學術界的讚譽，他在這方面簡直不作第二人想了。他在西南聯大時期又寫了一部《魏晉玄學》的講義，馮友蘭先生說是等這部書出版了，要拿來修定他的《中國哲學史》。」

湯用彤在戰時的昆明生活陷入窘迫的境地。一度每頓吃粥度日，難得能有一次機會上小飯館裏吃一碗「擔擔麵」，就算是「打牙祭」。紙煙是一根一根地買，而且煙質低劣，吸一口，滿口辣味，聊過一下煙癮而已。

湯用彤曾住在昆明青雲街靛花巷，這裏有北大文科研究所。1941年9月，老舍來昆明講演，和羅常培一起住在靛花巷。他在這裏見到鄭毅生先生，湯老先生，袁家驊先生等聯大學者。老舍懷著崇敬的心情在〈滇行短記〉中寫道：「毅生先生是歷史家，我不敢對他談歷史，只能說些笑話，湯老先生是哲學家，精通佛學，我偷偷的讀他的魏晉六朝佛教史，沒有看懂，因而也就沒敢向他老人家請教。」

湯用彤在昆明時期經歷了痛失愛子的打擊。1939年夏天，湯用彤失去了兒子湯一雄。湯一雄是聯大劇團裏一位十分優秀的演員，在演出話劇《夜光杯》的時候，他闌尾炎發作，疼痛難忍，然而，當時演出已經開始，臨時替換演員已經沒有可能，為了演出成功，湯一雄硬是忍著腹部劇烈疼痛，連續參加了好幾場演出，最後昏厥在後臺邊上，同學們把他抬到醫院搶救，為時已晚，他永遠地告別了自己心愛的舞臺，告別了朝夕相處的同學和聯大校園！聯大的師生為湯一雄舉行了隆重的追悼會，湯用彤的痛苦可想而知。張定華在〈回憶聯大劇團〉一文中，提到湯一雄是中共地下黨員。

就在湯用彤痛苦的心漸漸平息，他又遭遇不測。1944年年初，湯用彤的愛女湯一平病逝於昆明。「用彤先生最喜歡的女兒是一平，因一平憨厚而善良。在這種情況下，用彤先生沒能完成他想寫

1956年，湯用彤（右）給湯一介（中）講授國學。

的《魏晉玄學》一書，是完全可以理解的。（湯一介、孫尚揚《魏晉玄學論稿·導讀》）

　　沉潛寡言的湯用彤先生，在國難和家難接踵而至的艱苦歲月裏，完成了佛教史、魏晉玄學等開山之作。1940年，《漢魏兩晉南北朝佛教史》獲抗戰時期教育部學術研究一等獎（哲學類），陳寅恪《唐代政治史述論稿》獲社會科學類一等獎。後來，季羨林拿湯用彤先生的代表作《漢魏兩晉南北朝佛教史》為例加以分析。「此書於1938年問世，至今已超過半個世紀。然而，一直到現在，研究中國佛教史的中外學者，哪一個也不能不向這一部書學習，向這一部書討教。此書規模之恢巨集，結構之謹嚴，材料之豐富，考證之精確，問題提出之深刻，剖析解釋之周密，實在可為中外學者們的楷模。凡此皆是有口皆碑，同聲稱揚的。在中外佛教史的研究上，這是地地道道的一部經典著作，它將永放光芒。」

　　《漢魏兩晉南北朝佛教史》成書後，湯用彤打算寫定《隋唐佛教史》，於是把有關佛教書籍如《大正大藏》、《宋藏遺珍》等裝箱南運長沙。未久，學校西遷昆明，不幸降臨，兩大箱珍貴的佛教典籍丟失。手中雖有講義，但撰寫大著材料不夠豐富，只得「割愛」，轉治魏晉玄學。在這期間，湯用彤得子，起名湯一玄，紀念這段專注於魏晉玄學研究的日子。

湯用彤也不是那種只鑽進書齋、兩耳不聞天下事的學者，和聯大的一些學者相比，他從不熱衷於政治活動，他對政治和政治活動明顯疏離，但這並意味著他沒有政治敏感。1941年1月，皖南事變導致國共關係緊張，大後方白色恐怖日趨嚴重。盛傳國民黨特務已經開出黑名單，即將派武裝到西南聯大進行大搜捕。中共地下黨組織決定停止地下黨領導的聯大學生團體「群社」的活動，並把很多骨幹疏散到鄉下去。聯大哲學心理系學生馮契到昆明郊區龍頭村北大文科研究所暫住。北大文科研究所、湯用彤先生指導的研究生王明為馮契在數百函《道藏》的包圍中，安了一個書桌。

　　有一天，湯用彤先生來了，他悄悄地問馮契：「哲學系有幾個學生不見了，你知道他們到哪裡去了嗎？」馮契說：「不知道。」「不會被捕了吧？」「沒有聽說。」「你不會走吧？」馮契躊躇了一下說：「暫時不會走。」湯用彤歎了一口氣，深情地盯著馮契說：「希望你能留下來！」

　　這次簡短的對話給馮契留下很深的記憶。他在〈憶在昆明從湯用彤先生受教的日子〉文中寫道：「我原以為湯先生是個不問政治的學者，他潔身自好，抱狷者有所不為的生活態度，想不到在這嚴峻的時刻，他對進步學生如此愛護，如此關心。而且他這種關心是真誠的，這就使得我在情感上跟他更接近了些。」

　　馮契就中國佛學和魏晉玄學兩個領域跟湯用彤先生探討了很多問題。湯先生首次提出以「自然名教」之爭、「言意」之辯、「有無、本末」之辯來概括魏晉時期的哲學論爭，由此出發，歷史地考察各派的思想演變，從而揭示出發展的線索。馮契向湯先生提出，「這種從把握主要論爭來揭示思想的矛盾發展的方法，對整個哲學史的研究，都是適用的」。湯用彤先生鼓勵他「應該循著自己的思路去探索」。

1945年，湯用彤先生的《印度哲學史略》由重慶獨立出版社印行，本書由1929年講義修改而成，係「綴拾東西方學者的研究成就加以翻譯資料和佛經資料編撰而成」。是年6月，湯用彤因公至重慶，期間由賀麟暫代哲學心理學系主任。

王元化在〈談湯用彤〉文中說：「用彤先生性格謙和柔順，甚至給人一種謹言慎行、從不臧否人物的印象。據同輩回憶，早在美國，後來在北平，幾次至友相聚論學，發生劇烈爭論，他很少介入，總是保持一種默默不語的態度。但這只是他為人的一個方面。另一方面，我覺得他在治學上卻顯示出中國知識份子的堅韌。據傳，抗戰勝利那年，他對畢業的學生講話，曾勉勵他們不要去做『學得文武藝，賣於帝王家』那種人。在運動頻仍、政治風暴逼人的歲月，他仍本著老一代優秀學者在治學上不容宗教政見雜入而只問是非真偽的獨立精神。」王元化的這段話，可看作湯用彤的精神肖像。這樣「真正的學者」，「真正的大師」（季羨林語），的確令人景仰。

「半個瘋子」沈有鼎

沈有鼎（1908-1989）字公武，上海市人。他出生於書香門第，父親沈恩孚是清末舉人。辛亥革命時，沈恩孚擔任江蘇民政次長和省公署秘書長。後來退出政界，專門從事文化教育活動，曾發起中華職業教育社，籌建南京河海工程專科學校，創辦鴻英圖書館。他酷愛崑曲，與著名實業家穆藕初交往甚密。穆於1921年在蘇州創辦昆劇傳習所，培養了一批人材。沈有鼎的崑曲修養，顯然與此有關。

沈有鼎是西南聯大的一個怪人，他是哲學心理系的教授。沈於1929年畢業於清華大學哲學系，是金岳霖的大弟子。沈行為怪

誕，穿著打扮和曾昭掄教授類似。關於這位天才的逸事和趣聞有一籮筐。

上世紀30年代初，中國哲學會在南京舉行一次年會。有學術報告，也有討論。金岳霖和弟子沈有鼎一起參加，此時，沈有鼎已經在清華大學哲學系任教。金岳霖深知沈有鼎自由散漫，性情古怪，生怕他在會議上亂發言，有意安排沈坐在自己旁邊。沈有好幾次想站起來發言，被金岳霖按住，制止了。沈有鼎實在憋不住了，趁金不注意，猛然站起來，金一把沒有拉住，沈有鼎滔滔不絕地講了一大通。沈沒有講他熟悉的邏輯，而是講未來的新哲學將是博大的三民主義唯心論大體系。金岳霖被這位性情乖僻的天才學生突然襲擊，弄得措手不及。事隔多年，沈有鼎在西南聯大教書，別人問起這件事，他早已忘記，而金岳霖卻未忘記當時的尷尬局面。

沈有鼎給一位同事留下了難以磨滅的印象，他就是蔡維藩。蔡初次來到昆明，加入聯大歷史系，坐著黃包車去他的新住所。突然，一個頭髮蓬亂衣冠不整的矮個子衝出來，揮舞著木杖，大喊道：「停！」黃包車夫大吃一驚，趕緊停車。「你是誰？」這個陌生的傢伙透過金框眼鏡死死盯著蔡。「我叫蔡維藩，」他答道，「是聯大新來的教授。」「這就對了。」這個幽靈二話沒說就走開了。蔡把這次遭遇告訴一位朋友，朋友聳聳肩說，「哦，別理他。他是沈有鼎，半個瘋子。」

沈有鼎經常和殷福生、金岳霖一起共同討論哲學。人們幾乎每天都可以看到沈和殷手拉手走在街上，專心致志地探討哲學問題。與行為怪誕的弟子相比，金的古怪就不免顯得遜色了。

沈有鼎在昆明成為被議論得最多的人物之一。在課堂和會議上，他才華橫溢，卻又深奧難懂。有時候，他會無緣無故喃喃自語。戰前，他在清華經常穿著他的結婚禮服；在聯大，換成了一件破夾克和一條舊褲子，這身裝束似乎從沒換過。他到表兄潘光旦

家，潘才強迫他換洗一下。傳聞他也不洗澡，因為不願花錢買肥皂、付水費。沈有鼎不講衛生，在金錢方面非常小氣，甚至自私，這方面的描述，在《吳宓日記》中也可以看到。

沈有鼎不善理財，每次發了薪水，就把全部的錢放在手提箱裏（有時，他也把薪水藏在床底下和枕頭套裏），每天數一遍。數來數去，難免要數糊塗。有一次他少了10元，便懷疑是同宿舍的錢穆所為。錢先生和他分辨不清，氣得打了他一個嘴巴。

聯大後面的文林街上，經常可以看到沈有鼎出現在茶館或小飯館裏，提著一隻小小的百寶箱，裏面裝著書和錢，口中念念有詞。

沈有鼎喜歡在學校附近散步，餓了就在小吃攤旁坐下，品嚐小吃。據說，他吃遍當地的風味食品，就連寺院的齋飯也不放過。他對某個茶館情有獨鍾，在那裏用兩隻袖子擦桌子，再用手擦得乾乾淨淨，然後坐下來看書。有時，他點一碟瓜子或者花生，作為獎賞，和與他辯論的學生共用，而那些得不到他青睞的學生，也想吃時，他伸出手緊緊護住碟子裏的瓜子，嚴肅地說「不給你吃」。那神情就像咸亨酒店裏的孔乙己。他經常請一些聯大的學子在茶館裏談得不亦樂乎。

有時候，沈有鼎與聯大另一位著名的不修邊幅的教授曾昭掄辯論哲學問題，或者和著名語言學家羅常培閒談。因為沈學識淵博，羅始終尊敬他。

在趙瑞蕻的回憶中，沈有鼎經常在茶館和愛好哲學的學生辯論哲學問題：

> 我還記得當時哲學系有個朱南銑同學（我跟他較熟悉）書念得很好，真有個哲學頭腦，常常異想天開，也會寫很不錯的舊體詩。他戴副高度近視眼鏡，背有點駝。我經常看見他跟他系裏沈有鼎教授（數理邏輯專家）泡茶館，一泡泡半天，海闊

天空，無所不談，有時候也辯論起來，各不甘休。朱南銑有次告訴我他的一些學問是從沈先生的「信口開河」裏撿到的，1940年我畢業後，就沒有再看見朱南銑。後來聽說「文革」中，他被下放勞動，一天晚上摸黑走路，不幸掉在池塘裏淹死了。（趙瑞蕻《離亂弦歌憶舊遊》）

沈有鼎不管是哪一個系的教授開的課，只要他感興趣，他便會去旁聽，有時還起來發問，甚至插嘴說，你講錯了，使得教授下不來臺。

不要以為沈有鼎只是「哲學動物」，他會彈古琴，會唱崑曲，「不過他的崑曲是坐在馬桶上的時候才唱的」。他嗜書如命，有借書不還的「毛病」。沈有鼎彈奏古琴，在浦江清的《清華園日記》中可以看到。那是戰前，1937年初，因為受「一二‧九」運動的影響，清華大學提前放了寒假。閒來無事，浦江清邀請吳晗去清華合作社喝茶。為此他在日記中寫道：「過沈有鼎君臥室，入之，凌亂無序。沈君西裝，彈古琴，為奏《平沙落雁》一曲。亦強之出喝茶。沈君於西服外更穿上棉袍，真可怪也。」

張岱年晚年談其沈有鼎時，說起沈有鼎一句讓人感到非常震驚的話：

> 沈有鼎先生只比我大一歲，是金先生的大弟子，學識淵博，涉獵很廣，對於中國古代哲學典籍和現代西方各派哲學都有研究，對於先秦邏輯思想及現代數理邏輯探索也比較深。可是，他卻不完全贊成金岳霖先生的思想。金先生去世以後，在一次哲學年會上，沈有鼎先生忽然公開說：「我和金先生的路數不同，我是走康德的路子的。」大家聽了都很詫異。
> （《世界老人的話‧張岱年卷》，遼寧教育出版社2007年版）

金岳霖講「知識論」

　　「世界上似乎有很多的哲學動物，我自己也是一個，就是把他們放在監牢裏做苦工，他們腦子裏仍然是滿腦子的哲學問題。」金岳霖教授如是説。

　　按照中國另一位哲學家馮友蘭先生的説法，金老是中國第一個真正懂得並引進近代邏輯學的人，也是使認識論和邏輯學在現代中國發達起來的第一人；同時金老也是中國現代傑出的教育家，自1926年起金老到清華大學任教，當時清華大學哲學系只有他一個老師，也只有一個學生，號稱「一師一生一系」。爾後的三十多年裏，他不但一手辦起了清華大學哲學系，而且培養了這方面的許多大家，包括沈有鼎、王浩、馮契、殷海光在內的一大批大師級的弟子，可謂桃李滿天下。

　　金岳霖任聯大哲學心理系教授，教邏輯學。邏輯是西南聯大規定文學院一年級學生的必修

金岳霖。

課，文學院的學生多數認為這個專業很枯燥，像高等數學一樣。歷史系的陳蘊珍（即蕭珊，後來與巴金結婚）曾問過金先生：「您為什麼要搞邏輯？」邏輯課的前一半講三段論，大前提、小前提、結論、周延、不周延、歸納、演繹……還比較有意思。後半部全是符號，簡直像高等數學。她的意思是：這種學問多麼枯燥！金先生的回答是：「我覺得它很好玩。」（汪曾祺〈金岳霖先生〉）

在老朋友、老同事哲學家馮友蘭眼中，金岳霖具有一種天賦的邏輯感。他能從一些諺語中發現邏輯問題，比如，「金錢如糞土，朋友值千金」。金岳霖說，他在十幾歲的時候，就覺得這個諺語有問題。如果把這兩句話作為前提，得出的邏輯結論應該是「朋友如糞土」。這和這個諺語的本意是正相反的。馮友蘭在〈懷念岳霖先生〉一文中，還講到一個笑話。有一個二郎廟碑文，其中說：「廟前有一樹，人皆謂『樹在廟前』，我獨謂『廟在樹後』。」說笑話的人都認為這兩句話是語義重複，沒有什麼意義。金岳霖說，這兩句話並不是語義重複，而是參照物不同。

金岳霖授課時，常把學生也看作學者，以學者對學者的態度研究問題。他講課，不帶書本，不帶講稿，走進課堂只帶一支粉筆，這支粉筆並不使用，經常一堂課下來一個字也不寫。

在汪子嵩的印象中，金岳霖高高的身材，披一件風衣，進教室後總是搬一把學生坐的課椅擺在講臺邊上一坐；雖然面對學生，卻總是低著頭，有時甚至閉上眼睛，自己一面思索，一面講他的哲學問題，坐而論道。金岳霖鼓勵學生提出自己的見解，喜歡學生有獨立的觀點，並和他們一起討論。馮契在抗戰爆發後，與其師金岳霖道別，去北方前線參加抗日工作，1939年復學。「金先生要求我每提出一個論點都經過嚴密論證。因此，討論往往是熱烈的，富於啟發和引人入勝，不知不覺間，一個下午便在邊讀邊議中過去了。」

汪子嵩〈漫憶西南聯大哲學系的教授〉在文章回憶：「金先生有時講到得意興奮時，會突然站起來，在黑板上寫幾個字，或者向我們提個問題，師生共同討論起來。清華重視哲學問題和邏輯，所以討論和辯論盛行，一直到一九五二年院系調整，全國各大學哲學系都併入北大哲學系後，那時的邏輯組是學術辯論最熱烈的地方。」

當年，金岳霖講授的邏輯學是西南聯大文學院一年級學生的必修課。大一的學生在中學時沒有聽說有邏輯這門學問，都對金的課很有興趣，所以一個大教室經常坐得很滿。汪曾祺在〈金岳霖先生〉文中寫道：

> 金上課要提問，學生太多，又沒有點名冊，因而他經常一上課就宣佈：「今天，穿紅毛衣的女同學回答問題。」於是所有穿紅毛衣的女同學就既緊張又興奮。學生回答問題時，金就很注意地聽著，完了，便說：「Yes！請坐！」

在聯大，金岳霖為哲學系大三、大四學生開設兩門課程──「知識論」和「形而上學」。金岳霖講授的「知識論」，有的學校稱為「認識論」，他認為這門課只能叫「知識論」，而不能叫「認識論」。任繼愈聽了這堂課，並記錄下金岳霖講課的內容、神態和表情。

> 金先生又說，對於桌、椅、木、石等死的東西，哲學家可以通過分析，論證其不真實，認為不過是眾多感覺的複合體，好像言之成理。如果認識的對象不是呆板的死物（桌、椅、木、石等），而是一個大活人，哲學家做出上述的分析和判斷就會遇到麻煩。講到這裏，金先生指著坐在他對面聽課的同

學陳龍章，並代替陳龍章回答：「你不承認我的存在，我就坐在你的面前，你把我怎麼辦」？講到「你把我怎麼辦」這句話時，金先生把頭一擺，胸一挺，脖子一梗，做出不服氣的樣子，聽課的同學都會心地笑了。

金先生總結說……我們可以說對某事物有知識，關於這種過程的學問叫做「知識論」。……金先生說，所謂「Thing」，實際上是人們對它（Thing）的加工，「Thingize」，是人加給物的。任繼愈在回憶這堂課，為了說明金岳霖的觀點，加了一個注釋：

東晉僧肇的《不真空論》說，「夫言色者，當色即色，豈待色色而後為色哉」，僧肇講的「色色」，可英譯為Thingize。

1942年秋至1943年夏，金岳霖給哲學系高年級學生講「知識論」。周禮全當時是大二的學生，一天，他碰到哲學系的一位畢業生胡庸達。胡庸達被同學稱為「康德專家」，他對周禮全說：「金先生講知識論，深刻極了！精彩極了！你應當去旁聽幾堂。」周禮全讀過羅素的《哲學問題》，周禮全旁聽了兩次，第二次下課後，在教室門口攔住金岳霖，很唐突地說：「您剛才對羅素的歸納原則的解釋，我以為不完全符合羅素的願意。」金岳霖建議周禮全好好地讀幾遍《哲學問題》。

1944年，周禮全選修了金岳霖的「知識論」和「形而上學」，每堂課都專心地聽了，覺得「金先生的講課引人入勝」。認為金岳霖的講課進程，有些像柏拉圖的「對話」，也許更像休謨剝蕉抽繭地討論哲學問題的風格。

在西南聯大，金岳霖精心創作的著作是《知識論》。這本《知識論》是一本多災多難的書。晚年金岳霖回憶：「抗戰期間，我在昆明時已經把它寫完了。有一次空襲警報，我把稿子包好，跑

到昆明北邊的蛇山躲著，自己就席地坐在稿子上。警報解除後，我站起來就走。等到我記起時，返回去稿子已經沒有了。這是幾十萬字的書，重寫並不容易。可是，得重寫。《知識論》是我花精力最多、時間最長的一本書！」1947年，金岳霖完成《知識論》，交給商務印書館。《知識論》出版後，金岳霖對清華大學哲學系同事張岱年說，我可以死啦。

張岱年認為，金岳霖的哲學名著《知識論》確實是一本「體大思精」的專著，在中國哲學發展史上是空前的，拿來與羅素、莫爾、桑塔雅那的認識論相比，至少可謂毫不遜色。

金岳霖「論道」

1937年10月，長沙臨時大學文學院設在南嶽衡山腳下的聖經書院。在這裏，金岳霖開始寫《論道》，馮友蘭寫《新理學》。兩人互相看稿子，也互相影響。晚年馮友蘭說：「他（金）對我的影響在於邏輯分析方面；我對他的影響，如果有的話，可能在於『發思古之幽情』。他的長處是能把很簡單的事情說的很複雜，表面看起來沒有問題的事情，經他一分析，問題就層出不窮；我的長處是把很複雜的問題說的很簡單。」馮友

晚年金岳霖查閱圖書。

蘭還說「我們的主要觀點是相同的」；所不同的是，「我是舊瓶裝新酒，他是新瓶裝新酒」。

1940年9月，《論道》由商務印書館出版。《論道》一書，開始於「道是式——能」，而終結於「無極而太極是為道」。書中以道、式、能為基本範疇，採用邏輯學書寫形式，每一條都是一個邏輯命題，通過純邏輯的推演建構出獨特的本體論。本書充分體現了金岳霖中西合璧的著述風格，用中國傳統哲學中的最高概念「道」將「式」、「能」統括起來，成為哲學的「最上的概念」，「最高的境界」。書中大量採用無極、太極、理、勢、體、用、幾、數等中國傳統哲學術語，並有意使用很多中國傳統哲學命題，但賦予新解。《論道》說：「太極為至，就其為至而言之，太極至真，至善，至美，至如。」同文學要借助語言文字所蘊藏的意味相似，哲學也要利用傳統的哲學術語所蘊藏的意味。

1940年，重慶教育部學術評議會評選抗戰以來的最佳的學術著作。投票結果，馮友蘭的《新理學》和金岳霖的《論道》都被評為一等獎。按規定，一等獎只能有一個，《論道》改為二等獎，獎金5000元。金晚年說：「《論道》是我比較滿意的一本書。」

關於《論道》書名的由來，金岳霖在此書自序中寫道，是接受了葉公超先生的建議：「我也要感謝葉公超先生，他那論道兩字使一本不容易親近的書得到很容易親近的面目。」還有一次，談起這本書的書名，金岳霖對學生說，書名有中國味，對抗戰也是有利的。

《論道》出版後，金岳霖頗為感慨地對他的學生馮契說：「一點反應都沒有。沒有評論……也沒有人罵！」他的語氣中包含有一種深沉的寂寞之感。馮契勸慰他說：「曲高和寡，人家讀不懂。但經過時間的檢驗，這本書的價值會顯示出來的。」金岳霖說：「哲學理論和自然科學不一樣，不能用實驗來驗證。所謂考驗，通常要

通過討論、批評，有人從東邊來攻一下，又有人從西邊來攻一下，攻來攻去，有點攻不倒的東西，那就站住腳了。」

《論道》出版，沒有人和他「論道」。晚年金岳霖回憶起這段事，他寫道：「我的《論道》那本書印出後，石沉大海。唯一表示意見的是宰平先生。他不贊成，認為中國哲學不是舊瓶，更無需洋酒，更不是一個形式邏輯體系，他自己當然沒有說，可是按照他的生活看待，他仍然是極力要成為一個新時代的儒家。」

這裏提一下林宰平，這位被胡適和梁啟超都看重的儒者，金岳霖對他評價非常高：「林宰平先生是一個了不起的中國讀書人，我認為他是一個我唯一遇見的儒者或儒人，他非常之和藹可親，我雖然見過他嚴峻，可從來沒有見過惡言厲色。他對《哲學評論》的幫助很大。這個評論要靠自己的言論過日子是不可能的。宰平先生背後有尚志學社基金，維持《哲學評論》的存在主要靠宰平先生。」

金岳霖與殷海光

西南聯大時期，金岳霖的學生中出了兩位名家：一個是思想家殷福生（到臺灣後改名殷海光），一個是哲學家、數學家王浩。

1935年，金岳霖的《邏輯》由商務印書館出版，被列入「大學叢書」，此書於1937年由商務再版。殷福生，在中學就和金岳霖通信，談讀《邏輯》的讀書心得，非常讚賞此書，也指出書中錯的地方。晚年金岳霖回憶說：「《邏輯》介紹一個邏輯系統那一部分有許多錯誤，我的學生殷

殷海光。

福生先生曾系統地作了更正，也不知道他的改正正確與否，竟以不了了之。理由是，我錯誤地認為，我既沒有數學才能，形式邏輯就搞不下去了。」是不是這個原因，金岳霖先生就從形式邏輯轉到哲學了。

殷福生和金岳霖通信後不久，來北平，金岳霖就資助他學習和生活的全部費用。1938年秋，在金岳霖的幫助下考入西南聯大，後又進入清華研究院。殷福生回憶在西南聯大最初見到金岳霖時的印象：

> 在這樣的氛圍裏，我忽然碰見業師金岳霖先生。真像濃霧裏看見太陽！這對我一輩子在思想上的影響太具決定作用了。他不僅是一位教邏輯和英國經驗論的教授，並且是一位道德感極強烈的知識份子。昆明七年的教誨、嚴峻的論斷，以及道德意識的呼喚，現在回想起來實在鑄造了我的性格和思想生命。……論他本人，他是那麼質實、謹嚴、和易、幽默、格調高，從來不拿恭維話送人情，在是非真妄之際一點也不含糊。

殷福生在西南聯大時，才高氣傲，目中無人，他眼中的人物，都是卓越超群的，他宣稱：「在政治信念上，我堅持民主自由。可是，喂！咱在氣質上卻又崇拜拿破崙、隆美爾、深喜卓越超群的人物，欣賞一時風雲人物，又豔羨羅素在知識領域中出人頭地的成就。」金岳霖自然是他佩服和欣賞的人，他到臺灣後，仍然把金岳霖和哈耶克相提並論。

金岳霖和殷福生關係親密，經常在一起討論問題。殷福生在臺灣回憶說：「我在昆明西南聯合大學讀書時，在一個靜寂的黃昏，同我的老師金岳霖先生一起散步。那時，種種宣傳正鬧得很響。我

就問金先生，哪一派是真理。他並沒有特定的答覆這個問題。深思了一會，他說：『凡屬所謂時代精神，掀起一個時代的人興奮的，也未必能持久。』我接著問他：『什麼才是比較持久而可靠的思想呢？』他說：『經過自己長久努力思考出來的東西。──比如說，休謨、康德、羅素等人的思想。』這一番話，我當時實在並不很瞭解。現在，事隔了二十多年，我經過了許多思想上的風浪以及對這些風浪的反思，我想老師之言我完全瞭解了。」（《殷海光文集》第4卷〈書信與隨筆篇〉，湖北人民出版社2001年版）

金岳霖最早的一本著作是《邏輯》，此書出版後，哲學家賀麟譽之為「國內唯一具新水準之邏輯教本」。殷福生更讚譽說：「此書一出，直如彗星臨空，光芒萬丈！」據金的一位學生回憶，在西南聯大時，殷福生找他聊天，看到桌子上放一本金岳霖的《邏輯》，「殷福生拿起這本書說：『就拿這本書來說吧！這是中國人寫的第一本高水準的現代邏輯。也僅僅就這本書來說吧，真是增一字則多，減一字則少』。這時他突然把這本書往桌上一扔，接著說：『你聽，真是擲地作金石聲。』」

殷福生在此前（1936年）曾撰文稱讚金岳霖的《邏輯》「觀點純粹、嚴格，解析精密……是中國有邏輯以來，亦即中國有史以來的第一部純粹邏輯著作。」

1942年，殷福生從聯大哲學系畢業後，考入清華大學哲學研究所，在此後兩年多的時間裏跟金岳霖攻讀西洋知識論，直到1944年從軍止。

金岳霖與王浩

1938年，濟南人王浩在南京中央大學附中讀高二，他以第一名的成績考入西南聯大經濟系。那一年的高考，有一道數學題非常

王浩（右）。

難，難度超出了中學的範圍，沒人答出來，當然，王浩是個例外。然而，這一年他沒有到昆明來上學。1939年，王浩又報考聯大數學系，還是所有考生中的第一。王浩還沒有入學，就已在聯大揚名，大家都知道他是個大才子，連續兩年考第一。

王浩專業是數學系，但他迷戀哲學，沒有聽從系主任楊武之的勸誠，他把大量的精力放在哲學上。王浩大學畢業後，考入清華哲學系研究生。研究生畢業，論文導師是金岳霖。

金岳霖在聯大開設一門選修課：符號邏輯。對很多人來說，去聽課就如去聽天書。因而每次上課，教室中只有零星幾人。王浩卻是例外，能夠懂得此門學問的奧妙。金經常會在講授過程中停下來，問：「王浩，你以為如何？」於是這堂課就成了他們師生二人的對話。

1942年，王浩花費了一年多的時間，完成一篇論文，拿給老師金岳霖看。金看後，問王浩是不是抄的，王浩說不是，金岳霖說應該發表。師徒都太懶，沒有用力進行發表的事，王浩的這篇「處女作」丟失了。有一次，金岳霖借給王浩看他已經寫完的《知識論》手稿兩章。後來，金岳霖忘了，到處找，找不到，以為遺失了。等王浩還給他時，他忽然想起，如釋重負。

很多人形容金岳霖是真名士自風流。重要的一點，胸無芥蒂，心懷坦蕩。在清華大學教授組織的一次邏輯學研究會上，有人提起哥德爾，金岳霖表示要買本書來看看。他的學生沈有鼎對金先生說：「老實說，你看不懂。」金聽了，「哦哦」兩聲，坦然說：「那就算了。」神色自若。這段掌故被金岳霖的一個學生寫到書裏，後來殷海光在臺灣看到後，大吃一驚。學生毫不客氣的批評，老師立刻接受他的建議，這在內地是從來沒有過的。王浩覺得，大家都應該有金先生的這種「雅量」；如果在一個社會裏，這樣的合理的反應被認為是奇蹟，才真是悲哀。

1944年，金岳霖知道王浩撰寫畢業論文。論文題目是《經驗知識問題討論》，共四章：歸納問題，真理，可驗證性，感覺資料。王浩每寫完一章，就請金看一章。金讓王浩讀普萊斯的《知覺》一書。

根據何兆武的記憶，王浩在畢業答辯時，金岳霖先生問他為什麼學哲學，王浩答道：「我想解決人生問題。」金岳霖先生接下來又問：「那你解決了沒有？」王浩說「還沒有」。王浩一輩子都想解決人生問題，可是一輩子都沒有解決。何兆武感慨地說：「大概這是一個永恆的問題，永遠也解決不了，但這並不妨礙人們解決它」。

1946年，王浩被清華保送，入哈佛大學，用了一年零八個月的時間就拿到了哲學博士。何兆武很奇怪，為什麼念得這麼快，王浩說：「到哈佛念的那些東西國內都念過了，很容易。」由此可見，西南聯大的教育在世界上是一流的，學者研究的不論是科學，還是哲學，都是超前的。王浩在美國成為世界級的大學者。

1972年中美建交以後，王浩從美國回來，金岳霖對人說：「沈（有鼎）先生有學問，其實王浩不是我的學生，是沈先生的學生，他們在一起討論，我根本插不上嘴。」金先生說這話時，是不是心

底有一點落寞，金先生研究的邏輯和哲學，曾是世界最先進的，此時，他落在了哲學思潮的後面。

與金岳霖終身未娶相比，王浩一生結了三次婚，前兩次很不順利。晚年王浩想寫三部書，分別回答「人能夠知道什麼？」「人能夠做到什麼？」「人追求的是什麼？」這三個人生最根本的問題，他只寫了一部《超越分析哲學》，就去世了。王浩要解決的這三個問題，從金岳霖和王浩這師徒的人生來看，發人深思。王浩一生都在追求幸福，卻始終沒有追求到。金岳霖的一生，沒有婚姻，沒有孩子。但在某種程度上，他得到了愛情，感受到了家庭的溫暖。除了1949年之後，金岳霖的思想轉變，令後人感覺遺憾。他的一生不是圓滿的，但可以說幸福而無憾。即使西南聯大這段艱難的時期，金岳霖的生活相對朱自清、聞一多，也是從容的。

金岳霖愛讀武俠小說

金岳霖很愛看小說，普魯斯特，福爾摩斯，詹姆斯·喬伊斯，伍爾芙，都看。他曾經寫過一篇文章〈真小說中的真概念〉（《Truth in true Novel》），探討小說中的邏輯命題。金岳霖的這篇文章發表在1937年《天下月刊》（《Tine Hsia Monthly》）第4卷第4期。除了外國的意識流小說和偵探小說，他很愛看平江不肖生的《江湖奇俠傳》，以閱讀武俠小說作為消遣。他告訴學生，讀小說比研究哲學家的論著更能領悟哲學的奧妙。當然，金岳霖讀小說，有消遣的意味，哲學家的素養和敏銳，能讓他從小說中發現哲學問題的文學化表達。

這裏提一下近代武俠小說的先驅《江湖奇俠傳》。1922年，向愷然（筆名平江不肖生）應世界書局之約，他開始專心從事武俠創作。武俠處女作《江湖奇俠傳》一炮打響，以此奠定了他在武俠

小說中的地位。有人認為它是中國第一部正宗的武俠小說。《江湖奇俠傳》以近代史上確有其事的湖南平江、瀏陽兩縣縣民爭奪趙家坪為經，以崑崙、崆峒兩派弟子分別助拳為緯，並融入清末四大奇案之一的「張紋祥刺馬案」，牽引出兩大武林門派的恩怨情仇。平江不肖生的作品，受舊小說的影響很深，是章回體。他的創作，受湖南民俗影響，將寫實與神怪相結合，又善於編故事，因此很有看頭。金岳霖出生在長沙，讀的是教會學校，從小喜歡對聯，他作了不少對聯（好多是輓聯，輓好友）。金岳霖愛讀《江湖奇俠傳》，一是平江不肖生寫的是發生在湖南的故事，他看著親切；二是章回體，他喜歡作對子，這合他的口味。

沈從文要金岳霖給西南聯大中文系學生講《小說和哲學》，他講了半天，結論是小說和哲學沒有關係，有學生問：那麼《紅樓夢》呢？他的回答：「《紅樓夢》裏的哲學不是哲學。」講著講著，他忽然停下：「對不起，我這裏有個小動物。」他把手伸進後脖頸，捉出了一個跳蚤，捏在手指裏看看，很是得意。

當時聯大的學者，在閒暇大都喜歡讀小說。湯用彤對佛教的興趣並沒有使他變成一位中國傳統主義者──他也愛讀偵探小說，並發覺它們對提升歷史感很有幫助。陳寅恪在成都的時候，因視力不佳，眼睛幾乎失明，耳讀張恨水的言情小說。他請吳宓到學校圖書館借張恨水的小說，借來之後，交給他的太太唐篔，陳寅恪躺在病床上，夫人朗讀給他聽。而吳宓最愛小說《紅樓夢》，夢想著寫一部能與《紅樓夢》相媲美的自傳體小說《新舊因緣》，這可能是他將自己比作賈寶玉的原因。吳宓是「學衡派」，在文化上守護傳統文化，持保守態度，反對白話文，愛讀筆記小說，但他自己也讀新小說。他讀過茅盾的《子夜》後，大加讚賞，評論道：「筆勢具如火如荼之美，酣姿噴薄，不可控搏。而其細微處複能婉委多姿，

殊為難能可貴。」茅盾認為吳宓的評論真正體會到了「作者的匠心」。

馮友蘭愛讀中國的古典小説《兒女英雄傳》。他曾和女兒宗璞談過這部古典小説。談自己對《兒女英雄傳》的看法：「你看，在中國小説中，《兒女英雄傳》的技巧是很新奇的。就説主人公十三妹的出場，這部小説並不像其他作品先開宗明義講出主人公姓甚名誰，從哪裡來。這部小説先讓一個無名無姓的神秘女子登場，這就有一種神秘氣氛。等到她的活動引出了鄧九公，小説就又放下她重新從鄧九公開頭敍述……」

胡適考證《紅樓夢》、《水滸傳》、《西遊記》、《三國演義》、《三俠五義》、《海上花列傳》、《兒女英雄傳》、《官場現形記》、《老殘遊記》等十二部中國古典小説，進行研究，卓然有成，著述六十萬言，結集為《中國章回小説考證》出版。

從這些學者對中國新舊小説的研究、閱讀可以看出他們的精神趣味，以及文化的潮流。

單身教授金岳霖

抗戰之前，金岳霖住在北平北總布胡同，他的客廳是著名「湖南飯店」，星期六聚會是當時北平學者的沙龍。金岳霖閒暇時間，

1938年林徽因（左四）、梁思成（左二）和女兒、兒子與西南聯大教授周培源（左一）、陳岱孫（左三）、吳有訓（右一）、金岳霖在昆明合影。

喜歡逛廟會，經常去的是東城的福隆寺和西北城的護國寺廟會。有一次，在廟會上買了一對黑狼山雞，當寵物養，結果體重都超過九斤。「這對雞對我雖然是很寶貴的東西，可是我沒有讓它們過夜的房子。」冬天到了，金岳霖擔心雞不能禦寒，就餵它們魚肝油，餵的魚肝油太多了，一管子，結果，雞死了。這是金岳霖第一次養雞。在人們的記憶中，一隻很大的鬥雞能把脖子伸上來，和金在一個桌子吃飯。金岳霖金還喜歡蟋蟀，鬥蛐蛐，家裏的蛐蛐罐有一大籮，他的廚師老王經常被他叫去抓蛐蛐。金還説：鬥蛐蛐「這遊戲涉及到高度的技術、藝術、科學。要把蛐蛐養好，鬥好，都需要有相當的科學」。

金岳霖到昆明後，和清華大學的幾位同事一起，住在唐繼堯的公館。金也在大院裏養了一隻大公雞。有時，這隻大公雞跟隨主人到對過的蔡鍔故居，這裏住著楊振聲、沈從文、劉康甫等好幾家人。在張充和的記憶裏，「院中養個大公雞，是金岳霖寄養的，一到拉空襲警報時，別人都出城疏散，他卻進城抱他的大公雞」。

在西南聯大，金岳霖是著名的單身教授。沒有家庭的拖累，他活得輕鬆瀟灑。他一生不愁衣食，即使是在西南聯大那樣困難的時候，按照他的説法：

> 我的生活一直是優越的。即令是在昆明，也仍然如此。在昆明有一個時期我的工資是最少的，溫德先生「考」第二。但是，我們不是最窮苦的，因為我們都是單身漢。

因為是單身，金先生的生活相對富足，所以他常接濟朋友和學生。據任繼愈先生回憶：金先生單身一人，工資多，幫助一些困難學生，抗戰期間，不少學生家鄉淪陷了，經濟很困難，他一直資助學生念書，據任繼愈所知就有好幾個。

金岳霖也「進入」到朋友的家庭之中，至少梁思成和林徽因夫婦、張奚若和楊景任夫婦、錢端升和陳公惠夫婦等都把金岳霖當作家庭一員。錢端升夫人陳公惠說：「老金隻身一人初期住在梁思成、林徽因家，後期梁家遷渝，老金便移居我家。」金岳霖、陳岱孫等單身教授慷慨解囊，資助錢端升家渡過難關——過上月底舉債月初還債的生活，「和老金始終如一地給我們支援分不開的。」

據陳公惠追憶，當時家住昆明鄉下龍頭村。金岳霖從昆明授課回來，錢家的兩個孩子都都、弟弟（乳名）就有了「頭兒」，金先生就用他們的乳名哼出馬賽曲，「都都……」「弟弟……」或者以口哨吹出馬賽曲，立刻把孩子吸引住了。有時，金先生給兩個孩子講故事，或者帶他們散步。這個孩子王很受孩子歡迎，孩子一見到他，就大叫：「金爸、金爸……」

金岳霖滿身「童趣」。閒暇時間便到處搜羅大梨、大石榴，拿去和別的教授的孩子比賽。比輸了，就把梨或石榴送給孩子，他再去買。

馮友蘭是金岳霖的老朋友。他晚年著文說，金先生的風度很像魏晉大玄學家嵇康。嵇康的特點是「越名教而任自然」，天真浪漫，率性而行；思想清楚，邏輯性強；欣賞藝術，審美感高。他認為，「這幾句話可以概括嵇康的風度。這幾句話對於金先生的風度也完全可以適用。」又說：「我想像中的嵇康和我記憶中的金先生，相互輝映。嵇康的風度是中國文化傳統所說的『雅人深致』、『晉人風流』的具體表現。金先生是嵇康風度的現代的影子。」馮友蘭不愧是金岳霖的老朋友，他對金岳霖風度的評價是十分準確的。

金岳霖先生已經成為並不遙遠的絕響，他的背影留在歷史中，我們離他越來越遠。有人慨歎，青山綠水不復出此人矣，「金先生的風度是不能再見了」。

法商學院教授

紳士陳岱孫

　　1900年農曆閏八月二十七日是陳岱孫先生的生日，他與孔夫子同一天，屬鼠，19年過一次。1995年10月，北京大學盛會慶祝他九十五華誕，他說：「我只有六歲呢」……這位與20世紀同齡的老人，1997年卒，以97歲的高　陪伴我們這個民族走過了20世紀。有人說他高齡的秘訣是「三清」：清高的品性、清白的人格、清貧的生活。

　　陳岱孫在漫長的一生中只做了兩件事：讀書與教書。從27歲開始的粉筆生涯，一直持續了70年，可謂春風化雨，桃李滿園。

　　個兒高高的，西裝頂挺，走起路來常帶一根司的克（手杖），有著一副

陳岱孫。

英國紳士的儀態，這就是經濟系主任陳岱孫先生。陳岱孫是美國哈佛大學博士，1927年加盟清華，第二年擔任經濟系主任，第三年出任法學院院長。他的一生教過多少學生，根本無法統計。

凡是與陳岱孫接觸過的人，無論是共事多年的同事、朋友，還是受業的弟子，談起他，大家用的最多的一個詞是「gentleman」，敬佩他在治學、育人、待人接物上，無一不體現出的一種真正的紳士、君子所具有的風度。

陳岱孫給經濟系大一學生講授「經濟學概論」，這是一門必修課，來自外系的聽眾使原本座無虛席的教室更加擁擠了。陳先生在剛開這門課時，一走進課堂，什麼也不講，就在黑板上寫了一個大大的英文單詞「Wants」（慾望、需求）。然後，由這個詞講人們經濟活動的起源、動力，再講效用、供求、價值，把這門課程的核心，用精煉的語言表達出來，引起學生的極大興趣。

在課堂上，陳岱孫堪稱條理清晰、穩重得體和細緻周密的典範。總是上課前五分鐘到教室，板書當堂課的綱要和英語參考書目，上課鈴一響，即準時開始講授。講演從容不迫，邏輯清楚，解釋準確到位。因為聽課同學太多，每每有些因上一堂課下課遲或教室遠而遲到，則必再約略重複一次，以免遲到同學無法筆記。他一般很少提問，不過，學生的任何疑問都會得到陳岱孫準確清晰的答覆，這是他授課的特點。然而，如果有學生第二次問相同的問題，他可能會叫道，「那麼笨！」

陳岱孫講課給學生留下深刻的印象，有人寫道：「無論哪樣艱深的理論，總是有條不紊的，分析得很仔細，灌輸在聽講人的腦中；而且總是那樣地從容不迫。」聽陳岱孫講課是一種享受。無論誰，只要上過他的課，不能不讚歎他的口才。雖然是福建人，可是國語講得夠漂亮，一個一個字吐得很清楚，而不顯得吃力。在上課的時候，學生沒有一個敢作聲的，只精心凝聽，因為他的聲音是有

節奏的，有韻律的，能使人如同聽音樂一樣，起著一種內心的快感。

課堂上的陳岱孫總是衣冠整潔，談吐高雅，既有中國學者風度又有英美紳士派頭，這給分散在海內外的西南聯大的同學留下深刻的印象。上課前一兩分鐘他已站在黑板前，難得的是他講完最後一句話，合上書本，下課鈴也同時響起，讓同學們既驚歎又欣賞。他講課言簡意賅，條理分明，沒有廢言。他不念講稿，但每次課後翻閱筆記，不許增減就是一篇完整的佳作。任繼愈先生撰文說：「這種出口成章的才能，西南聯大教授中只有兩位，一位是陳先生，另一位是馮友蘭先生。」

陳岱孫這樣精確地掌握課堂每一分鐘的本領，許淵沖的文章也有回憶。在西南聯合大學教學時，陳岱孫一表人才，身材高大，西服筆挺，講起課來頭頭是道，娓娓動聽，要言不繁，掌握時間分秒不差，下課鐘聲一響，他也剛好講完。有一次他講完了課還沒敲鐘，後來一查，原來是鐘敲晚了。

西南聯大有四位著名的單身教授：外文系的吳宓，經濟系的陳岱孫，哲學系的金岳霖，物理系的葉企孫。雖然是單身，但他們的逸聞趣事和戀愛

晚年陳岱孫。

故事在學校內廣為流傳。清華大學單身教授多，這是一個很奇特而有趣的現象。楊振聲曾寫過一篇題為〈釋鰥〉的文章，調侃他的朋友。相對於吳宓的多情多戀，陳岱孫沒有「緋聞」，他一生未娶。當時他40多歲，在聯大上課，是一個鑽石級的王老五，讓很多女生怦然心動。可見他的個人魅力。不少聯大女生談戀愛，衝著陳岱孫這樣的標準，希望能找到像陳先生這樣的男同學。

1980年，美國學者易社強為寫《西南聯大：戰爭與革命中的中國大學》收集資料，在採訪陳岱孫時，易社強裝作漫不經心地問：像你這樣的單身漢在戰爭期間有什麼娛樂活動。「我們經常打橋牌。」陳岱孫說。

在朱自清的日記中，筆者發現陳岱孫的一副絕佳的聯語。原來他和金岳霖一樣，都喜歡作對聯。1938年2月25日，臨時大學遷往昆明，馮友蘭、陳岱孫、朱自清等人到南寧，住在大升旅館。同仁間產生摩擦，朱自清覺得「甚無謂」。陳岱孫可能有感而作，聯語曰：

> 小住為佳，得小住且小住。
> 如何是好，願如何便如何。

有南渡途中的樂觀意味，有語言遊戲的成分，但也可以折射出陳岱孫的精神趣味。

張奚若：「無政可參，路費退回。」

政治系主任張奚若，八字鬍鬚，衣冠楚楚，手不離杖，做事一絲不苟。

　　張奚若是一位可圈可點的教授，西南聯大正是擁有這樣的大學者，才能稱之為「大」——大學之「大」，大師之「大」。如果沒有這些個性獨特的教授，「大」就無從體現。這位連蔣介石都敢罵的教授，為中國的自由和民主引領了時代風騷。張奚若（1889-1973），原名熙若，陝西朝邑（今屬大荔）人，現代政治學家，西方政治思想史學者。

　　在易社強的筆下，我們可以看到一幅張奚若的精神素描和生活肖像。他寫道：

> 張（奚若）堪稱禮貌得體沉穩謹慎的楷模，總是隱忍克制，總是字斟句酌。有個觀察者寫道，他的嘴就像北平紫禁城的城門，「似乎永遠是緊閉的」。有位同事回憶，他是條「硬漢」。然而，他演講時，溫文爾雅，機智幽默，極富魅力。在「西方政治思想史」和「政治學概論」課堂上，他狡黠地故作無意發表風趣的評論，然後繼續他的講演，好像沒聽到學生們的笑聲。

稱張奚若為「硬漢」，不是聯大時期張的同事，而是張的朋友——詩人徐志摩。徐志摩非常欣賞張奚若的個性，他認為：「奚若這位先生……是個『硬』人。他是一塊岩石，還是一塊長滿著蒼苔的（岩石）」。「他的身體是硬的」，「他的品行是硬的」，「他的意志，不用說，更是硬的」，「他的說話也是硬的，直挺挺的幾段，直挺挺的幾句，有時這直挺挺中也有一種異樣的嫵媚，像張飛與牛皋那味道。」

　　這個「硬漢」怎樣給學生上課呢？張奚若在清華大學任教時，也在北大兼職授課。有一次，他在北大上課給人留下了深刻的印象。他從早上十時一直講到下午一時左右，然後在下午三點繼續

講，直到五點結束。張奚若能包容各種觀點，但明顯偏愛民主思想。臣服於黑格爾嚴苛的批判，但他講授盧梭時充滿激情，極富感染力。據何兆武回憶，英譯本的馬克思《共產黨宣言》、列寧《國家與革命》是張奚若指定的必讀書。

在西南聯大，他任政治系主任，講授政治學概論、西方政治思想史等課。和吳晗講課一樣，張奚若也經常在課堂裏扯閒話，抨擊腐敗，針砭時弊。

讓我們聽一聽張奚若在課堂上發出的聲音，據何兆武回憶：

> 比如講亞里斯多德說「人是政治的動物」，動物過的是「mere life」（單純的生活），但是人除此以外還應該有「noble life」（高貴的生活），接著張先生又說：「現在米都賣到五千塊錢一擔了，mere life都維持不了，還講什麼noble life？！」張先生有時候發的牢騷挺有意思，最記得他不止一次地感慨道：「現在已經是民國了，為什麼還老喊『萬歲』？那是皇上才提的。」（指「蔣委員長萬歲」）

張奚若還有一次在課堂上發牢騷，是針對他的同事馮友蘭的《新理學》，說：「現在有人講『新理學』，我看了看，也沒有什麼『新』。」當然，他沒有點馮先生的名字，何兆武和聽課的學生，當然都知道說的是馮友蘭。1941年，馮友蘭的學術新著《新理學》在教育部得了一等獎。

張奚若的課在聯大也是以嚴格為聞名。鸚鵡學舌、拾人牙慧者並不能得高分，因為他最欣賞獨立思考，哪怕與他的觀點對立。考試成績公佈時，在80到100分這一檔幾乎沒有人，有些人的成績卻在30到50分之間徘徊。有一個讓學生談之色變而又無限傾慕的掌故。1936年秋，只有八位極為勤奮的學生選修他的課，結果四人不

1949年10月初，陳毅訪問清華大學時與校務委員會的同僚合影。前排從右至左：吳晗、陳毅、張奚若、葉企孫；後排從右至左：周培源、張子高、潘光旦。

及格，其中一人得了零分。他卻給張翰書（後來成為臺灣立法委員）九十九分，外加一分得了滿分。這件事在北大、清華，包括兩校校長在內，人人皆知。

抗戰初期，張奚若是國民參政會的參政員。他發現重慶的當權派「獨裁專斷、腐敗無能」，意識到這個參政會不過是為國民黨的一黨專政裝點門面，就拒不參加。有一次國民參政會開會，他當著蔣介石的面發言批評國民黨的腐敗和獨裁，蔣介石感到難堪，就打斷他的發言：「歡迎提意見，但別太刻薄！」張奚若先生一怒之下，拂袖而去，從此不再出席參政會。等到下一次參政會開會，國民黨政府並沒有忘記他，給他寄來開會路費和通知，張奚若先生當即回電一封：「無政可參，路費退回。」

當時教育部規定大學系主任以上領導人員，一律參加國民黨。張奚若拒不填表。事實上，張奚若本來擁護國民黨，但在1941年皖南事變而引起的民主運動中轉向。不歸屬於任何黨派，是為了保持知識份子的獨立人格。

1946年初，就在政協開幕前夕，張奚若先生在西南聯大圖書館前的草坪上做了一次大為轟動的講演，聽眾達六七千人，他在正式講演前大聲說：「假如我有機會看到蔣先生，我一定對他說，請他下野。這是客氣話。說得不客氣點，便是請他滾蛋！」他還說：

「現在中國害的政治病是——政權為一些毫無知識的、非常愚蠢的、極端貪污的、極端反動的和非常專制的政治集團所壟斷。這個集團就是中國國民黨。」

1946年1月10日，重慶召開政治協商會議，召集各黨派、無黨派的代表人士總共三十八人來參加，其中國民黨八人，共產黨七人，民主同盟、社會賢達各九人、青年黨五人。學者傅斯年、張奚若，他們都是無黨派的代表。張奚若的代表名額是共產黨提出來的，國民黨說：張奚若是本黨黨員，不能由你們提。張奚若為此致信重慶《大公報》發表聲明，宣稱他曾以同盟會會員身份參加過辛亥革命，但從未加入國民黨。這個聲明，也具有「硬人」的風格：「近有人在外造謠，誤稱本人為國民黨員，實為對本人一大侮辱，茲特鄭重聲明，本人不屬於任何黨派。」

張奚若是英美自由主義派知識份子。他樂於告訴學生，「人家說胡適之中了美國的毒，我就僅次於胡適之了。」戰時，他是中國民主同盟的堅定分子。課堂上，張奚若告誡政治學系學生要成為社會改革者，而不是緊盯著官府職位。這是針對報考政治學系的新生說的，他大澆冷水——想當官的不要來，即使四年，也培養不出政治學學者，大學只是教給學習的能力和方法。他說，大學畢業如果做不了社會改革者，那至少要成為正派的政治學者；即便當平民百姓也比一心想做官強。

張奚若在北大、哥倫比亞和倫敦經濟學院受過教育，英語流利，法語尚可，張奚若絕對見多識廣。妻子楊景任是陝西省遣送留學的第一位女生。夫婦倆極為好客，經常英漢並用，與博學的客人交談。聯大最優秀的英語講師之一——李賦寧——在這種交流中脫穎而出，使他對自己的專業和異域文化更加熟悉。

早年與張奚若同在哥倫比亞大學學習的金岳霖先生，在晚年的《回憶錄》中說道：「張熙若這個人，王蒂澂（周培源夫人）曾說

過：『完全是四方的，我同意這個説法。』四方形的角很尖，碰上了角，當然是很不好受的。可是，這個四方形的四邊是非常之廣泛，又非常之和藹可親的。同時，他既是一個外洋留學生，又是一個保存了中國風格的學者。」金先生的這番話，貼切地概括了自己「最老的朋友。」

張奚若最令人可敬者，莫過於他的直言的風骨。1957年，「大躍進」前夕的一次座談會上，張奚若針對共產黨和政府工作中一些做法，總結了十六個字：「好大喜功、急功近利、鄙視既往、迷信將來。」聯繫到張奚若的言行，我們不得不慨歎，像這樣的「棱角先生」、這樣的「硬漢」，只有到歷史中尋找了。

潘光旦──聯大的通人

在學生看來，聯大最受歡迎和最有影響力的社會學家是系主任（1943-1945）潘光旦，還擔任聯大的教務長。

抽煙斗的潘光旦。

「光旦秉性溫和忠厚，論語上說的『溫、良、恭、儉、讓』諸美德，他可以當之無愧。」他的同學、燕京大學校長梅貽寶（梅貽琦之弟）如是說；「其為人也，外圓內方，人皆樂與之遊」，因此是「我所敬愛的人物」，老同學梁實秋如是說。

圓臉，微笑，矮胖個，幾乎從未離開過福爾摩斯式的煙斗，煙葉已燃燒很長時間，還緊緊地叼在嘴裏。這是潘光旦的神采，令人過目難忘。潘光旦因獨腿，行走用木拐，成為西南聯大校園「特立獨行」的人物。徐志摩戲言他的兩位朋友「胡聖潘仙」。胡聖，指胡適；潘仙，指潘光旦，比喻他像名列八仙之一的李鐵拐。缺了一條腿，那是他在清華讀書期間踢足球意外造成的。他拄著拐杖走路，與常人雙腿行走無異。在跑警報到達山裏時，他自嘲道：「看，我跑警報不比你們慢罷。」

潘光旦平易近人，風趣幽默。在西南聯大演講時，他講到孔子時說：「對於孔老夫子，我是佩服得五體投地的。」說著，他看了一眼自己缺失的一條腿，更正道：「講錯了，應該是四體投地。」引得同學們大笑。潘光旦胸襟豁達，真誠坦率，對學生從不隱瞞自己的觀點。比如，他提倡優生學、反對女權運動、批評自由戀愛，常常不為人所理解，甚至受到攻擊、謾罵，他仍然堅持自己的觀點。由於相信當時流行於優生學界的觀點——物種雜交的第二代會退化，他曾試圖阻止一位美國朋友與中國未婚妻結婚。

日寇轟炸昆明之後，他寓居在昆明郊區一家小樓上，沒有書房。一商界朋友在自己新房中送他一間作書房，雖寄人籬下，但環境挺幽雅。他用隱士蟹寄住螺殼比喻，作一聯，送給前來看他的學生李樹青。聯語是：

> 螺大能容隱士蟹，
> 庭虛待植美人蕉。

他請李提意見，李便跟他開玩笑：「此聯是否已征得潘太太首肯？否則，我建議用『壽仙桃』代替『美人蕉』」。潘光旦開顏大笑：「原意在屬對，並無金屋藏嬌之意。」

潘光旦很會營造書房的氛圍。一張大書桌，自製土造貨，兩側用汽油箱橫豎疊加成桌腳，上架兩條長木板為桌面，一如裁縫師傅的工作臺。臺上備有文房四寶。還有拾來的石頭、竹木製品做小擺設。因房子四面有窗，他命名為「四照閣」。苦中作樂，不乏文人雅士情調。在昆明，潘光旦一定會想起戰前在清華南院的書房，他的朋友梁實秋在〈書房〉一文中寫道：「他是以優生學專家的素養來從事我國譜牒學研究的學者，他的書房收藏這類圖書極富。他喜歡用書櫃，那就是用兩塊木板將一套書夾起來，立在書架上。他在每套書繫上一根竹製的書簽，簽上寫著書名。這種書簽實在很別致，不知杜工部〈將赴草堂途中有作〉所謂『書簽藥裏封塵網』的書簽是否即係此物。」每當他在昆明簡陋的書房回思清華園的書房，心中惆悵萬分，故都淪陷，書房安在，或許那失落的書簽上結了一層蛛網。

潘光旦疏散到昆明郊區大河埂村時，二樓上有一書房，名「鐵螺山房」。清華子弟唐紹明（清華大學圖書館唐貫方之子）參觀過這個書房，他寫道：「（書房）座北朝南，北邊牆上開了一個大敞窗，可以展望遠山景色：一側是螺峰山，因山上石頭多呈田螺狀而得名；一側是鐵峰庵，是一處建有廟觀的名勝地。這也許就是潘先生為書房起名『鐵螺山房』的由來吧？」書房的裏有書桌、書架、書籍和馬燈，「他那時發表的許多文章和詩抄，那些具有影響的民主政論，都是在這裏辛勤筆耕出來的，不禁使我想到他那博學多才的學問家的睿智，想像著他沉思凝想做學問的樣子，心中油然而生深深的敬意。」

潘光旦和一些久坐書房的學者不一樣，毫無迂腐之氣。精神圓融，善於自嘲。對學生包容，對外界大度，是聯大教授共同的精神氣象。有兩個關於他的逸聞趣事，可見其風度。

　　在美國讀研究生期間，一天，正值盛夏，潘光旦摘下草帽，站在火車站裏候車。出於對這位英俊的東方跛子的同情，有個婦人掏出一毛錢扔進他的帽子裏。一陣困惑之後，他反應過來，然後鎮定地把錢放到口袋裏。

　　1949年秋，清華社會學系的迎新會上，有個餘興節目：讓大家提出世界上一件最美或最醜的事物，一時意見紛呈，其中有個男同學竟說：世界上最醜的事物是潘先生的牙齒，惹得大家哄堂大笑，久久不能平靜。的確，潘先生多年吸煙斗，滿口牙齒黃得發黑，特別是他那東歪西倒的門牙，確實難看。最後，潘先生自己才笑嘻嘻地表態說：「我的牙齒確實不好看，但是否是世界上最醜的事物，還有待商榷。」又是一陣哄笑。

　　潘光旦的這個名字，和他翻譯的藹理士的《性心理學》緊密聯繫在一起。不僅有信達雅之譯筆，也用盡了我國二十四史、野史、筆記、專著、詩詞、戲曲、稗官小說細加詳注，足見他讀書之功力，學問之淵博，中西之通達歎為觀止！他喜歡研究家譜，看了許多他姓家譜。有人送他一副對聯：「尋自身快樂，光他姓門楣。」他讀遍二十四史，「宗譜」收藏最豐富，因為他要在家譜裏找遺傳的證據。他的「優生學」和「西洋社會思想史」，也是叫座的課程。在優生學課上，這位有五個女兒的自豪的父親對學生現身說法，「我說到做到。」

　　潘光旦很重要的教育思想形成在雲南。潘光旦和聯大學者遊雞足山，進入「松風之餘，俯仰身世，心地廓然，儼然有與天地同流之感」這樣的境界，乘船洱海，風浪相激，觸發潘光旦的靈感，提出「位育」妙語。「位育」成為潘光旦的教育思想，其脫胎於孔

子的中庸之道。孔子說：「致中和，天地位焉，萬物育焉。」潘光旦認為一切生命的目的在求位育。「而教育的唯一目的是在教人得到位育，位的注解是『安其所』，育的注解是『遂其生』。安所遂生，是一切生命的大欲。」費孝通說潘光旦「他的人格就是位育概念的標本」。認為：「造成他的人格和境界的根本，我認為就是儒家思想。儒家思想的核心，就是『推己及人』。」

美國學者易社強這樣評價潘光旦：「他用筆和嘴討論了大量的歷史、政治和社會問題──儒家思想、共產主義、專制與民主、戰爭與和平、青年與教育、中國的未來與人類的命運。他一個人就是一部《紐約書評》，堪稱聯大的通人。

陶雲逵之死

中國現代社會學、人類學家陶雲逵，被稱為「西南邊疆社會研究的拓荒者」，他早年就學於南開中學和南開大學，是張伯苓的學生。後遠赴德國柏林大學求學，師從歐洲人類學大師歐根·費雪爾教授攻讀人類學，後獲得博士學位。

抗戰爆發後，陶雲逵舊地重遊，赴雲南大學任教。1942年轉入西南聯大社會學系任教授，成為西南聯大少有的年輕教授。

20世紀40年代初，雲南地方當局計畫修築一條由石屏通往佛海的省內鐵路，並決定從築路經費中抽出一筆專款，委託一個單位進行調查研究，為築路提供沿線的社會經濟、民情風俗、語言及地理環境和有關實際資料。1942年4月雲南省建設廳龔仲鈞廳長致函張伯苓，委請南開大學擔任此項工作，並資助專款3萬元。這年6月，在黃鈺生、馮文潛等人積極籌畫下，南開大學邊疆人文研究室成立，聘陶雲逵為研究室主任，主持全面業務工作。後來黎宗瓛、黎

國彬、邢慶蘭（邢公畹）、高華年等人相繼加入，南開大學邊疆人文研究室初具規模。

在黃鈺生、馮文潛的籌畫和陶雲逵的具體領導下，邊疆人文研究室人員深入人跡罕至的雲南邊遠地區，走進哈尼、彝、苗、傣、納蘇等少數民族聚居村落，克服高寒、瘴癘、語言等不利條件和土匪隨時騷擾的威脅，艱難地從事調查工作。有一次黎國彬深入紅河下游被土匪綁架，險些丟掉性命，幸被解救及時，遂免一死。

時人曾講，當時陶雲逵撰寫的《西南部族之雞骨卜》足以使其名垂史冊。其重要性在於指出我國西南藏緬、苗、傣諸語族人民都有、或曾有雞骨卜的風俗，並且詳細記載了雞骨卜的方式，是從文化人類學上研究雞骨卜的第一篇論文。文章指出，「雞卜」的記載最早見於《史記·孝武本紀》，《漢書·郊祀志》也有同樣記載。唐宋以後，記載漸多，但是説得不很詳細。文章指出：根據現在調查及以往記載，雞骨卜分佈於粵、桂、湘、黔、川、滇各省非漢語部族之三大族群中，漢語社會中行用雞卜則自非漢語部族傳入，其始則自漢武帝令越巫立越祠，用雞卜。

這一時期，陶雲逵的另一個重要建樹，是團結全室同人，克服經費物力等方面的困難，創辦了南開大學邊疆人文研究室《邊疆人文》學術刊物。該室同仁還在十分簡陋的條件下，伴著油燈手刻鋼板，推墨輥，油印了學術刊物《邊疆人文》，刊載了聞一多、羅常培、向達、羅庸、游國恩等著名學者的文章，成為當時雲南學術園地中一朵奇葩。

在抗戰後期的日子裏，陶雲逵的生活十分困難。他突染回歸熱病，病倒了，後來就醫於雲南大學附屬醫院，輾轉病褥達數月之久。1944年1月26日，陶雲逵轉為敗血症而病故。

陶雲逵病逝之前還遭遇了人生中的極大不幸，他的愛子在他離開昆明到大理去的時候，忽然得了一種當地稱為「大熱病」的險

症，一夜之間病魔就奪去那個十分令人憐愛的小生命。當時和陶雲逵一起去大理考察的費孝通，先獲悉這個噩耗，不知如何給他說，怕他受不了這個意外的打擊，瞞著他。費孝通在〈雲逵之死〉文中詳細地描述了陶雲逵知道愛子去世後的情形：

> 在大理時，我們一同到街上去買小皮襖給孩子。他突然和我說：「我總覺得很對不起我的孩子，你知道我是最愛孩子的，可是不知為什麼，我總覺得我忽略了我自己的孩子。」雖則我們離家只有二十天，有家的人，大家有些想家，歸程的一路，在汽車裏聊天，都是些有關太太和孩子的瑣話，誰知道這時他的孩子已經急病死了呢？我們到翠湖東路時，還不知道出了這事。他那時住在玉龍堆，幾步路就可以回家，但是招待我們的朋友卻拉住了不放他回去，要他吃了飯再走。他們知道了這悲劇，不敢說，偷偷的把這話告訴了我。……一路上我說了很多無聊的話，想瞞住他，可是我的神色和舉動引起了他的疑心。一到家，房裏沒有燈，同居的朋友從樓上匆匆忙忙的奔下來──
>
> 「堯堯怎樣了？」
>
> 「沒有，沒有怎樣，你上來說。」
>
> 「完了，他死了，一定死了。」他哭了。這是我第一次看見他痛哭。我呆著，直說：「哭，痛快的哭！」可是他還是收住了，「不要緊，我受得住。」眼淚卻直流。我扶著他下樓。他和我一遍一遍的說：「我對不住他們。」──一句沉痛的話。
>
> 雲逵經了這次打擊，有一點變了。可是我常在鄉下，他在城裏，相見不多。有一次他約我一同到女青年會去找他太太。他太太正在彈鋼琴，我們不願打斷她，輕輕的坐在她背後

聽。好像暴風雨方罷,有一點嚴肅和慘澹,有一點不自然的平靜。我心上一陣陣冷,大家沒有提孩子的事。

陶雲逵痛失愛子,我們可以感受到他怎樣的到肝腸寸斷,而叵測的命運、無常的死神又專向這位優秀的社會學家下手了。陶雲逵病逝時,費孝通在美國,在魁閣一起工作的同事把「雲逵死了了」這個不幸的消息寫信告訴了費孝通,「情形很慘」,讓費孝通傷心欲絕。同事的信上有這樣的感歎:「刺激很深,寧為治世犬,毋為亂世人。」費孝通看過,久久不能平息內心的傷痛。

陶雲逵逝世後,1944年2月16日,中國社會學學會、南開大學邊疆人文研究室、西南聯大社會學系、雲南大學社會學系、西南聯大文科研究所和南開大學校友會等六團體在聯大圖書館召開追悼會。追悼會由黃鈺生主持,羅常培、潘光旦講話。同日,《雲南日報》、《正義報》分別刊登追悼專欄,發表了羅常培、袁家驊、瞿同祖、曾昭掄等學人的悼文,沉痛悼念這位英年早逝的學者。

潘光旦和邢公畹各寫七律輓詩,悼念這位不幸的朋友。邢公畹和陶雲逵是邊疆人文研究室的同事。某一天,下大雨,困在他們工作的地點魁閣不能回家。邢公畹抄錄了一首舊作給陶雲逵看。這首詩的名字是〈讀文少保信國公傳書後〉,詩云:大臣泥首丞相死,慷慨興亡數頁書;風雨江湖成敗日,悠悠天地渺愁予。陶雲逵讀後拍案讚賞。邢公畹寫輓詩時,這個情境浮現在腦中,輓詩中有兩句這樣寫道:細雨茅庵讀我詩,我詩今作吊君詞。

潘光旦的輓詩云:

幾度蘆笙嗚咽鳴,客星一夜隕邊城!
更誰學殖人文蹤?如子襟期蠻貊行。

門有郁茶能簡鬼，世無倉扁教回生。

昨年燹道馳驅共，一度追懷一愴情。

1943年1月，潘光旦曾和陶雲逵結伴去大理講學，如今天人兩隔，追憶此事，淚水沾襟。

陶雲逵身後十分蕭條。夫人林亭玉女士失子喪夫，生活無著，痛不欲生，投身滇池以自盡，幸為漁民所救，人們從她的棉衣襟內找到她的絕命書，才知他是一位經受苦難的教授夫人──南開大學陶雲逵教授之夫人！南開大學為雲逵教授爭取撫恤而不得，羅常培、馮文潛、黃鈺生先生和雲逵教授生前摯友、留德同學、哲學家鄭昕（秉璧）先生等發起募捐，才將陶夫人及繈褓中之女嬰送回廣東陽江縣的娘家。（邢公畹〈風雨如晦　雞鳴不已──抗戰時期的南開大學邊疆人文研究室〉）

理工學院教授

一代師表葉企孫

　　葉企孫（1898-1977），上海人，名鴻眷，以字行。物理學家、教育家，我國近代物理學奠基人之一。葉企孫被譽為中國科技基石，一點也不為過。他是楊振寧、李政道等國際知名學者的老師；23位「兩彈一星」功勳獎章獲得者中，半數以上是他的學生；他創建了清華大學物理系，並培養出50多位院士；早在讀博士時，他就以論文《普朗克（Planck）常數的測定》把握了科技界的新潮流，獲得物理學界高度評價。

　　據粗略統計，從1925年（葉企孫回國任教）到1940年（抗戰前清華物理系的最後一批學生在西南聯大畢業），單是物理系的畢業生中，後來被選為新中國科學院學部委員和獲得同等稱號的就有王淦昌、周同慶、趙九章、翁文波、錢偉長、彭桓武、錢三強、王大珩、于光遠、葛庭

青年葉企孫。

燧、秦馨菱、林家翹（美國科學院院士）、戴振鐸（美國工程科學院院士）等22人，理學院畢業生有許寶騄、陳省身（美國科學院院士）、華羅庚、張大煜、張青蓮、武遲等33人，如果再加上1941年後西南聯大的歷屆畢業生、1946-1952年的清華畢業生、1952年以後的北大畢業生，以及通過其他渠道受教於葉企孫的學生，他們當中已獲得包括兩院院士在內的各種榮銜者達70人。葉企孫桃李滿天，因弟子的數量之多和質量之高，也因著他們對國家和民族的巨大貢獻，有的科技史專家認為葉企孫可以媲美孔子。

七七事變後，葉企孫從北平到了天津，停留了幾個月，為抗日前線輸送大批科技專家。葉企孫支持他的學生熊大縝去冀中抗日根據地參加抗日隊伍，研製急需的烈性炸藥和地雷，秘密組織製造軍火、打擊日寇。20世紀的歷史，動盪起伏，翻雲覆雨，有時真是荒謬。「文革」中，葉企孫因「熊大縝案」牽連，身陷囹圄，蒙受幾年的不白之冤，受盡折磨。葉企孫晚境非常淒涼，到1969年因病重被放出時，已是兩腿腫脹，行動不便，兩耳幻聽，小便失禁，腰部駝到快90度。但他對前來看望他的弟子卻閉口不談個人的坎坷，從容坦蕩，令人肅然起敬。葉企孫把全部的生命和精力都奉獻給了國家的科技事業，他終身未娶，視學生為子女，深受學生愛戴。

1941年至1943年，葉企孫到重慶任中央研究所總幹事，除了這段時間，葉企孫一直在西南聯大任教。在昆明先後住過才盛巷和北門街71號等處的清華單身宿舍，敵機轟炸昆明時，又遷到西郊大普吉（又稱「大普集」）。

在西南聯合大學，葉企孫與饒毓泰、吳有訓等一起培養了一大批物理學人才，其中包括破格推薦李政道到美國留學深造。李政道在〈紀念葉企孫老師〉文中深情地回憶道：「1946年春，華羅庚、吳大猷、曾昭掄三位教授受政府委託，分別推薦數學、物理、化學方面的優秀青年助教各兩名去美國深造。吳大猷老師從西南聯大的

物理系助教中推薦朱光亞一人，尚缺一人他無法確定，就找當年任西南聯大理學院院長的葉企孫老師，葉老師破格推薦當時只是大學二年級學生的我去美國做博士生。所以，沒有葉老師和吳大猷老師，就沒有我後來的科學成就。葉老師不僅是我的啟蒙老師，而且是影響我一生科學成就的恩師！1946年秋，經吳大猷和葉企孫兩位老師的舉薦和幫助，我進入芝加哥大學攻讀物理。」

　　1993年，葉企孫的親屬在整理他的遺物時，發現有三張泛黃的紙片，上面有葉企孫批改的分數：「李政道：58＋25＝83」。原來這是李政道1945年在西南聯大時的電磁學考卷。

　　「這份考卷用的紙是昆明的土紙。電磁學的年終分數由兩部分合成，一是理論考試部分（即這份考卷），滿分是60分，我的成績是58分；第二部分是電磁學實驗成績的分數，滿分是40分，我得了25分。兩部分相加得83分。這份考卷葉老師一直

葉企孫。

存藏著，直到他含冤去世16年之後才被發現。」隔著近半個世紀的時光，當這份考卷展現在李政道的眼前，此時，恩師已經不在，李政道百感交集，「葉企孫老師的慈愛容貌，如在目前」。

　　葉企孫還擔任清華大學特種研究所委員會主席，領導5個研究所結合抗日戰爭需要開展了不少研究工作。據時在清華農業研究所工作的湯佩松教授回憶，清華大學收到美國某友好基金私下不公開的捐款，作為教授生活補助之用，由葉企孫分配到每個人。鑒於當時汽油是稀缺的資源，葉企孫從這筆款項中拿出100美金（折合當時2000元國幣）交給湯佩松，作為成立一個小型酒精提煉廠的「開辦費」，提煉供運輸需要的汽車用酒精。（湯佩松〈為接朝霞顧夕陽〉）

　　葉企孫明辨是非，在大是大非面前從不含糊，敢於堅持正義和真理，不搞明哲保身。1945年8月，因吳有訓赴重慶出任中央大學校長，由葉企孫接任聯大理學院長。8月15日，日寇宣告無條件

1937年，葉企孫為施嘉煬（後任西南聯大工學院院長）的婚禮當主婚人。

投降。11月，聯大常委梅貽琦出差到北平，考察接收回來的清華園。梅校長離開西南聯大這段時間，由葉企孫暫行代理常委，主持校務。

葉企孫主持校務時，正是昆明以學生為中心愛國民主運動日愈高漲之日。「一一‧二五」事件發生後，他主持了聯大校務會議和清華教授會議，決議認為軍政當局1945年11月25日晚行為，是對愛國師生的重大侮辱，學校須站在教育立場加強抗議。並推舉抗議書起草委員，同時，勸導學生復課。

震驚中外的「一二‧一」慘案發生後的第2天——1945年12月2日，葉企孫主持本年第三次教授會議，本次會議決議事項有：「一、推派周炳琳、湯用彤、霍秉權三先生參加死難學生入殮儀式，代表本會同人致吊。二、請主席向地方軍政當局交涉，萬一學生堅持抬棺遊行，請准予遊行。三、建議學生自治會，死難二學生在本校校園安葬。四、接受助教二十八人建議書中關於法律部分組織法律委員會負責研討。法律委員會由周炳琳、錢端升、費青、趙鳳哈、燕樹棠五先生及建議書具名之法律系助教二人充任之。

1945年12月5日，葉企孫又主持第四次教授會議，會議決議事項：一、法律委員會除上次會議推定之周炳琳、錢端升、費青、趙鳳哈、燕樹棠五先生及助教代表曹樹經、聞鴻鈞二先生外，再加請蔡樞衡、張健、李主彤三先生及助教丁則良先生參加工作；二、委託校務會議招待中外新聞記者，並以書面說明此次事件真相；三、電請三常委即日返昆主持校務；四、委託法律委員會搜集有關本次事件之史料；五、自即日起本校停課六天對死難學生表示哀悼，對受傷師生表示慰問，並對地方當局不法之橫暴措施表示抗議；六、由校務會議迅速設法勸導學生復課。七、促法律委員會加緊工作，務期早日扳倒逞兇，及取消非法禁止集會的命令。（陸言〈物理學宗師葉企孫的昆明歲月〉）

這之後，由梅貽琦和傅斯年兩位聯大常委處理「一二・一慘案」的引發的學潮和善後事宜。葉企孫的主要工作，轉向籌備安排北上復校的具體事務。

1995年，中國科技界紀念葉企孫的文集出版，由錢偉長主編，蘇步青題寫書名「一代師表葉企孫」。這本書收錄了葉企孫的兩位朋友的題詞，陳岱孫寫道：「哲人往亦，風範長存。」顧毓琇寫道：「物理泰斗，典範永存。」大師之後再無大師，是因為葉企孫將為學和為人推向了一個極致——這是那一代學者的風範。

趙忠堯帶回放射鐳

2002年，中國科技大會舉辦紀念中國核科學的鼻祖趙忠堯教授誕辰100周年活動，李政道發來書面發言，盛讚趙忠堯教授是「中國核子物理的開拓者，也是中國近代物理學的先驅之一」。他說，中國的科學家早就在70年前就應該獲得諾貝

爾物理學獎，而獲獎者應該是趙忠堯教授。1930年，趙忠堯在美國加州理工學院研究鉛對硬伽瑪射線的吸收係數時，第一次捕捉到正電子，成為世界物理學界第一個觀測到正反物質湮滅和第一個發現反物質的科學家。由於陰差陽錯，趙忠堯與諾貝爾物理學獎失之交臂，1936年，他的同門師兄安德遜獲得了諾貝爾物理學獎。20世紀90年代，連諾貝爾物理學獎評選委員會前任主席愛克斯朋也承認：「世界欠中國一個諾貝爾獎。」

我們來看一下趙忠堯的學術生平。他早年在東南大學學習化學，1925年葉企孫將他帶到清華改行做了物理助教，並親自帶他做科研。1927年趙忠堯自費留美，師從名家，刻苦攻讀，發現了湮滅輻射。1932年，在美國獲得博士學位的趙忠堯，去英國訪問了核子物理學大師盧瑟福之後，重返清華教壇，葉企孫已為他安排好了進行核子物理研究的實驗條件和優秀助手。趙忠堯利用清華的科研設施，繼在美、德完成3個有關電子對的產生與湮滅的實驗後，又完成了第4個著名的實驗。趙忠堯沒有辜負恩師葉企孫的厚望，是他第一次在中國的大學裏用自己的儀器設備做出了位居世界近代物理前沿的科學成果，並培養出了中國自己的核子物理人才。與趙忠堯類似，受葉企孫點撥走上核子物理研究之路的還有王淦昌和施士元。在弟子們頻出成果之時，葉企孫卻默默地在幕後為弟子們的研究創造著重要的條件。他通過大弟子施士元從法國鐳研究所購得珍貴的鐳，用於裝備趙忠堯的核子物理研究實驗室，從而使清華大學成為國內最早使用鐳的研究基地。

1937年「七七」事變發生後，趙忠堯接受雲南大學校長熊慶來的聘請，在雲南大學物理系任教。趙忠堯一家剛到昆明，住在蕁麻巷，直到西南聯大遷到昆明後，這條荒涼的小巷子才熱鬧起來，更名為文化巷。它出北口穿過城牆缺口就是西南聯大校舍，出南口穿

1935年清華大學物理系部分師生在大禮堂前合影，前排左起戴中晨、周培源、趙忠堯、葉企孫、薩本棟、任之恭、傅承義、王遵明。

過卵石鋪砌的文林街，就是長方石板的「大道」——錢局街。趙忠堯在雲南大學任教一年，就轉到西南聯大物理系。

聯大物理系的師資力量很強，有葉企孫、吳有訓、饒毓泰、周培源、吳大猷、王竹溪、張文裕、鄭華熾（鄧稼先的大姐夫）等許多知名學者都在聯大物理系執教。趙忠堯和聯大物理系的同仁們還進行了一場現代物理的會戰。李洪濤在《精神的雕像——西南聯大紀實》中記敘了趙忠堯利用珍貴的鐳開展物理實驗：

> 1937年，清華的物理學教授趙忠堯從英國劍橋大學卡文迪許實驗室學成歸國時，盧瑟福博士將50毫克放射鐳交給了他。帶著50毫克鐳回國後，為了找到學校的師生們，趙忠堯冒著被殺頭的危險，化裝成難民，把裝鐳的鉛筒放在一個鹹菜罈子裏，帶到了長沙。這是當時中國高能物理的幾乎全部家當。
>
> 趙忠堯隨學校的隊伍轉道香港，在列車上，他始終把那個裝著鉛筒的罈子緊抱在懷裏，兩天兩夜不敢合眼。到尖沙咀時，學校租了個廢舊倉庫供大隊人馬宿營，在這兒住了一個

星期。為了這50毫克鐳，趙忠堯寸步不離倉庫。睡覺時他把鉛筒從玻璃瓶裏取出來，壓在身子底下。50毫克放射鐳終於安全帶到了昆明，由於趙忠堯一直把那隻裝鉛筒的罐子抱在懷裏，他胸膛上已深深印上了兩道血印子。

1942年初，物理系為了給高年級學生開設高能物理方面的課程，打算建一臺小型的迴旋式粒子加速器，利用趙忠堯帶出來的這50毫克鐳進行物理實驗。粒子加速器是現代物理揭示微觀世界的一隻眼睛，1930年美國科學家勞倫斯設計了世界上第一臺迴旋加速器模型，並進行了表演。沒有這樣的設備，中國的現代物理將永遠停留在理論階段，這無疑是一個非常尖端的高科技專案。張文裕、吳大猷、王竹溪、鄭華熾、錢三強、彭桓武等一群科學家立即回應，理學院院長吳有訓、葉企孫給予熱情支援，於是有了中國科學界進軍現代物理學領域的第一次會戰。

加速器研製遇到的第一個難題就是要有大量鋼鐵。戰爭時期，鋼鐵屬軍事物資，市場上根本買不到；即使能買到，聯大物理系的窮教授們也買不起。於是物理系發動高年級學生收集廢鋼鐵。楊振寧、朱光亞、黃昆等高年級同學首先被動員起來，他們每天提著麻繩，拎著籮筐，在昆明城裏走街串巷，腳下的鞋子磨破了，衣服也被撿來的廢鐵勾了幾個洞。「有破鋼爛鐵收來賣——」楊振寧像許多同學一樣，用學來的昆明話喊著。這年鄧稼先進入了大學三年級，他跟在楊振寧後面也加入了收集廢鋼鐵的行列。為了化鐵為鋼，物理系又悄悄在學校後面的白泥山建了一座小高爐。但幾個月過去了，收集到的廢鋼鐵才一百多公斤，離建一臺迴旋加速器的要求還差得老遠。由於種種困難，到了這年秋後，聯大物理系研製迴旋加速器的計畫終於告吹。

1945年，應中央大學吳有訓邀請，趙忠堯離開了西南聯大，赴重慶擔任中央大學物理系主任。1946年，美國計畫在太平洋的比基尼島上進行另一次原子彈試驗，國民黨政府派中央大學物理系教授趙忠堯以觀察員的身份參觀了這次試驗。

誠如李洪濤在《精神的雕像——西南聯大紀實》書中所說：「趙忠堯並沒有白白帶回那50毫克鐳。當年在昆明城北小虹山下，蓮花池畔，西南聯大物理系師生曾經為之奮鬥過的事業，激發了一代又一代中國核科學家。1959年趙忠堯教授親自參加了劃時代的中國第一臺粒子加速器的工程，並取得成功。他一直活到九十多歲，親眼看到了中國第一枚原子彈和第一枚氫彈的爆炸，親眼看到中國第一艘核潛艇下水，還眼看著第一個高能量正負電子對撞機問世，第一個核電站破土動工……這些成果，有將近一半的技術力量，來自趙忠堯和他的學生們。1962年鄧稼先帶著國家和人民的重託走進大漠，開創共和國的核工業。西南聯大學生楊振寧、朱光亞、黃昆等，後來都成了這個領域響噹噹巨人。在他們的一生中，始終牢記著當年西南聯大的四字校訓，它們是：剛毅堅卓。」

1946年趙忠堯以觀察員身份前去參觀美國在太平洋比基尼島上試爆第一顆原子彈，這是登上美國「潘敏挪」號驅逐艦時留影，前排左一為趙忠堯。

周培源騎馬上課

　　日本的飛機開始空襲昆明後，物理學家周培源一家搬至城外西南方的山邑村。山邑村俗稱龍王廟，在滇池西畔，鄰近大觀樓。陸路距城裏約38里路程，水路則要三個半小時。

　　周培源買了一匹馬，用以代步。此馬係雲南西部出產的永北馬，毛色棗紅，骨骼粗壯，強健有力，當地人曾作運輸之用。這匹馬被領進家門，步法紊亂，周培源用了很長一段時間，才把它調教好，並贈以佳名，曰：華龍——中華之龍。

　　聯大秉承清華的傳統，重視大一新生的基礎訓練，很多基礎課都由名師主講。學校安排周培源給物理系學生講授基礎課，每星期為一、三、五三天，每天一大節。他本可以要求學校將這三大節課集中在某天講授的，但為了謀求更好的教學效果，他沒有採取連續集中講授的方式，而是長途跋涉，堅持每週三次來校授課，數年如此，風雨無阻。

　　每逢上課之日，5點多鍾，周培源便起床，餵好馬，備上鞍，讓兩個女兒坐在馬背上，自己牽馬步行，把她們送到

周培源騎馬英姿。

車家壁上小學，然後獨自馳馬去聯大。他的女兒周如蘋在回憶這段往事時，除了談到爸爸的工作，也常常憶起她的兩個姐姐總是把爸爸餵馬的豆子拿到外頭挖個坑燒著吃，從而感慨道：「看來當年吃不飽肚子的事也是常有的。」

周培源以馬代步，驅馳在山邑村與聯大之間。精瘦的軀幹，凜然地騎在馬上，頗有幾分威武，物理系主任饒毓泰戲稱周培源是「周大將軍」。當然，饒毓泰所指的不僅只是周培源的馬上雄姿，而且還暗喻他在中國近代物理學界的地位和作用。於是，這個綽號在聯大的師生中廣為流傳。教授騎馬上課，講授現代科學，這也是抗日戰爭時期的一道風景線。

「跑馬行船三分命」，騎馬是有風險的。一次，周培源騎著華龍進城授課，前面突然來了一輛汽車，從華龍身旁急馳而過，華龍驚了，又蹦又跳，把馬背上的主人摔到地下，可是主人的腳依然掛在馬鐙上。馬拖著主人跑了長長的一段路，幸而被一個農民發現，攔住了驚馬，才保住了周培源的一條命。還有一次，周培源在學校裏辦事，回家時天已經很黑了。還有一次馬失前蹄，連人帶馬翻到了溝裏。不過，老馬識途，後來，每走到摔跤的地方它就繞著走，然而，太太王蒂澂天天為周培源擔心。兩年後，飼料價格猛漲，山邑村去聯大的路也修好了，周培源便賣掉了馬，換上了一輛自行車。（周如蘋〈昆明情結——憶父親周培源與任之恭先生〉）

無獨有偶，聯大還有一位騎馬出行的教授——羅常培。在雲南大學任教的吳文藻和冰心疏散到呈貢後，羅常培禮拜六去探望好友。從昆明到呈貢要先坐火車，然後從火車站騎馬回來。吳文藻的兒女們一聽見山路上有「得得得得」的馬蹄聲，就會齊聲大喊「來將通名」，一聽到「吾乃北平羅常培是也」，孩子們就拍手歡呼起來。

在那樣的環境裏，周培源除研究彈道學、空氣動力學外，又開始了流體力學湍流理論研究，並取得了卓越成就，對廣義相對論宇宙論的研究也取得很大進展，所有這些成為周培源一生對我國科學事業所做出的傑出貢獻中最重要一部分。

周培源的夫人王蒂澂承擔著繁重家務的重擔，除了照管三個女兒，她還在庭院裏養了一些雞，在門前的小水池裏養上了魚。每天，當小女兒在搖籃裏睡著，她餵雞餵魚，在家門前的滇池裏洗衣服、洗菜，忙著燒火做飯；客人來了，張羅招待客人。

每到週末，山邑村的小院，熱鬧非凡。梁思成、林徽因、陳岱孫、金岳霖、張奚若、任之恭、吳有訓、李繼侗等老朋友到此相聚，沈同、陳福田、陳省身、邵循正等聯大教授也不時來訪。樓上樓下的房子裏，地上床上經常是睡得滿滿的。

有一段時間，張奚若的兩個兒子寄託在周培源家。周培源的女兒周如蘋在文章中說：「至今張奚若大兒子張文樸還印象非常深，常常懷念母親做的菜——用雲南玫瑰大頭菜丁、豬肉丁和青豆，有時有條件再加皮蛋丁一起炒，認為是

周培源一家在山邑村。

圖上：晚年周培源。
圖下：1929年，楊振寧
　　　與父親楊武之、
　　　母親攝於廈門。

世界上最好吃的菜，特別下飯，吃兩大碗，還覺不夠。」

1943年初，周培源再赴美國，到加州理工學院從事科學研究工作，離開了昆明，離開居住了將近四年的山邑村。

楊武之與楊振寧

清華大學數學系教授楊武之一家從1938年春到昆明後，最先住在西南聯大、雲南大學間的文化巷11號。隨著聯大教職工的陸續遷入，巷內除楊家外，還有物理學系教授趙忠堯和霍秉權，分別住進19號、43號，化學系教授劉雲浦住進41號，其他學校如雲南大學社會學系教授費孝通等也先後入住該巷，小巷頓時熱鬧起來，並成為聯大等校師生進出城內的主要通道。

1938年秋，只在昆華中學讀了半年高二的楊振寧考入聯大。報考前，楊振寧打算入化學系，但在自修高三物理時，發現物理更符號自己的口味。楊振寧雖然學物理，但不能說沒有受到父親楊武之所從事的數學專業的影響，他寫道：

　　我的物理學界同事們大多對數學採取功利主義的態度。也許因為我受

父親的影響，我較為欣賞數學。我欣賞數學家的價值觀，我讚美數學的優美和力量：它有戰術上的技巧和靈活，又有戰略上的雄才遠慮。而且，奇蹟的奇蹟，它的一些美妙概念竟是支配物理世界的基本結構。

楊振寧在讀時的聯大物理學系，由饒毓泰、吳有訓、周培源、朱物華、吳大猷、趙忠堯、鄭華熾、霍秉權、王竹溪、張文裕、馬仕俊、葉企孫、許湞陽、任之恭、孟昭英等國內外知名的教授執教。其中，給他上一年級普通物理課的是擅長實驗的物理學家趙忠堯教授，上二年級電磁學課的是著名學者吳有訓教授，上力學課的是在廣義相對論等方面頗有研究的著名學者周培源教授等。楊振寧跟隨這些大師們，很快步入了物理學的殿堂。楊振寧還多次說過：「在聯大給我影響最深的兩位教授是吳大猷先生和王竹溪先生。」

1957年12月10日，35歲的楊振寧和31歲的李政道榮獲諾貝爾物理學獎，登上了斯德哥爾摩諾貝爾獎領獎臺。其前，楊振寧寫信給吳大猷，感謝吳先生引導他進入對稱原理和群論的領地，並說後來包括宇稱守恆在內的許多研究工作，都直接或間接地與吳先生15年前介紹給他的那個觀念有關。楊振寧在信中寫道：「這是我一直以來都想告訴您的事情，而今天顯然是一個最恰當的時刻。」

楊武之一家在昆明，全家七口，僅靠楊武之一人掙工資養家糊口，生活過得十分艱難。1938年9月28日，日本飛機首次轟炸昆明。聯大師生和其他昆明人一樣，在「疲勞轟炸」下三天兩頭就要跑警報，有時一天要跑兩次。1940年9月30日，敵機又來轟炸昆明，楊家租房在小東城腳金鳳花園三號，房屋正中一彈，被炸得徒有四壁，少得可憐的家當頃刻之間化為灰燼。萬幸的是，家人此時都躲進了防空洞或者疏散到城外，才免除了災禍。可這次轟炸，對楊家的生活來說，無異於雪上加霜。幾天後，楊振寧拿了把鐵鍬回

圖上：楊振寧（左）與鄧稼先（中）攝於芝
　　　加哥大學，右為楊振寧之弟楊振平。
圖下：楊振寧與李政道。

去，翻挖半天，才從廢墟裏挖出幾本壓得歪歪斜斜但仍可使用的書，他如獲至寶，欣喜若狂。

其後，為躲避日機轟炸，他們全家搬到昆明西北郊十餘公里外的龍院村惠家大院居住，且一住3年。惠家大院分前院和後院，前院租給聯大的教授居住，後院惠家自己的人住。當時入住惠家大院的有梅貽琦、任之恭、余瑞璜、趙訪熊、范緒筠、趙九章等。吳有訓、楊武之、趙忠堯三家住在惠家大院一進大門左邊順門而建的房屋裏。此屋為兩層小樓，吳有訓家住樓下，楊武之、趙忠堯兩家住樓上，趙家樓下是廚房。楊、趙兩家的住室間有一窄窄的過道，過道的地板上開有一個洞口，自此通過樓梯可到樓下。

在龍院村，楊振寧留下了不少令人難忘的故事。作為楊家長子，他為鼓勵弟妹多念書，還訂出了一些頗為吸引人的規則：一天之中，誰念書好、聽母親的話、幫助做家務、不打架、不搗亂就給誰記上一個紅點，反之就

要記黑點。一週下來，誰有三個紅點，誰就可以得到獎勵——由他騎自行車帶去昆明城裏看一次電影。

1943年5月，楊家在鄉下住了整整三年，又搬到昆明文化巷底27號王師長家，住廂房，一排三間，坐西向東。1945年底，楊武之一家搬到了西倉坡聯大教授宿舍。楊振寧的三弟楊振漢回憶抗戰勝利前夕全家的情形：「1945年夏，大哥（楊振寧）獲取了留美公費，將離家赴美國讀博士。父親高興地告訴我們，艱苦和漫長的抗日戰爭看來即將過去，反德國法西斯戰爭也將結束。……回憶抗戰八年的艱苦歲月，我們家可真稱得上美好、和睦和親情永駐的家。」

1945年8月，楊振寧乘飛機到印度，再由印度搭運兵船赴美留學。事隔半個多世紀，楊振寧1998年3月17日於《文匯報》上發表〈父親和我〉一文，還對1945年8月28日離開昆明時的情形記憶猶新。他在文中寫道：「清晨父親隻身陪我自昆明西北角乘黃包車到東南郊拓東路等候去巫家壩飛機場的公共汽車。」「到了拓東路，父親講了些勉勵的話，兩人都很鎮定。話別後我坐進很擁擠的公共汽車，起先還能從車窗外看見父親向我招手，幾分鐘後他即被擁擠的人群擠到遠處去了……等了一個多鐘頭，車始終沒有發動。突然我旁邊的一位美國人向我做手勢，要我向窗外看：驟然間我發現父親原來還在那裏等！他瘦削的身材，穿著長袍，額前頭髮已是斑白。看見他滿面焦慮的樣子，我忍了一早晨的熱淚，一時迸發，竟不能自已。」

1946年春天，楊武之大病一場。他在養病之時，聯大教授周培源、趙訪熊、王竹溪來辭行，此時，楊武之病未痊癒，擔心自己不能重返清華非常傷感。後來，楊武之決定在昆明養病，聯大的舊址辦昆明師範學院，他暫代數學系主任。

晚年楊武之在醫院對兒子楊振漢說：「奇怪的是我怎麼會記不起來我們家現在住在什麼地方？一回憶就是昆明大西門、文林街和

文化巷？還有王師長家、惠老師家和張老太太家？」楊武之1948年重返清華園，而他的妻子和孩子仍留在昆明，直到1949年3月才離開昆明。從楊武之的話中不難感受到他對聯大、對昆明的感情至深：「從1938年3月2日算起，我們在昆明住了整整十一年，期間我家遭日機轟炸而大難不死，我重病三次得以康復，這都是我永生難忘的。」

曾昭掄逸事

曾昭掄（1899-1967），字叔偉，湖南湘鄉人。我國化學研究工作開拓者之一。1920年在清華學校高等科畢業後赴美學習，1926年獲麻省理工學院科學博士學位，同年回國任中央大學化工系教授兼系主任。1931年應北京大學理學院院長劉樹杞之邀，任北大化學系教授、系主任。

傳聞北大聘請他還有一連串奇聞軼事。那是1931年的某一天，中央大學校長朱家驊早早地去參加教授會。在會議廳，他突然發現一個衣衫襤褸的人，看上去像一個服務員，正沒頭沒腦地尋找著什麼。「你是誰？」朱厲聲喝道，「出去！」這個可憐兮兮的傢伙一言未發，轉身就離開了。第二天，朱收到那個陌生人的一封信，是署名「化學系教授曾昭掄」的辭職書。被蔣夢麟搶先聘請到手，曾昭掄把北大化學系建成一個重要的研究中心。（易社強《西南聯大：戰爭與革命中的中國大學》）

在西南聯大，曾昭掄是化學系開課門類最多的教師。在李鍾湘的記憶中，曾教授不僅是一位化學專業優秀的教授，還是一個國際形勢分析家，他在〈西南聯大始末記〉中寫道：

> 曾昭掄（叔偉）教授講授有機化學、無機工業化學，他能文能武，文章下筆千言，有求必應，對軍事學也有特別研究，整

年一襲藍布長衫，一雙破皮鞋。有一次公開演講，他推斷當
時歐洲戰場盟軍登陸地點和時間，深得某盟軍軍事專家的推
許。後來盟軍在歐洲開闢第二戰場，登陸的時間與曾教授推
斷僅差兩天，而地點則完全相同。

　　曾昭掄教授還熱衷旅行，我們都已知道他參加了湘黔滇旅行
團。1941年3月，滇緬公路開通後，曾昭掄由昆明到滇區邊境實地
考察。為何去緬甸公路考察？一來因為滇緬路是當時抗戰階段中重
要的國際交通路線；二來因為滇緬邊境，向來是被認作一種神秘區
域。3月11日，曾昭掄由昆明動身，搭乘某機關的便車，踏上旅行
的道路。雖然只有10多天時間，但也正如他在遊記中提到的，是
「一路走，一路看，一路記，差不多每幾公里都有筆記記下來」，
因此，真實地記錄了邊陲民族的風土人情，珍貴稀有的植物和美麗
壯觀的自然景色。他的《緬邊日記》是這次旅行的成果，1941年出
版，收在巴金主編的「文化生活叢刊」。他多次野外考察，並養成
撰寫遊記和日記的習慣，《緬邊日記》是其日記中的普通一種。
　　曾昭掄教授有旺盛的求知欲，並且是個工作狂。他1946年2月
26日的日記展示出這個外表邋遢的人秩序井然的生活：「早上9-10
點，為無機化學課作準備；10-11點，旁聽大三俄語；11-12點，午
飯；1:30-2:00，繼續準備無機化學課；2-4點，練習俄語；4-5:30，
旁聽大二俄語。」在感興趣的範圍上，他僅次於以潘光旦為代表的
文藝復興式通人，而在科學探索的深度和專業水平上，無人能出其
右。跟潘光旦一樣，戰爭促使他追求全面發展。（易社強《西南聯大：
戰爭與革命中的中國大學》）
　　據說，曾昭掄研究問題經常到了忘我的地步。一次，家人久等
不見他回來，出去一找，卻見他對著電線杆興致勃勃地講話，大約
是在研究上有了什麼新的發現，把電線桿誤認為自己的同事，急於

把新的發現告訴他。類似的情況還有，他離開實驗室，天下著雨。他明明夾著雨傘，由於腦中思考著問題，一直淋著雨走，全然不覺，經別人提醒，才把雨傘撐開，而衣服已被淋濕了。

曾昭掄不修邊幅，穿一件帶有污點的褪色的藍布大褂，有時套一件似乎總是掉了紐扣的粗糙的白襯衫。舊鞋子總是露出腳趾頭和腳後跟，頭髮亂蓬蓬的。只有極少數場合，比如參加重要的會議，他才會理髮剃鬚。有一次，他為了及時參加在華西大學舉辦的中國化學學會的年會。他從田野考察回來，仍穿著沾滿泥點的長袍，帶著呢帽，穿著草鞋，他踏上講臺，與化學協會董事會其他著名學者坐在一起。

聯大的學生喜歡這個淳樸謙和的教授，因為他很容易與學生打成一片。從不拒絕學生的邀請，自在地與他們一起吃飯、休息、參加政治辯論。跑警報在外燒飯時，他會和其他人一起撿柴火。

當時聯大的教授們生活貧困，於是，兼職五花八門，曾昭掄幫人開了一個肥皂廠，製造肥皂出售，算是教授中間的「富翁」了，每月家裏總能吃上幾頓油葷，可顧了吃顧不上穿，上課的時候腳上的皮鞋常常破著幾個洞，這位肥皂專家也無可奈何。曾昭掄在日記中提到聯大教授的生活窘況。1940年7月6日，曾昭掄在日記中記錄：「昆明教育界生活日趨艱苦，聯大教授中，每月小家庭開支達五百元者，為數不少。月薪不足之數，係由自己補貼。昨聞黃子卿云，彼家即每月需貼百餘元，一年以來，已貼一千元以上，原來存款，即將用罄，現連太太私房及老媽子工錢，也一併貼入，同時還當賣東西，以資補助云。」

曾昭掄的妻子俞大絪是西語系教授，是重慶政府兵工署署長、後來的軍政部次長俞大維將軍的妹妹。俞大絪是曾國藩的曾外孫女，陳寅恪先生的表妹。曾氏夫婦倆關係頗為緊張。她沒有陪同丈

夫來昆明。據説，曾夫人堅決要求，凌亂邋遢的丈夫只有洗過澡後才能親近她。

曾昭掄雖然是曾國藩的嫡傳後人，但他打破了忠君思想，畢生追求民主政治，是中國民主同盟最早的中央委員。

曾昭掄的妹妹曾昭燏留學英德主攻考古專業，歸國後在學術上卓有成就，在國際考古學界很有名望。抗戰時期，中央研究院在大理設工作站，曾昭燏曾在此從事考古工作。1941年，曾昭掄考察緬甸公路時經過大理，兄妹相逢。曾昭燏在此從事考古工作，她為曾昭掄介紹大理的掌故，一起遊覽大理城西北角的三塔寺，看南詔舊城遺址大理的古碑。

1949年，曾昭掄教授選擇留在大陸。解放後，曾昭掄曾任高等教育部副部長，中國科學院研究所所長等職。曾昭燏對中國考古事業懷有深厚的感情，不僅不隨國民黨政府去臺灣，並且極力反對將出土文物運往臺灣。1949年4月14日，她還聯合其他人士公開呼籲，把運往臺灣的文物收回。新中國成立後，她曾任南京博物院院長。

然而，在隨後的政治運動中，曾氏家族和俞氏家族的知識份子群體受到打擊和殘酷迫害。1957年，曾昭掄受到不公正的待遇，被降級下放武漢大學。這是他已經身患癌症，但他仍然努力工作，組織撰寫了《元

曾昭掄。

素有機化學》叢書，第一冊《通論》由他親自執筆撰寫。遺憾的是「文革」開始後，災難又降臨到他的身上。當癌細胞開始轉移、病魔嚴重威脅著身體時，他不僅得不到必要的治療，也逃脫不了被隔離審查和批鬥的命運。不僅在肉體上受到了摧殘，而且在精神上受到了折磨。他在1967年12月8日默默無聞地離開了人世，終年68歲。而在曾昭掄去世前，他先後失去了妹妹和夫人。

1964年3月，曾昭燏在各種運動和政治清理雙重擠壓下，患了精神抑鬱症。12月22日，她從南京郊外靈谷寺靈谷塔跳下，自殺。

1966年8月24日，北大西語系俞大綱教授在被抄家和毆打侮辱之後，在家中自殺身亡。

湯佩松與大普集學術茶會

湯佩松（1903-2001），植物生理學家，中科院首批資深院士，中國植物生理學的奠基人

湯佩松。

之一。湖北省浠水人。父親湯化龍是有自由思想的清朝進士，曾和梁啟超等一起從事君主立憲派活動。1917年至1925年，湯佩松在清華學校學習。1925年，湯佩松進美國明尼蘇達大學植物學系學習，1927年獲文學士學位，1930年，在美國約翰・霍普金斯大學獲博士學位。1933年夏，湯佩松放棄了在美國獲得優厚條件從事科學研究的機會，毅然回國，任武漢大學教授。

抗日戰爭期間，湯佩松在西南聯合大學農業研究所工作。在這裏他創辦了植物生理研究室。這個實驗室非常簡陋，而且3次被炸毀，4次搬遷重建，最後搬到昆明北郊的小村莊大普集。著名的英國生物化學家、世界上最權威的中國科學技術史專家、中國科學院外籍院士李約瑟（Joseph Needham）曾到這個實驗室參觀，並作了很高的評價。他寫道：「在大普集……湯佩松建立了普通生理研究室，儘管房屋都是由泥磚和木料建成的，但設備不差。更重要的是他使許多青年科學家聚集在他周圍，在一種認真的氣氛中進行工作」。30年後，李約瑟在他的巨著《中國科學技術史》（1974）第5卷第二分冊的扉頁上特別注明：謹將此卷獻給湯佩松和伯納爾。

1986年，湯佩松寫的回憶錄《為接朝霞顧夕陽》，是他寫的類似自傳的一本書，主要敘述了他的學術生涯。其中涉及到他在昆明時、任職農業研究所有關的學術界人物和事蹟，十分詳盡生動，充滿了翔實的生活細節。

費孝通讀過此書在〈清華人的一代風騷〉文中寫道：

> 湯先生這枝生花妙筆把當年這幾間泥磚蓋起的「陋室」裏仙境般的靈氣，一一從回憶中記錄了下來：從門上手鋸的木製金字，室內那些分別由成員們從遠洋帶回來的冰箱、電動唱機等「超級」設備，牆外喊聲震天男女混打的排球場，「雷打不動」的週末橋牌集會，以及香飄門外的「殷家烙餅」和

改善生活時的「湯陰樓」聚餐會，一直到四合院場地上塵上飛揚的「盛大舞會」，在半個世紀後的今天讀起來還是那麼風趣橫溢和栩栩如生。這不僅是令人難忘的，而且是歷史上也永遠不會褪色的鏡頭。

湯佩松在回憶錄《為接朝霞顧夕陽》中沒有提及他的家庭，不過，從費孝通的文章中，我們可以得知湯佩松一家在昆明時期的艱難生活：

> 一九四三年他的前妻，加拿大籍，由於營養不足，缺醫少藥，以致雙目失明，不能不在懷孕期間，帶了二個孩子，離昆明回娘家。感情十分親密的夫婦一別四年，一九四七年湯先生在日本投降後應聯合國教科文組織的邀請去倫敦參加學術討論會，返國時便道去加拿大探親。他的前妻和所有的親友都力主他一家人不應再分離了，並在溫哥華大學替他謀得了職位。但是他自認是「清華人」絕不能和母校「不辭而別」，在加拿大家裏同妻兒只團聚了兩個月，就回到了北平。

筆者特意從孔夫子舊書網購買了一本《為接朝霞顧夕陽》，書中最吸引人的莫過於大普集學術茶會，我們可以從湯佩松的回憶中，想像那時的盛況：

> 在大普集期間的一項重要活動是三個研究所的人員之間在業務上的交流和合作。在我們搬到大普集新址後不久，由金屬研究所的餘瑞璜發起組織在這三個所工作的部分朋友，加上家住附近梨園村在西南聯大教課的一些朋友，每月定期（星期

天）在大普集與梨園村之間的一家茶館會晤，由每人輪流作自己的工作報告或專題討論，學術空氣十分濃厚。

集會是在無拘無束形式下進行的，既無正式組織形式，也無正式負責人，只是在每次會後推舉出下次集會和主持人。參加者據我能記憶的有：吳有訓、任之恭、余瑞璜（發起人）、范緒筠、孟昭英、趙忠堯、黃子卿、華羅庚、王竹溪、趙九章、殷寵章、婁成後和我。還有幾位因是從城裏來的，不太熟悉。現已記不清了。似乎有張文裕和另一位出色的天文學家戴文賽（福建人，解放後為南京大學天文系教授），一共十五人左右。人數雖少，抱負頗大。余瑞璜（在那不久前從英國留學回國）在首次集會上稱：「英國皇家學會（The Royal Society, London）就是由少數幾位熱心的科學家以友誼集會學術交流方式開始的。」

當然我們這個學術交流會的目的和抱負也就不言而喻了。我們這些人中，雖然有的在不久後（1948年）被選為「中央研究院院士」，乃至建國後幾乎全部被選為中國科學院「學部委員」，但最使我們高興的還是我們這個集體裏的物理學成員們的學生中出了兩位比我們成就更高的人物：楊振寧和李政道！

可以想見，這種自由討論、無拘無束的學術茶會，激發年輕學者的創造力。費孝通認為，最能使同西南聯大沾過邊的人縈懷萬千的也許就是這記下了大普集時代的第十一章「難忘的歲月」。湯佩松寫下了這樣的話：「就我個人（及我的研究室的許多同事）來說，這一段的生活佔了抗戰八年中的最長時間，是工作人員最活躍、最旺盛的時期。這段時間內在生活上愈來愈艱苦，工作上由於物資的來源和供應愈來愈困難也更加艱苦。而正由於此，我們之間也愈來愈團

結，意志愈堅強。無論是在工作中，在生活上，總是協同一致、互相幫助……這六年在為國效忠和為國儲材上也是一個最集中的高潮的時期。」

化學史專家陳國符研究《道藏》

陳國符是化學史家和化學工程學家，研究《道藏》是他的愛好，結果成了《道藏》研究專家。

陳國符1914年11月30日生於江蘇省常熟道士世家。1937年在浙江大學化工系畢業後赴德國留學，專業為纖維化學，1942年獲德國達姆施塔特工科大學博士學位。抗日戰爭期間回到苦難的祖國，歷任西南聯合大學化學工程系副教授、教授，北京大學化學系和化工系教授。

陳國符28歲受聘擔任西南聯大副教授，開設的課程有「工業化學」、「補充工業化學」、「造紙與人造絲」、「造紙化學」等。為使自己的學術體系更為完善，在課餘，他深入研究《道藏》。

這裏介紹一下珍貴古籍《道藏》。明代編纂的《正統道藏》和《萬曆續道藏》合起來，即我們今天所說的明版《道藏》，共計512函，5485卷。《道藏》是一部內容浩瀚的大型叢書，不僅包括道教教義，還包括

陳國符的學術著作《道藏源流考》。

天文、地理、哲學、化學、數學、醫學、體育、武功等內容。明版
《道藏》到清末已經非常罕見，完整的全國只有兩套，一套藏在北
京白雲觀；另一套藏於青島嶗山太清宮，鮮為人知。

　　筆者曾有緣見到青島博物館藏的《道藏》。十冊一函，黃帛
函套，天地玄黃部，簡稱「天」。《道藏》每卷末頁附印一披甲武
士，一手執纓槍，一手執經卷，肩際附一葫蘆，立雲霧之中。

　　民國初年，徐世昌總統借了北京白雲觀的藏本以重印。他請當
時的教育部部長傅增湘主持此事，康有為、梁啟超都參加了編輯委
員會。三年之後（1926）大功告成，新版《道藏》一共印了350套，
每套1120冊，價錢800銀圓，當時中國的圖書館無力購買，所以大
部分賣到了國外。此後，學者們才有機會一睹《道藏》真顏。

　　陳國符除在化工、造紙專業從事教學和科研外，其突出的貢獻
是自1942年以來，對道教大叢書《道藏》這部中國煉丹術的大寶庫
（書裏內容涉及幾百個化學反應，而且是高溫固相反應）進行了深入的研究
和考證。

　　《道藏》影印本有1100餘冊，此書只有龍泉鎮的北大文科研究
所才有。陳國符半周在聯大上課，半周時間就「泡」在龍泉鎮，用
了四年時間才研究完畢。在一份簡明自傳中，陳國符說：「先父喜
購書，家中藏書不少。我自幼喜歡博覽群書，經史子集無所不讀。
至1942年我的知識範圍包括文史、戲曲、金石、營造等。1942年，
在昆明龍泉鎮北大文科研究所始得見如此卷帙浩繁之《道藏》，我
即鑑識到自明代以來，已無道士能讀《道藏》。歷史上儒者也僅用
《道藏》來校勘諸子、釋子，《道藏》實為未開墾之廣大的學術新
園地，即決心研究《道藏》。」

　　據任繼愈的回憶，有一次，陳國符在西南聯大的學術講演會上
講「道藏源流考」，這是他探索《道藏》的開始。他這項業餘愛好
從此一發不可收拾，後來逐漸深入，其成就和影響超過了他的化工

造紙專業。他開闢的新蹊徑受到國內外同行的稱道。任繼愈的文章中，還提到陳國符演講的一個細節：陳國符講一口鄉音濃重的常熟方言，不好懂，喜歡用強調副詞「交關」，講一兩句，就出現一次「交關」。有一位聽眾，散會後，走在路上喃喃自語，「他的話交關難懂」。

陳國符以現代科學的方法對《道藏》進行系統的研究，來自他理工與文史相通的學術功力，獲益於他的科學家素養與道士家教。在研究的基礎上，他完成了開拓性的巨著《道藏源流考》，並且用研究的成果深化自己的教學。陳國符是從事化學教學的，卻沒有就研究化學而研究化學，中國道教的煉丹術與化學有著密切的聯繫，研究《道藏》，能夠拓寬化學教學的領域。

陳國符研究研究《道藏》，開拓的領域有：外丹黃白術、道教音樂、法事和道觀殿宇等，他的著作《道藏源流考》（上、下冊）1949年初版，1963年和1985年分別出了增訂版，是國內外有影響的科學史專著，對研究《道藏》的學者極為有益。1983年他又出版了《道藏源流續考》。

在西南聯大，從不同的角度研究《道藏》的還有馮友蘭和湯用彤兩位先生，也是較早對道教產生興趣的學者。那時馮友蘭已經出版了他的著名的《中國哲學史》，並在昆明繼續研究道教。馮教授認為「道教是世界上唯一個不反對科學的宗教」，而且基本上與中國科學發展史很有關係。

湯用彤是中國佛教史專家，他發現漢代和漢以後佛教與道教的關係十分密切。他的名著《漢魏兩晉南北朝佛教史》在好幾個地方都提到漢朝《太平經》的問題。在昆明，湯用彤指導他的學生王明校勘《道藏》所保存的《太平經》殘本，後來王明將這一成果結集出版為《太平經合校》，這本書在中國有很大的影響。

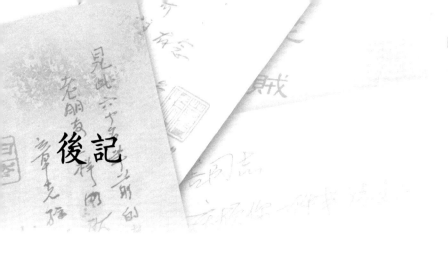

後記

2009年1月，《絕代風流：西南聯大生活錄》在大陸出版後，得到不少媒體的關注。因此書出版時刪掉一些篇目，令人遺憾。在蔡登山先生的建議下，全本《絕代風流：西南聯大生活錄》分為兩部小書，在臺灣出版，這就是您眼前的《先生之風：西南聯大教授群像》和《絕代風流：西南聯大生活實錄》。在此，對兩書所徵引的史料略作說明。

細心的讀者可以發現，我選取的史料，注重聯大師生的日記、自傳、回憶錄、詩詞。同時查閱聯大師生的著述，參照他們的傳記和年譜，參考研究西南聯大的專著，吸收前人的研究成果。在史料的搜集和取捨上，更是下了一番功夫。關於西南聯大的資料和著述，不少互相矛盾，即使聯大教授、學子本人的回憶錄也有記憶不可靠的地方，這就需要鑒別、判斷。我在選取史料時，搜集到兩三種史料互相對照、印證後，才敢放心使用。

梅貽琦校長的公子梅祖彥有一篇紀念文章〈南聯大與梅貽琦校長〉，他寫道：「1941年春夏父親和鄭天挺、楊振聲兩先生到重慶辦事，後去四川敘永分校看望師生，又到李莊北大文科研究所瞭解情況，最後到成都訪問了武漢大學和四川大學。」查《梅貽琦日記》，梅貽琦是和鄭天挺、羅常培到重慶辦事，此時，楊振聲在敘

永，任分校主任。梅、鄭、羅到敘永看望師生，6月13日，日記中記錄：「八點餘早點後與鄭、羅往今甫處，見其病勢大似瘧疾。」

許淵沖先生的《追憶逝水年華》一書中，有一篇題為〈那一代人的愛情〉的文章提到，西南聯大有四大單身教授（光棍）：吳宓、金岳霖、陳岱孫和李繼侗。我查閱了大量資料，發現李繼侗並非單身教授，他有一個兒子，讀了兩年專修班之後考入西南聯大。西南聯大的確多光棍，無妻子兒女一身輕，物理學教授葉企孫終身未娶，美籍教授溫德也是終身未娶。楊振聲曾寫一篇遊戲文章〈釋鰥〉，在教授間傳閱。西南聯大有四大單身教授（光棍），這個正確的提法應該是吳宓（離異）、金岳霖、陳岱孫和葉企孫。

陳寅恪先生的詩，我引用了幾首。各種著述，詩句多不一致。有版本的原因，也有傳播中的錯字。對陳寅恪詩的解釋和理解，更是眾說紛紜。經過比較，陳寅恪的詩依據胡文輝的《陳寅恪詩箋釋》（上下冊）所錄版本，並參考他的箋釋。

在此需要說明的是，我寫的這本小書，自認為不是嚴格的學術著作，為了不影響閱讀的節奏，對所引用資料沒有全部一一注明。書中寫到的每一個人物，都已有大量的著述，要想超越已有的研究成果很難，發前人所未發，更難。我寫每一篇文章，儘量做到角度新穎，復原被遮蔽的生活細節，集中呈現歷史宏大敘事下忽略的人情人性之美，希望能給讀者以趣味和啟迪，希望我們能得西南聯大之風流餘韻。除了行文中說明資料來源，將主要參考書目附錄書後。在此對前輩和師友致謝。由於著者學力淺薄，再加上受到第一手史料的限制，書中硬傷（指文字、詞彙、語法上的錯誤）和錯失難免，懇請方家批評指正。bdlyq618@163.com，這個信箱，歡迎您的批評和建議。

劉宜慶　2009年3月12日於青島

主要參考書目

《國立西南聯合大學史料》（六卷），北京大學、清華大學等編，雲南教育出版社，1998年10月第1版。

《國立西南聯合大學校史：一九三七年至一九四六年的北大、清華、南開》，西南聯合大學北京校友會編，北京大學出版社，2006年1月第1版。

《茄吹弦誦在春城──回憶西南聯大》，西南聯大校友會編，雲南人民出版社、北京大學出版社，1986年10月第1版。

《抗戰時期文化名人在昆明》（一），雲南美術出版社，2000年12月第1版。

《抗戰時期文化名人在昆明》（二），雲南人民出版社，2002年1月第1版。

《西南聯大·昆明記憶》（全三冊：一、文人與文壇；二、文化與生活；三、學人與學府），余斌著，雲南民族出版社，2003年10月第1版。

《西南聯大與現代中國研究》，伊繼東、周本貞主編，人民出版社，2008年版。

《精神的雕像：西南聯大紀實》，李洪濤著，雲南人民出版社，2001年6月第1版。

《昆明文史資料選輯》第44輯，昆明市政協文史委。

《西南聯大紀事》第46輯，昆明市政協文史委。

《西南聯大的斯芬克司之謎》，楊立德著，雲南人民出版社，2005年5月第1版。

《世界教育史上的長征：西南聯大湘黔滇旅行團紀實》，雲南師範大學編。

《西南聯大：戰火的洗禮》，趙新林、張國龍著，上海教育出版社，2000年12月第1版。

《西南聯大：戰爭與革命中的中國大學》，【美】易社強（John Israel）著，饒佳榮譯。

《西南聯大與中國現代知識份子》，謝泳著，湖南文藝出版社，1998年版。

《過去的大學》鍾叔河、朱純編，長江文藝出版社，2005年12月第1版。

《我與北大（老北大話北大）》，王世儒、聞笛主編，北京大學出版社，1998年4月第1版。

《走進北大》，錢理群主編，四川人民出版社，2000年1月第1版。

《永遠的清華園——清華子弟眼中的父輩》，宗璞、熊秉明主編，北京出版社，2000年4月第1版。

《清華人文學科年譜》，齊家瑩編，清華大學出版社，1998年6月第1版。

《走進清華》，葛兆光主編，四川人民出版社，2000年1月第1版。

《老清華的故事》，繆名春、劉巍編，江蘇文藝出版社，1998年12月第1版。

《張伯苓紀念文集》，南開大學校長辦公室編，南開大學出版社，1986年1月第1版。

《允公允能　日新月異——南開大學校長張伯苓》，梁吉生著，山東教育出版社，2003年12第1版。

《百年家族——張伯苓》，侯杰、秦方著，河北教育出版社，2004年10月第1版。

《何廉回憶錄》，【美】何廉著，朱佑慈等譯，中國文史出版社，1988年版。

《梅貽琦日記（1941-1946）》，黃延復、王小寧整理，清華大學出版社，2001年4月第1版。

《新潮·西潮》，蔣夢麟著，岳麓書社，2000年9月第1版。

《傅斯年》山東省政協文史委，聊城師範學院歷史系合編，山東人民出版社，1991年8月第1版。

《楊振聲編年事輯初稿》，季培剛編著。黃河出版社，2007年7月第1版。

《楊振聲選集》，楊振聲著，人民文學出版社，1986年11月第1版。

《新人生觀·鴨池十講》，羅家倫、羅庸著，遼寧教育出版社，1997年3月第1版。

《狂人劉文典》，章玉政著，廣西師範大學出版社，2008年5月第1版。

《聞一多年譜長編》，聞黎明、侯菊坤編，湖北人民出版社，1994年7月第1版。

《清華園日記　西行日記》（增補本），浦江清著，生活·讀書·新知三聯書店，1999年11月第1版。

《無涯集》，浦江清著，浦漢明、彭書麟編選，百花文藝出版社，2005年5月
　　第1版。

《朱自清全集‧日記》（第九卷、第十卷），朱喬森編，江蘇教育出版社，
　　1998年3月第1版。

《朱自清圖傳》，姜建、王慶華著，湖北人民出版社，2006年9月第1版。

《沈從文別集》（20本），沈從文著，岳麓書社，1992年12月第1版。

《沈從文傳》，【美】金介甫著，符家欽譯，國際文化出版公司，2005年10月
　　第1版。

《沈從文年譜》，吳世勇編，天津人民出版社，2006年6月第1版。

《我所認識的沈從文》，朱光潛、張充和等著，荒蕪編，嶽麓書社，1986年7月
　　第1版。

《一代宗師魏建功》，馬嘶著，文化藝術出版社，2007年2月第1版。

《陳寅恪集》，陳寅恪著，生活‧讀書‧新知三聯書店，2001年6月第1版。

《陳寅恪先生編年事輯》，蔣天樞著，上海古籍出版社，1997年10月第1版。

《陳寅恪詩箋釋》（上下冊），胡文輝著，廣東人民出版社，2008年6月第1版。

《史家陳寅恪傳》，汪榮祖著，北京大學出版社，2005年3月第1版。

《陳寅恪與傅斯年》，岳南著，陝西師範大學出版社，2008年6月第1版。

《天津文史資料選輯》（第二十八輯），天津市政協文史委編，天津人民出
　　版社。

《八十憶雙親　師友雜憶》，錢穆著，生活‧讀書‧新知三聯書店，1998年9月
　　第1版。

《國學宗師錢穆》，陳勇著，北京大學出版社，2007年7月第1版。

《吳晗傳》，蘇雙碧、王宏志著，上海人民出版社，1998年11月版。

《素癡集》，張蔭麟著，百花文藝出版社，2005年5月第1版。

《張蔭麟先生紀念文集》，周忱編選，漢語大辭典出版社，2002年10月第1版。

《吳宓詩集》，吳宓著，商務印書館，2004年11月第1版。

《吳宓日記1910～1948》（Ⅰ～Ⅹ），吳宓著，吳學昭整理，生生活‧讀書‧
　　新知三聯書店，1998年、1999年版。

《一代才子錢鍾書》，湯晏著，上海人民出版社，2005年5月第1版。

《聽楊絳談往事》，吳學昭著，生活‧讀書‧新知三聯書店，2008年10月第1版。

《錢鍾書與近代學人》，李洪岩著，百花文藝出版社，2007年1月第1版。

《陳銓：異邦的借境》，季進、曾一果著，文津出版社，2005年8月第1版。

《「學衡派」譜系──歷史與敘事》，沈衛威著，江西教育出版社，2007年8月第1版。

《馮至傳》，陸耀東著，北京十月文藝出版社，2003年9月第1版。

《三松堂自序》，馮友蘭著，人民出版社，2008年4月第2版。

《馮友蘭自述》，馮友蘭著，中國人民大學出版社，2004年11月第1版。

《道通天地馮友蘭》，范鵬著，山東畫報出版社，1998年2月第1版。

《解讀馮友蘭》（學者研究卷、學人紀念卷），單純、曠昕主編，海天出版社，1998年6月第1版。

《解讀馮友蘭》（親人回憶卷），宗璞、蔡仲德著、海天出版社，1998年6月第1版。

《金岳霖的回憶與回憶金岳霖（增補本）》，劉培良主編，四川教育出版社，2000年11月第1版。

《費正清對華回憶錄》，【美】費正清著，知識出版社，1992年5月第1版。

《陳岱孫遺稿和文稿拾零》，陳岱孫著，北京大學出版社，2005年9月第1版。

《潘光旦圖傳》，呂文浩著，湖北人民出版社，2006年8月第1版。

《浪跡十年‧人生採訪》（民國叢書第3編071），陳達‧蕭乾著，上海書店出版社，1990年11月第1版。

《為接朝霞顧夕陽──一個生理學科學家的回憶錄》，湯佩松著，科學出版社，1988年9月第1版。

《一代師表葉企孫》，錢偉長主編，上海科學技術出版社，1995年4月第1版。

《中國科技的基石──葉企孫和科學大師們》，虞昊、黃延復著，復旦大學出版社，2000年10月第1版。

《核子物理先驅──趙忠堯傳》，段治文、鍾學敏著，浙江人民出版社，2007年11月第1版。

《吳有訓圖傳》，林家治著，湖北人民出版社，2006年9月第1版。

《曙光集》，楊振寧著，翁帆編譯，生活‧讀書‧新知三聯書店，2008年1月第1版。

《緬邊日記》，曾昭掄著，遼寧教育出版社，1998年3月第1版。

《胡適日記全編》（8冊），曹伯言整理，安徽教育出版社，2001年1月第1版。

《北京大學圖書館藏胡適未刊書信日記》，北京大學圖書館編，清華大學出版
　　社，2003年07月第1版。

《胡適論學往來書信選》（全二冊），杜春和等編，河北人民出版社，1998年8
　　月第1版。

《一對小兔子──胡適夫婦兩地書》，陳漱渝編，湖南教育出版社，2006年12
　　月第1版。

《國文通才王力》，王緝國、張谷著，北京大學出版社，2008年1月第1版。

《龍蟲並雕齋瑣語》，王力著，商務印書館，2002年12月第1版。

《費孝通散文》，費孝通著，張冠生編，浙江文藝出版社，1999年4月第1版。

《鄉土先知費孝通》，張冠生著，北京大學出版社，2006年2月第1版。

《歲月、命運、人──李廣田傳》，李岫著，人民文學出版社，2006年1月第1版。

《遺留韻事──施蟄存游蹤》，沈建中著，文匯出版社，2007年8月第1版。

《吳曉鈴集》（五卷），吳曉鈴著，河北教育出版社，2006年1月第1版。

《汪曾祺全集》，汪曾祺著，北京師範大學出版社，1998年7月第1版。

《老頭兒汪曾祺──我們眼中的父親》，汪朗、汪明、汪朝著，中國人民大學
　　出版社，2000年1月第1版。

《長相思：朱德熙其人》，何孔敬著，中華書局，2007年10月第1版。

《山陰道上：許淵沖散文隨筆選集》，許淵沖著，中央編譯出版社，2005年6月
　　第1版。

《追憶逝水年華》，許淵沖著。三聯書店，1995年11月第1版。

《續憶逝水年華》，許淵沖著，湖北人民出版社，2007年12月第1版。

《離亂弦歌憶舊游》，趙瑞蕻著。文匯出版社，2000年5月第1版。

《上學記》，何兆武口述，文靖撰寫，生活・讀書・新知三聯書店，2006年8月
　　第1版。

《讀史閱世六十年》，何炳棣著，廣西師範大學出版社，2005年7月第1版。

《川上集》，唐振常著，生活・讀書・新知三聯書店，1996年11月第1版。

《亂世浮生：1937-1945中國知識份子生活實錄》，帥彥著，中華書局，2007年
　　6月第1版。

世紀映像叢書

世紀映像叢書

世紀映像叢書

世紀映像叢書

世紀映像叢書

國家圖書館出版品預行編目

先生之風：西南聯大教授群像 / 劉宜慶作. --
　　一版. -- 臺北市：秀威資訊科技, 2009.08
　　　面；　　公分. --（史地傳記類；PC0090）
BOD版
參考書目：面
ISBN 978-986-221-252-3（平裝）

1.傳記　2.大學教師　3.中國

782.238　　　　　　　　　　　98011012

 史地傳記　PC0090

先生之風──西南聯大教授群像

作　　　者／劉宜慶
主　　　編／蔡登山
發　行　人／宋政坤
執 行 編 輯／林泰宏
圖 文 排 版／鄭維心
封 面 設 計／蕭玉蘋
數 位 轉 譯／徐真玉、沈裕閔
圖 書 銷 售／林怡君
法 律 顧 問／毛國樑　律師
出 版 印 製／秀威資訊科技股份有限公司
　　　　　　台北市內湖區瑞光路583巷25號1樓
　　　　　　電話：02-2657-9211　傳真：02-2657-9106
　　　　　　E-mail：service@showwe.com.tw
經　銷　商／紅螞蟻圖書有限公司
　　　　　　台北市內湖區舊宗路二段121巷28、32號4樓
　　　　　　電話：02-2795-3656　傳真：02-2795-4100
　　　　　　http://www.e-redant.com

2009 年 8 月　BOD 一版
定價：350 元

讀　者　回　函　卡

感謝您購買本書，為提升服務品質，煩請填寫以下問卷，收到您的寶貴意見後，我們會仔細收藏記錄並回贈紀念品，謝謝！

1. 您購買的書名：_____

2. 您從何得知本書的消息？

　　□網路書店　□部落格　□資料庫搜尋　□書訊　□電子報　□書店

　　□平面媒體　□ 朋友推薦　□網站推薦　□其他_____

3. 您對本書的評價：(請填代號　1.非常滿意 2.滿意 3.尚可 4.再改進)

　　封面設計____　版面編排____　內容____　文/譯筆____　價格____

4. 讀完書後您覺得：

　　□很有收獲　□有收獲　□收獲不多　□沒收獲

5. 您會推薦本書給朋友嗎？

　　□會　□不會，為什麼？_____

6. 其他寶貴的意見：_____

_____

_____

_____

讀者基本資料

姓名：_____　年齡：_____　性別：□女 □男

聯絡電話：_____　E-mail：_____

地址：_____

學歷：□高中(含)以下　□高中　□專科學校　□大學

　　　□研究所(含)以上　□其他_____

職業：□製造業 □金融業 □資訊業 □軍警 □傳播業 □自由業

　　　□服務業 □公務員 □教職　□學生 □其他_____

To：114

台北市內湖區瑞光路 583 巷 25 號 1 樓

秀威資訊科技股份有限公司　　收

寄件人姓名：

寄件人地址：□□□

(請沿線對摺寄回,謝謝!)

秀威與 BOD

BOD（Books On Demand）是數位出版的大趨勢，秀威資訊率先運用 POD 數位印刷設備來生產書籍，並提供作者全程數位出版服務，致使書籍產銷零庫存，知識傳承不絕版，目前已開闢以下書系：

一、BOD 學術著作—專業論述的閱讀延伸
二、BOD 個人著作—分享生命的心路歷程
三、BOD 旅遊著作—個人深度旅遊文學創作
四、BOD 大陸學者—大陸專業學者學術出版
五、POD 獨家經銷—數位產製的代發行書籍

BOD 秀威網路書店：www.showwe.com.tw
政府出版品網路書店：www.govbooks.com.tw

永不絕版的故事・自己寫・永不休止的音符・自己唱